한국 미국남장로회
연구 현황과 과제

인문학술원 연구총서 15
종교역사문화총서 05

한국 미국남장로회 연구 현황과 과제

초판 1쇄 발행 2025년 1월 31일

엮은이 | 국립순천대학교 인문학술원 종교역사문화센터
펴낸이 | 윤관백
펴낸곳 | 선인

등 록 | 제5-77호(1998.11.4)
주 소 | 서울시 양천구 남부순환로 48길 1(신월동 163-1) 1층
전 화 | 02)718-6252 / 6257
팩 스 | 02)718-6253
E-mail | suninbook@naver.com

정가 28,000원
ISBN 979-11-6068-941-9 93900

·잘못된 책은 바꿔 드립니다.
·표지디자인: 김진디자인(02-323-5372)

이 교재(연구)는 2024년 교육부 재원으로 국립대학육성사업 지원을 받아 수행되었음.

인문학술원 연구총서 15
종교역사문화총서 05

한국 미국남장로회
연구 현황과 과제

국립순천대학교 인문학술원
종교역사문화센터 편

책을 펴내며

국립순천대학교 인문학술원은 지역의 다양한 역사 문화유산을 연구하고 교육하고 있습니다. 순천과 호남지역의 기독교 역사 문화도 그 중 하나입니다. 순천대 인문학술원은 지난 2016년 이후 순천 및 전남동부지역 기독교 역사문화를 연구해왔습니다.

인문학술원은 2019년 이후 전남동부지역관련 기독교 역사문화와 관련된 종교역사문화총서를 발간해왔습니다. 첫 번째 책 『전남 동부 기독교 선교와 한국사회』(2019)는 미국 남장로회의 지역 선교와 지역 자생 교회의 발전을 다루었습니다. 두 번째 책 『전남 동부지역 기독교 인물과 선교활동』(2021)은 전남 동부지역에서 활동한 미국 남장로회 선교사들과 한국인 목회자들을 연구했습니다. 세 번째 책 『전남 동부지역 기독교기관과 지역사회』(2021)는 학교, 병원, 교회, 그리고 기독교 계열 사회단체들의 역할과 지역사회에 미친 영향을 살펴보았습니다. 네 번째 책 『전남동부지역 기독교 문화유산과 지역사회』(2024)는 전남 동부지역 기독교 문화유산에 대한 연구를 담은 책입니다.

이러한 전남동부지역 기독교역사문화 연구 성과 위에 순천대 인문학술원은 호남 및 한국 미국남장로회 전체로 연구 범위를 확산시켜나가려고 합니다. 이번에 출판하는 종교연구총서는 한국 미국남장로회의 연구 현황과 과제에 대한 연구를 담은 책입니다. 이 책에는 2024년 상반기에 인문학술원이 개최한 두 개의 학술대회 성과가 담겨있습니다. 하나는 2024년 1월 26일 인문학술원이 개최한 학술 대회 "호남기독교 문화유산 학술대회: 호남선교부 연구 현황과 과제를 중심으로"이고, 다른 하나는 2024년 6월 21일 개최된 "호남기독교 문화유산: 전주, 군산, 목포, 제주 선교활동 연구 현황과 과제" 학술대회입니다.

이 책은 제1부에서는 "전남지역 연구 현황과 과제"를, 제2부에서는 "전북지역 연구 현황과 과제"를, 제3부에서는 "대전 및 제주 지역 연구 현황과 과제"를 다루고 있습니다. 귀중한 연구 성과를 이번 연구총서에 보내주신 선생님들께 인문학술원을 대표하여 깊은 감사를 드립니다.

인문학술원 종교역사문화센터는 종교역사문화총서를 앞으로도 계속해서 발간하려고 합니다. 2024년도 11월에 개최한 "유네스코 세계문화유산 등재 추진 호남 기독교 문화유산 학술대회: 미국 남장로회와 한국선교" 성과도 보완하여 종교역사문화총서에 담으려 합니다. 이번에 다섯 번째로 발간되는 연구총서를 통해 독자 여러분들이 호남을 비롯한 한국 미국남장로회 기독교 역사문화에 대해 더욱 많은 관심을 가지게 되시기를 기대합니다.

끝으로 이 책의 기획, 원고 수집, 편집, 교정 등 전 과정을 묵묵히 담당해주신 우승완 교수와 최효원 연구원에게 깊이 감사드립니다. 그리고 학술대회 진행과 연구총서 발간을 지원해준 정혜은 연구원에게도 고마움을 표합니다. 또한 이 자리를 빌려 이러한 연구가 가능하도록 도와주신 이병운 국립순천대 총장님께 감사드립니다.

2025년 1월 30일
국립순천대학교 인문학술원장 강성호

차 례

책을 펴내며 _ 5

들어가는 글 |
한국 미국남장로회 연구 현황과 과제 _강성호   9

제1부 전남 지역 연구 현황과 과제

1장 | 호남과 순천선교부 연구 현황과 과제 _강성호   17
2장 | 광주선교부 연구의 현황과 과제 _한규무   41
3장 | 목포선교부의 연구 현황과 과제 _이남섭   117

제2부 전북 지역 연구 현황과 과제

4장 | 전주선교지부의 연구 현황과 과제 _이재근   159
5장 | 군산선교부의 연구 현황과 과제 _임희모   191

제3부 대전과 제주 지역 연구 현황과 과제

6장 | 대전선교부의 연구 현황과 과제 _송현강 241
7장 | 제주도 개신교 선교활동의 연구 현황과 과제_조성윤 263

참고문헌 _281
찾아보기 _307
필자소개 _311

들어가는 글

한국 미국남장로회 연구 현황과 과제

강성호

I. 출판 배경

　인문학술원은 2019년 이후 전남동부지역관련 기독교 역사문화와 관련된 종교역사문화총서를 발간해왔다. 첫 번째 책『전남 동부 기독교 선교와 한국사회』(2019)는 미국 남장로회의 지역 선교와 지역 자생 교회의 발전을 다루었다. 두 번째 책『전남 동부지역 기독교 인물과 선교활동』(2021)은 전남 동부지역에서 활동한 미국 남장로회 선교사들과 한국인 목회자들을 연구했다. 세 번째 책『전남 동부지역 기독교기관과 지역사회』(2021)는 학교, 병원, 교회, 그리고 기독교 계열 사회단체들의 역할과 지역사회에 미친 영향을 살펴보았다. 네 번째 책『전남동부지역 기독교 문화유산과 지역사회』(2024)는 전남 동부지역 기독교 문화유산에 대한 연구를 담은 책이다.
　이러한 전남동부지역 기독교역사문화 연구 성과 위에 순천대 인문학술원은 호남 및 한국 미국남장로회 전체로 연구 범위를 확산시켜나가려고 한다.

이번에 출판하는 종교연구총서는 한국 미국남장로회의 연구현황과 과제에 대한 연구를 담은 책이다. 이 책에는 2024년 상반기에 인문학술원이 개최한 두 개의 학술대회 성과가 담겨있다. 하나는 2024년 1월 26일 인문학술원이 개최한 학술 대회 "호남기독교 문화유산 학술대회: 호남 선교부 연구현황과 과제를 중심으로"이고, 다른 하나는 2024년 6월 21일 개최된 "호남기독교 문화유산: 전주, 군산, 목포, 제주 선교활동 연구 현황과 과제" 학술대회이다.

III. 책의 구성의 구성과 의의

크게 세 가지 필요와 목적에서 이 책을 기획하고 준비하였다. 첫째, 호남, 제주, 대전 지역 순천 근대화에 중심적인 역할을 했던 미국 남장로회를 연구할 필요가 있다. 미국 남장로회는 1895에 전주에 선교부를 개설한 이후 군산, 목포, 광주, 순천, 대전 등에 선교부를 개설하면서 한말, 일제강점기, 해방 후 시기에 한국의 교육, 의료, 근대 도시 건설 등에 큰 영향력을 미쳤기 때문이다.

둘째, 호남, 제주, 대전의 선교 건축과 문화 유산들을 학술 조사를 통해 '국가문화재' 및 '세계문화유산'으로 등록 신청할 필요가 있다. 순천, 광주, 목포, 전주, 군산, 대전 등에 선교부와 관련되어 의료, 교육, 기독교 복음, 주거 등 다양한 선교 유산이 집중되어 있어 이를 국가 및 세계문화유산 차원에서 보존할 필요가 있기 때문이다.

셋째, 한국 미국 남장로회 기독교 선교 유산의 가치를 재조명하여, 한국 미국남장로회 근대 선교 유산 전체를 통합적으로 보존하고 활용할 필요가 있다.

이 책은 크게 3부로 구성되어 있다. 제1부에서는 "전남 지역 연구 현황과 과제"를, 제2부에서는 "전북 지역 연구 현황과 과제"를, 제3부에서는 "대전과 제주 지역 연구 현황과 과제"를 다루고 있다.

1부 "전남 지역 연구 현황과 과제"는 호남 지역 전체 연구 현황과 과제뿐만 아니라 순천선교부, 광주선교부, 목포선교부의 연구 현황과 과제를 다룬다.

1장은 호남 지역 전체의 미국 남장로회 연구 현황과 과제를 살펴보고, 이어 순천 선교부의 연구 현황과 과제를 다룬다. 이 글에서 호남 지역 미국 남장로회 연구 현황에 대해서는 전체적 연구 현황이 다루어진 후에, 복음선교, 교육선교, 의료선교, 선교유적 각각에 대한 연구 동향이 소개되었다. 순천 선교부와 관련해서는 전남 동부 지역에서 순천 선교가 차지하는 역사적 위상, 순천 선교부 연구 현황과 과제, 순천 근대 문화 유산 및 선교 유산 현황 등이 다루어졌다. 순천 지역 기독교 연구의 과제로 연구 시기가 해방 이후 시기로 확대되고, 한국 역사학계의 연구 성과가 반영되고, 새로운 자료의 체계적인 발굴과 DB화 작업 등이 제시되었다.

2장에서 미국 남장로회의 광주선교부의 연구 현황과 과제가 분석되었다. 이 글에서 광주선교부의 개설과 활동, 광주 지역 선교사와 한국인 기독교인, 광주 지역 기독교 민족운동, 광주 지역 기독교 문화 유산 등이 다루어졌다. 이 글을 통해 광주 지역 선교부 활동, 교육선교, 의료선교 연구가 진행되었고, 선교사 연구가 비교적 활발하게 이루어졌지만 광주 지역 기독교 문화유산에 대한 학술적 선행연구가 부진하다는 점이 밝혀졌다. 따라서 이 글은 광주 지역 기독교 문화유산에 대한 체계적인 조사와 학술연구, 대중을 위한 가이북 제작 등을 과제로 제시하고 있다.

3장은 미국 남장로회 목포선교부의 연구 현황과 과제를 살펴본다. 이 글은 한국연구재단에 등록된 학위논문, 학술지, 국회도서관 등록 학술 단행본과 학술논문을 분석대상으로 하고, 분석방법으로는 통계분석과 주제별과 시기별 내용분석을 병행하고 있다. 이 글은 1장에서 연구의 분석대상과 방법 그리고 선행연구를 정리하고, 2장에서 목포선교부의 개요와 통계로 본 연구 현황을 간단히 살펴본다. 다음 3장에서는 주제와 시기별 연구 내용과 특징을 검토하였다.

이 글에서 마지막 4장 결론에서 연구의 성과와 세계문화유산 등재와 관련한 추후 연구과제가 몇 가지 제안되었다. 첫째, 선교사 연구의 1차 자료인 선교사들이 남긴 자료들은 많은 오류를 안고 있기 때문에 무비판적으로 그대로 사용해서는 안된다. 둘째, 미국 남장로회의 고등교육기관인 대학이 남장로회 선교의 핵심지역이었던 호남이 아니라 충청권에 설립된 이유에 대한 심층 연구가 필요하다. 셋째, 목포 지역사회와 관련된 연구가 부진하기 때문, 목포 지역의 기독교가 지역 사회운동에 미친 영향에 대해서도 연구해야 한다. 넷째, 기념비적인 건축 유산이 부족한 목포선교부에서 무형유산인 기록물을 지속적으로 발굴하고 개발할 필요가 있다.

동시에 이 글은 세계문화유산 등재와 관련된 제안도 몇 가지 하고 있다. 첫째, 목포선교부 수립과 선교 활동 당시 국제 정치 상황과의 관계에 대한 심층적인 연구가 필요하다. 둘째, 중앙에서 독립된 지역사적 관점이 필요하다. 셋째, 미국 남장로회가 남긴 가장 큰 유산은 외형적인 유산보다 자신들의 업적을 한국교회(총회)에 공적 자산으로 인계한 '공공의식'이라는 무형유산이다. 이러한 정신적 유산을 강조해서 계속 전승시켜나갈 필요가 있다.

2부 "전북 지역 연구 현황과 과제"는 전주 선교부와 군산선교부의 연구 현황과 과제를 살펴본다.

4장은 전주 선교부의 연구 현황을 '인물', '기관', '운동', '유산'의 네 개 영역으로 나누어 살펴보았다. 첫째, 전주선교부에서 활동한 '인물'을 미국인 선교사와 한국인 기독교인으로 나누어 관련 연구 현황을 살핀다. 둘째, 전주 선교부에 속한 '기관,' 즉 선교지부, 교회, 학교, 병원 등을 다룬다. 셋째, 전주 선교부의 개인과 기관이 관여한 민족운동과 사회운동 등에 대한 연구 성과를 정리한다. 넷째, 전주 선교부를 통해 현재까지 남겨진 건물, 묘지, 기념관 등의 문화 유적과 '유산'에 대한 연구 성과를 살펴본다.

이 글은 이러한 연구 현황 정리에 근거하여 향후 과제로 1세대 선교사 이외의 다양한 선교사에 대한 연구, 선교부에서 활동한 한국인 사역자들과 일꾼들에 대한 연구, 선교부가 관할한 지방 시군들에 대한 연구('확장 선교부'), 선교부와 관련된 용어 혼재의 정리 필요 등을 제안하고 있다. 이러한 과제는 전주 선교부에만 해당되지 않고 한국 미국남장로회 연구 전체에 해당되는 중요한 제안이라고 생각된다.

5장은 군산선교부의 연구 현황과 과제를 살펴본다. 군산선교부는 1896년에 세워진 후에 1942년에 철수되었다. 다른 선교부는 1947년 이후 재개설 되었지만 군산선교부는 그러지 못했다. 이 글은 47명의 선교사들이 활동하였던 군산선교부 연구현황을 복음전도, 의료선교, 교육선교 관련 연구현황을 분석하고 있다. 또한 미국 남장로회 선교사활동 전반에 대한 연구현황, 군산 1919년 3.5 만세운동에 대한 선교사들의 반응들도 소개되고 정리되었다. 이 글은 향후 과제로 군산선교부 연구의 활성화, 선교부 연구의 질적 수준 제고, 미국 남장로회 6개 선교부 선교활동 전반에 대한 비교 연구의 필요성 등을 제안하고 있다.

3부 "대전과 제주 지역 연구 현황과 과제"에서 대전선교부와 제주 지역의 연구 현황과 과제가 다루어진다.

6장은 대전선교부 지역의 연구 현황과 과제를 다루고 있다. 대전선교부 설치를 계기로 미국 남장로회 선교영역이 호남 지역 중심에서 충청 지역으로 선교영역이 확장되었고, 또한 독자적인 고등교육 프로그램이 운영되게 되었다. 이 글에서 대전선교부 지역의 연구 현황과 관련하여 대전 기독교 전래와 확산과정, 미국 남장로회의 고등교육기관 설립 배경 및 과정, 1956년 대전선교부의 설치과정, 대전선교부 선교사들, 대전선교부 유적, 기독교 연합봉사회 활동 등에 대한 연구 현황이 다루어졌다.

이 글에서 향후 연구과제로 미국 남장로회뿐만 아니라 함께 활동했던 (남)감리회-북감리회-북장로회-구세군-남침례회 선교사들 모두를 연구대상으로 확장할 것을 제안하고 있다. 또 다른 향후 주요 연구과제로 1950년대 한국전쟁 이후 대전에 정착한 약 5천 명에 달했던 월남 기독교인들과 대전 선교부 선교사들 사이의 유기적 관계에 대한 연구가 제시되었다.

  7장은 제주 지역 선교 활동 현황과 과제를 살펴본다. 제주 지역은 미국 남장로회 선교부가 설치되지는 않았지만 미국 남장로회 영향을 받아 선교 활동이 진행되었다. 이 글에서 제주 선교활동 연구 동향의 통계검토, 제주 선교의 역사에 관한 연구, 제주 4.3과 개신교의 관계, 한국 개신교의 제주 선교전략과 현황 등이 다루어졌다. 이 글에서 향후 연구과제로 몇 가지가 제안되었다. 첫째, 제주 지역 개신교 연구 성과는 장로교단 중심으로 진행되어왔던 한계를 극복하기 위해 앞으로는 감리교, 성결교, 교파를 초월한 교파 간 협력관계들에 대해서도 관심을 가지고 연구영역을 확장시켜 나가야 한다. 둘째, 제주도에 기존 교회에서 분리되어 나가 '이단으로 분류되는 계열의 분립된 교회'들을 포괄하는 전체를 조감하는 넓은 시야를 가지고 연구해야 한다. 셋째, 제주도 선교 전략을 세우는 과정에서 제주도의 전통문화, 특히 무속, 조상제사, 그리고 공동체 문화에 대한 조사 분석 작업도 병행해야 한다. 넷째, 제주 4.3과 개신교회의 관계 연구에서, 4.3 시기에 개신교가 피해를 입었다는 점만을 부각시키는 것을 멈추고, 당시 어떤 문제가 있었는지를 밝히고 반성하는 작업이 진행될 필요가 있다.

  이 책에서 한국 미국 남장로회 연구 현황과 과제가 전체적으로 연구되고 분석되었다. 특히 전체적으로 다루어지 않았던 한국 미국 남장로회 연구 현황이 전체적으로 연구되고 파악되었다는 점에서 큰 의의가 있다. 이번 책 출판을 계기로 한국 미국 남장로회 기독교 문화 유산에 대한 연구가 더 활성화되기를 기대한다. 국립순천대 인문학술원은 앞으로도 계속 전남동부 지역 기독교문화유산뿐만 아니라 한국 미국 남장로회 기독교 문화유산 전체에 대한 연구도 지속해나가려고 한다.

제1부
전남 지역 연구 현황과 과제

1장 | 호남과 순천선교부 연구 현황과 과제
_강성호

2장 | 광주선교부 연구의 현황과 과제
_한규무

3장 | 목포선교부의 연구 현황과 과제
_이남섭

1장

호남과 순천선교부 연구 현황과 과제*

강성호

I. 미국 남장로회 호남 선교 연구 현황과 과제

1. 미국 남장로회 호남 선교 전반 연구 현황

미국 남장로회 한국선교에 대한 연구는 미국 북장로교 선교 연구에 비해 저조한 편이다. 미국 북장로교 선교연구는 그동안 지속적으로 활발하게 이루어졌다. 대표적으로 숭실대학교 한국기독교문화연구원이 북장로교 한국선교에 대한 연구를 진행하여 2023년 30권의 '불휘총서'를 완간한 점을 들 수 있다. 2013년부터 10년 동안 진행된 '불휘총서'는 숭실과 관련된 교육자, 선교사, 관련 문인, 예술인들의 업적들에 대한 연구의 성과이다.[1]

---

* 이 발표는 강성호,「미국 남장로회의 호남선교: 연구동향을 중심으로」,『전남동부 기독교 선교와 한국사회』, 선인, 2019와 강성호,「전남 동부 문화유산 현황과 과제」,『전남동부 기독교 문화유산과 지역사회』, 선인, 2024를 중심으로 보완한 것이다.

미국 남장로회 한국 및 호남선교에 대한 국내 연구는 1980년대 이후로 지속적으로 진행되었다. 미국 남장로회 한국 및 호남 선교활동에 대한 연구는 많이 진행되고 있다.2) 그러나 남장로회 자체에 대한 연구는 많이 진행되지 않았다. 남장로회 신학에 대한 연구와3) 남장로회의 대한정책의 배경과 특징 등에 대한 연구가4) 일부 있다. 동시에 미국 남장로회에 대한 당

---

1) 리처드 베어드, 숭실대학교 뿌리찾기위원회 역, 『윌리엄 베어드』, 숭실대출판부, 2016; 김선욱, 박신순, 『마포삼열』, 숭실대 출판부, 2017; 곽신환, 『윤산온』, 숭실대 출판부, 2017; 오순방, 『방위량』, 숭실대학교 출판부, 2017; 곽신환, 『편하설-복음과 구원의 글로벌화』, 숭실대출판부, 2017; 이상규, 『왕길지의 한국선교』, 숭실대 출판부, 2017; 김희권, 『곽안련-찰스 알렌 클라크(Charles Allen Clark)의 구약주석 연구』, 숭실대 출판부, 2017; 이덕주, 『백아덕과 평양숭실』, 숭실대출판부, 2017; 김명배, 『위대모와 평북기독교』, 숭실대출판부, 2017; 이철, 김명배, 『숭실의 순교자-10명의 숭실 순교자들의 삶과 순교이야기』, 숭실대 출판부, 2017; 민경찬, 『숭실과 한국의 근대음악』, 숭실대출판부, 2017; 임인국, 『평양의 장로교회와 숭실대』, 숭실대 출판부, 2017; 숭실대학교 뿌리찾기위원회편, 『권세열』, 숭실대 출판부, 2017; 이지하, 『소일도.소열도-흔적과 표적, 기쁨으로 따른 길』, 숭실대 출판부, 2018; 성신형, 『함일돈-신학사상과 『회고록』, 숭실대출판부, 2018; 이원, 『맹로법과 기계창』, 숭실대출판부, 2018; 설충수, 『방지일과 산동선교-구술채록』, 숭실대출판부, 2018; 박삼열, 『나도래』, 숭실대출판부, 2020; 권연경, 『모의리』, 숭실대출판부, 2020; 배귀희, 『옥호열』, 숭실대 출판부, 2020; 윤철홍, 『고당 조만식의 사상』, 숭실대 출판부, 2020; 이인성, 『코리아를 위한 하나님의 선물 안애니(애니 베어드)』, 숭실대출판부, 2022.

2) 강인철, 「한국교회 형성과 개신교 선교사」, 『한국학보』 75, 1994; 기덕근, 「한국초기교회사 연구」, 호남신학대학교 석사학위논문, 1998; 박용규, 「초기 개신교와 천주교의 갈등」, 『신학이해』, 2002; 신중성, 「한국기독교의 전파과정과 지역유형」, 경희대학교 박사학위논문, 1989; 윤경로, 「신·구교 관계의 역사적 고찰」, 『기독교사상』 28, 1984; 최영순, 「기독교의 전래과정과 지역적 분포연구」, 상명대학교 석사학위논문, 1999; 조강현, 「초기 개신교 성장과정 비교연구」, 감리교신학대학교 석사학위논문, 1991.

3) 김호욱, 「교회사에서 고찰한 미국 남장로회 신학연구: James Henley Thornwell의 신학사상을 중심으로」, 광신대학교 대학원 박사학위논문, 2010; 김호욱, 「한국선교 초기 미국 남장로회 선교사 신학연구, 1892-1910년」, 『광신논단』 24, 2014; 정준기, 「미국 남장로회 신학연구: 로버트 답네 저작을 중심으로」, 『광신논단』 18, 2009; 장하철, 「초기 내한 선교사들의 대 일본과 변화과정(1884-1919)」, 호남신학대학교 대학원 석사학위논문, 2004; 박종현, 「미국남장로교 여선교사의 기도회 연구」, 『한국교회사학회지』 제25집, 2009; 이덕주, 「초기 내한 선교사의 신앙과 신학」, 『한국기독교와 역사』 6, 1997.

4) 김경빈, 「한국기독교선교에서 두 외국 선교사의 상호인식」, 『서울기독교대학교수논문집』 8, 2001; 류대영, 「한말 미국의 대한 정책과 선교사업」, 『한국기독교와 역사』 제9호, 1998; 류대영, 『초기 미국선교사연구』, 한국기독교역사연구소, 2001; 박성배, 「한국교회

시 고종의 입장,5) 선교 초기에 남장로회가 수용되어 부흥한 한국적 배경,6) 그리고 남장로회가 당시 한국지식인들의 민족주의의와 근대화 인식에 끼친 영향 등을 다루는 연구들이7) 진행되었다.

미국 남장로회의 한국선교활동에 대한 연구는 국내외에서 모두 진행되었다. 미국 측 연구로는 1930년대의 로즈(H. R. Rhodes)의 연구를 비롯하

초기 선교사들의 선교정책연구」, 연세대학교 석사학위논문, 1998; 이재근, 「고립에서 협력으로: 미국 남장로교의 해외선교 정책변화, 1837-1940」, 『교회사학』 13, 2014; 주명준, 「천주교와 개신교의 전라도 선교비교」, 『전주사학』 6, 1998; 김상현, 「초기 천주교와 개신교의 조선 선교전략 비교」, 침례신학대학교 석사학위논문, 1998; 이만열, 「한말 구미제국의 대한 선교정책에 관한 연구」, 『동방학지』 69, 1994; 임선화, 「독립협회시기 선교사의 정치적 태도」, 전남대학교 석사학위논문, 2000; 장수진, 「한말 개신교 선교사의 한국문화에 대한 이해와 활동」, 이화여자대학교 석사학위논문, 1999; 장신익, 「초기 한국교회의 선교정책에 대한 고찰」, 서울신학대학교 석사학위논문, 1992; 홍경만, 「한국개신교 수용과 그 성격에 관한 연구」, 숭실대학교 박사학위논문, 1999.

5) 류대영, 「기독교와 선교사에 대한 고종의 태도와 정책」, 『한국기독교와 역사』 제13호, 2000; 김성진, 「초기 한국기독교 역사에서 본 수용자 중심 선교연구」, 장로회신학대학교 석사학위논문, 1998.

6) 김수진·노남도, 『어둠을 밝힌 한국교회와 대각성운동』, 쿰란출판사, 2007; 류대영, 「20세기 초 한국교회 부흥현상에 관한 몇 가지 재검토」, 『종교문화비평』 12, 2007; 이덕주, 「초기 한국교회 부흥 운동에 관한 연구」, 『세계의 신학』 44, 1999; 안치현, 「1907년 대부흥운동이 초기 한국교회 성장에 미친 영향」, 성결대학교 석사학위논문, 1997; 양달모, 「한국교회 사경회와 부흥회에 대한 역사적 고찰」, 연세대학교 석사학위논문, 1997; 노대준, 「1907년 개신교 대부흥운동의 역사적 성격」, 고려대학교 석사학위논문, 1987; 이대섭, 「한말의 사회상황과 개신교 수용과정에 관한 연구」, 서울신학대학교 석사학위논문, 1989; 이덕주, 『한국 토착교회 형성사 연구』, 한국기독교역사연구소, 2001; 이만열, 「한국의 교회성장과 그 요인에 관한 일 고찰」, 『숙명한국사론』 창간호, 1993; 이진구, 「한국 개신교 수용의 사회문화적 토대연구」, 『종교와 문화』 2, 1996; 장제한, 「초기 한국교회 성장의 원인 연구」, 장로회신학대학교 석사학위논문, 1992.

7) 김인수, 「한국 개신교 초기 선교와 비민족화의 경향에 관한 연구」, 호남신학대학교 대학원 석사학위논문, 1998; 류대영, 「종교와 근대성: 개신교에 대한 개화기 지식인들의 태도와 근대성문제」, 『종교문화비평』 4, 2003; 이만열, 『한국기독교 수용사 연구』, 두레시대, 1998; 이만열, 「한말 기독교인의 민족의식 형성과정」, 『한국사론』 1, 1973; 최영근, 「동아시아에서 기독교와 민족주의의 관계: 일제 시기 한국 기독교 민족주의를 중심으로」, 『장신논단』 37권, 2010; 남리화, 「한말 기독교의 수용과 기독교인의 민족의식」, 연세대학교 석사학위논문, 2000; 전겸도, 「개신교의 전래가 한국의 근대자본주의 형성과정과 경제활동에 미친 영향」, 이화여자대학교 석사학위논문, 1996; 노치준, 「일제하 한국교회 민족운동의 특성에 관한 연구」, 연세대학교 박사학위논문, 1987.

여 로즈와 캠벨(A. Campbell), 에너벨 메이저 니스벳과 조지 톰슨 브라운(George Thompson Brown) 등의 연구를 들 수 있다.8) 또한 한국에서 직접 활동한 미국 남장로회 선교사들이 출판한 자전적 기록들도 선교활동을 연구하는 데 큰 도움이 된다. 탈메이지(J. V. N. Talmage) 선교사, 조요섭(J. B. Hooper) 선교사, 설대위(D. J. Seel) 선교사의 자서전 출판 등을 대표적인 것들로 들 수 있다.9)

미국 남장로회 선교사들의 편지도 연구의 기본 사료로 중요하다. 연세대 한국기독교문화연구소가 한국연구재단 인문사회연구소사업 지원을 받아 「내한 선교사 편지(1880~1842) 디지털 아카이브의 구축」 사업을 진행하면서 내한선교사편지총서를 발간하고 있다. 이 중에 미국남장로회 유진벨, 윌리엄 전킨, 윌리엄 불 주요 선교사들의 편지가 번역되고 있다.10) 순천선교부 설립과 운영에 중심적인 역할을 한 프레스톤 편지도 곧 번역 출판될

---

8) Rhodes, H. R., *History of Korea Mission of the Presbyterian Church in the USA 1884-1934*, Seoul: Y.M.C.A. Press, 1934; Rhodes, H. A. and Campbell, A., *History of the Korea Mission Presbyterian Church U.S.A.*, 1935~1959, PCK: Commission on Ecumenical Mission and Relations, 1964; 에너벨 메이저 니스벳, 한인수역, 『(미국남장로교 선교회의) 호남선교 초기역사: 1892-1919)』, 경건, 2011; 조지 톰슨 브라운, 천사무엘·김균태·오승재 공역, 『한국선교이야기: 미국 남장로교 한국선교역사(1892-1962)』, 동연, 2010; Brown G. Thomson, 노영상 역, 「미국 남장로교회의 전남권 초기선교」, 『신학이해』 10, 1992; 곽안전(Allen D. Clark), 『한국교회사』, 대한기독교서회, 1961.

9) Talmage, J. V. N., *Prisoner of Jesus Christ in Korea*, 한남대학교출판부, 1998; Gordon, J. F., *Everyday Life in Korea*, Chicago: Fleming Revell, 1974; 이철원, 『현대의학과 선교명령』, 광주기독병원, 1999; 설대위(Seel, D. J.), 『꺼지지 않는 사랑의 불꽃』, 예수병원, 1998.

10) 유진 벨, 고영자 외 역, 『유진벨 선교편지 1895~1897』, 보고사, 2022; 로티 벨, 고영자 외 역, 『로티 벨 선교 편지 1895~1897』, 보고사, 2022; 윌리엄 전킨·메리 전킨, 이숙 역, 『윌리엄 전킨과 메리 전킨 부부 선교사 편지』, 보고사, 2022; 윌리엄 불, 허경명 가족역, 『윌리엄 불이 알렉산더에게 보낸 선교 편지』, 보고사, 2022; 넬리 랭킨, 송상훈 역, 『기전여학교 교장 랭킨 선교사 편지』, 보고사, 2022; 윌리엄 불 부부, 송상훈 역, 『윌리엄 불 선교사 부부 편지 I 1906~1938』, 보고사, 2023; 윌리엄 불 부부, 송상훈 역, 『윌리엄 불 선교사 부부 편지 II 1939~1941』, 보고사, 2023; 조셉 W. 눌런, 구지연·허경진 역, 『알렉산더에게 보낸 눌런 선교사의 편지: 1904~1907』, 보고사, 2023; 애나 매퀸, 허혜란 외 역, 『수피아 여학교 교장 애나 매퀸의 선교 편지』, 보고사, 2023.

예정이다. 이외에도 미국 남장로회 선교사들의 활동을 당시 선교사들이 남긴 회의록, 보고서, 서한, 에세이 등을 통해 파악할 수 있다.11)

미국 남장로회의 충청도 및 호남의 선교활동은 한국기독교사에서 중요한 위치를 차지한다. 따라서 한국 기독교사 전체를 다루는 저작들은 미국 남장로회의 호남선교 활동을 비중 있게 서술해왔다.12) 국내에서는 1980년대부터 차종순과 김수진을 중심으로 미국 남장로회 호남선교 전체 진행과정에 대한 연구가 진행되었다.13) 특히 차종순은 1980년대부터 현재에 이르기까지 지속적으로 남장로회의 호남선교 전체뿐만 아니라 선교의 각론에

---

11) *Annual Meeting Minutes of Korean Mission of the Presbyterian Church in the U.S.*, 1903~1940; 1946-1982; *Annual Report of the Executive Committee of Foreign Missions of the Presbyterian Church in the United States*, 1896~1940; 1946~1982; *Annual Report of the General Assembly, Executive Committee in U.S.*, April 1892~April 1906; *Minutes of the Council of Presbyterian Mission of Korea*, 1912~1930; *Minutes of the General Assembly of the Korean Mission in U.S.*, 1912~1940; *Minutes of the Korea Mission of Presbyterian Church in U.S.*, 1903~1940; *Minutes of Annual Meeting of Southern Presbyterian Mission in Korea*, 1907-1940; *Personal Report of the Korea Mission of Presbyteran Church in U.S.*,1893-1940; 1946~1982; *Table of Annual Report of the Korea Mission of the Presbyterian Church in U.S.*, 1908~1940; *The Missionary Survey*, 1911-1943.

12) 김수진,『한국기독교의 발자취』, 한국장로교출판사, 2001; 김수진,『한국초기 선교사의 이야기』, 한국장로교출판사, 2004; 김수진 외,『한국기독교사 호남편』, 범론사, 1980; 백낙준,『한국개신교사』, 연세대학교출판부, 1993; 서명원,『한국교회발전사』, 대한기독교서회, 1994; 손병호,『장로교회의 역사』, 쿰란출판사, 1993; 신광철, 「한국개신교회사 연구사」,『종교와 문화』 2, 1996; 안기창,『미국 남장로교 선교 100년사』, 진흥, 2010; 안기창,『선교이야기』, 쿰란출판사, 2006; 이덕주,『한국교회 처음 이야기』, 홍성사, 2006; 이영헌,『한국기독교사』, 컨콜디아사, 1995; 한국기독교문화연구소편,『한국사회와 기독교』, 숭전대학교출판부, 1984; 한국기독교문화연구소편,『한국기독교의 역사』 I·II, 기독교문사 1989; 한국기독교역사연구소편,『한국기독교의 역사』 II, 기독교문사, 1990; 한국기독교역사연구소,『한국기독교의 역사』 I, 기독교문사, 1998; 한국기독교역사연구소편,『한국기독교의 역사』 III, 한국기독교역사연구소, 2009.

13) 김수진,「호남선교수난사, 순교자를 위하여」,『월간목회』 98, 1981; 김수진,「호남지방 교회의 역사: 호남지방 선교 초기부터 해방 전후까지」,『한국기독교와 역사』 3, 1994; 김수진,『호남선교 100년과 그 사역자들』, 고려글방, 1992; 김수진,『한국기독 100년사 전북 편』, 쿰란출판사, 1998; 김수진,『한국초기 선교사의 이야기』, 한국장로교출판사, 2004.

대한 연구를 활발하게 진행하고 있다.14) 노영상, 안영로, 주명준, 오종풍, 송현숙, 이재근은 미국 남장로회 호남선교사들의 발자취 전반을 연구하였다.15) 최근 최경필은 미국남장로회 전남동부지역 선교과정과 해방 후 한국 개신교의 발전과정을 정리하였다.16) 오종풍과 송현숙은 남장로회의 호남 선교 확산과정을 문화지리적 입장에서 새롭게 조망하였다.17) 초기 남장로회 선교사들의 자료들을 체계적으로 정리하려는 제안도 주목할 만하다.18)

호남지역 미국남장로회에 대한 연구 구체화 되고 다양화되는 경향을 보

---

14) 차종순, 「미국 남장로교회의 호남지방 선교활동」『기독교 사상연구』 5, 1988; 차종순, 「개신교 선교와 한국여성이 사회적 지위향상」, 『신학이해』 14, 1996; 차종순, 「호남교회사에 있어서 복음적 사회운동에 대한 연구: 오방 최흥종 목사의 생애와 사상을 중심으로」, 계명대학교 박사학위논문, 1998; 차종순, 「호남과 서북지역 개신교 특성 비교연구」, 『한국교회사학회지』 15, 2004; 차종순, 「전라도에서 신앙의 뿌리를 내린 사람들: 삶과 신앙유형을 중점으로」, 『신학이해』 29, 2005; 차종순, 「미국 남장로교 한국선교사 연구 1」, 『신학이해』 35, 2008.

15) 노영상, 「미국남장로교의 전남권 초기 선교」, 『신학이해』 10, 1992; 송현숙 편, 『미 남장로회 선교사역 편람: 1892-1982』, 현대문화, 2012; 안영로, 『전라도가 고향이지요: 미국 남장로교 선교사들의 눈물과 땀의 발자취』, 쿰란 출판사, 1998; 주계명·정복량 편, 『미국남장로교 한국선교 100주년 기념대회 보고서』, 한국장로교출판사, 1993; 주명준, 「미국남장로교 선교부의 전라도 선교: 초창기 선교사들의 활동을 중심으로」, 『논문집(전주대학교)』 21, 1993; 옥성득, 「한국장로교의 초기 선교정책(1884~1903)」, 『한국교회사연구』 13, 1994; 이재근, "American Southern Presbyterians and the Formation of Presbyterian in Honam, Korea, 1892-1940: Tradition Missionary Encounters and Transformations," Ph. D. Thesis, University of Edinburgh, 2013.

16) 최경필, 『완전한 순교-전남동부 개신교 전래사 1894~1960』, 아세아, 2023.

17) 오종풍, 「전라남도 기독교에 관한 문화지리적 연구」, 고려대학교 석사학위논문, 1987; 송현숙, 「호남지방 기독교 선교기지 형성과 확산에 관한 연구」, 『한국기독교와 역사』 19, 2003; 송현숙, 「한국개신교의 전개과정(1893-1940년)에 관한 지리적 고찰: 호남지방을 사례로」, 『문화역사지리』 16(1), 2004; 송현숙, 「해방이전 호남지방의 장로교 확산과정」, 『한국기독교와 역사』, 23, 2005; 송현숙, 「호남지방 미국 남장로교의 확산, 1892-1942)」, 고려대학교 대학원 박사학위논문, 2011.

18) 송현숙 외, 「개화기 방한 서양인 기록물의 디지털 아카이브 구축에 관한연구」, 『한국문헌정보학회지』 Vol49 No3, 2015; 송현숙 외, 「호남지방 종교지리 연구동향과 과제: 미남장로회 선교기록물을 중심으로」, 『남도문화연구』 30, 2016; 송현숙 외, 「개화기 조선 체류 서양인 기록물의 디지털 아카이브 시스템 구축」, 『한국비블리아학회지』 제27권 제4호, 2016.

이고 있다. 남장로회 선교와 관련된 지역의 선교부, 선교유적, 의료선교, 교육선교, 선교사 개인들에 대한 연구들이 지속적으로 진행되고 있다.

2. 남장로회의 호남지역 복음선교 연구동향

호남선교는 복음선교, 교육선교, 의료선교를 통해 체계적으로 진행되었고, 이 부분들과 관련된 구체적인 연구들도 활발하게 진행되고 있다. 먼저 복음선교에 대한 연구동향을 살펴보기로 하겠다. 호남의 복음선교는 선교부나 지역을 대상으로 한 연구와 각 개별 선교사들을 대상으로 한 연구들로 나눌 수 있다. 송현숙은 호남지방 선교부의 형성과 확산과정에 대해 연구했고,[19] 송현강과 장신택은 목포지역 선교부와 선교활동을,[20] 김빛나는 광주지역 선교활동을,[21] 이재운과 정석동은 군산선교부를,[22] 윤정란은 순천지역 선교활동을,[23] 그리고 진지훈은 전주지역 선교활동을 지역교회 사례를 통해 다루었다.[24] 군산과 목포 선교부 이외의 전주, 광주, 그리고 순천선교부의 운영과 활동을 다루는 연구가 진행되면 좋을 것 같다. 동시에 각 선교부와 지역 사이의 상호관계와 영향을 다루는 연구가 나오면 호남선

---

19) 송현숙, 「호남지방 기독교 선교기지 형성과 확산에 관한 연구」, 『한국기독교와 역사』 19, 2003.
20) 송현강, 「미국 남장로교 한국선교부의 목포 스테이션 설치와 운영(1898-1940)」, 『종교연구』 53, 2008; 장신택, 『미국 남장로교의 한국선교회의 목포지역 선교에 관한 한 연구: 선교자와 목회자를 중심으로』, 호남신학대학교, 1998; 목포노회편, 『목포선교부 보고서』 1, 1994; 목포노회편, 『목포노회록 1~2집』, 1995.
21) 김빛나, 「미국 남장로교 선교회 광주지역 선교연구: 의료, 교육, 교회개척 사역을 중심으로」, 장로회신학대학교 세계선교대학원 석사학위논문, 2011.
22) 이재운·정석동, 「군산선교부에 대한 연구」, 『역사와 실학』 55, 2014.
23) 윤정란, 「전남 순천지역 기독교의 수용과 확산」, 『숭실사학』 26, 2011; 순천노회, 『순천노회 회의록』 1~6집, 1986; 순천노회사료편찬위원회편, 『순천노회사』, 순천문화인쇄사, 1992.
24) 진지훈, 「미국남장로교 선교회와 전주서문교회」, 『성경과 고고학』 91, 2017 봄.

교 전체에 대한 모습을 입체적으로 파악하는 데 도움이 될 것이다.

한국기독교연구소에서는 한국에서 활동한 선교사현황을 편람으로 작성하였고, 한남대학교 인돈학술원은 남장로회 선교사 현황을 편람으로 제작하였다.25) 이 편람들을 보면 한국에서 활동했던 선교사들 현황 전체를 쉽게 파악할 수 있다. 호남지역에서 활동한 선교사들에 대한 연구가 활발하게 진행되고 있다.26) 2016년에 한남대학교가 개교 60주년을 기념하여 미국 남장로회 선교사 열전을 발행하기도 하였다.27)

호남선교에서 비중 있는 역할을 한 선교사들에 대한 연구가 집중적으로 진행되었다. 유진 벨,28) 윌리엄 레이놀즈,29) 린턴,30) 테이트,31) 쉐핑,32) 크

---

25) 인돈학술원편, 『미국남장로회 내한선교사 편람』, 한남대학교출판부, 2007; 김승태·박혜진편, 『내한선교사 총람』, 한국기독교역사연구소, 1994. 이외에도 기독교 전반에 대한 연감 참조가 필요하다. 한국기독교사료수집회편, 『한국기독교요람』, 1963; 한국기도교사료수집회편, 『한국기독교신교연감』, 1964.

26) 강선미, 「조선파견 여선교사의 역사적 성격」, 『한국기독교역사연구소 소식』 56, 2003; 김영괄, 「전라도지방의 초기 선교사역에 관하여」, 장로회신학대학교 석사학위논문, 1999; 등대선교회, 『등대선교회와 농어촌복음화』, 삼화문화사, 1987; 등대선교회, 『등대선교회 30주년사: 등대의 빛』, 도서출판 벧엘, 2000.

27) 계재광, 김조년, 반신환, 송현강, 이달, 조효운, 천사무엘, 최영근 공저, 『(미국 남장로교)선교사 열전: 한남대학교 개교 60주년 기념)』, 동연, 2016.

28) 김지운, 「유진 벨 선교사의 호남선교 연구」, 총신대학교 선교대학원 석사학위논문, 2017; 송인동, 「불안에서 평안으로: 배유지 목사의 1912년 독백을 중심으로」, 『신학이해』 47, 2014; 송인동, 「Eugine Bell 선교사부부의 1895년 엽서에 담긴 언어문화 기호학적 함축」, 『신학이해』 49, 2015; 주명준, 「유진벨 선교사의 목포선교」, 『전북사학』 Vol.22, 1999; 최영근, 「미국 남장로회 선교사 유진 벨(Eugene Bell)의 선교와 신학」, 『장신논단』 46권, 2014; 최영근, 「미국남장로교 선교사 배유지(裵裕祉 Eugene Bell)의 선교와 삶」, 『고고와 민속』 18, 2015; 차종순, 「배유지 목사」, 『신학이해』 11, 1993; 김양호,

29) 김대성, 「이눌서(W. D. Reynolds, 李訥瑞)의 선교활동에 관한 연구」, 장로회신학대학교 석사학위논문, 1999; 김인수, 「레널즈(W. D. Reynolds)가 한국장로교 선상황의 발전과 변화에 미친 영향 연구」, 호남신학대학교 대학원 박사학위논문, 2009; 류대영, 「윌리엄 레이놀즈의 남장로교 배경과 성경번역 사업」, 『한국기독교와 역사』 33, 2010; 송현강, 「레이놀즈의 목회사역」, 『한국기독교와 역사』 33, 2010; 조용호, 「미 남장로교 선교사 윌리엄 D. 레이놀즈의 한국선교 배경연구」, 『논문집(전주비전대학 산업기술연구소)』, 2008.

30) 차종순, 「린턴-4대에 걸친 한국사랑」, 『한국사 시민강좌』 34, 2004; 최영근, 「미국 남장

레인33) 등의 선교활동에 여러 명의 연구자들이 주목하였다. 이외에도 호남 각지 각 분야에서 활동한 선교사들에 대한 연구들이 다양하게 진행되었다.34) 윌리엄 캐리, J. W. 놀란, 윌리엄 해리슨, 윌리엄 클라크, 클레멘트 오웬, 로버트 코잇, 윌리엄 M. 전킨, 루터 맥커첸, 카딩톤, 존 페어멘 프레스톤, 엘머 T. 보이어 등에 대한 개별연구들을 들 수 있다.35)

다양한 연구가 진행되고 있지만, 호남지역의 복음, 의료, 교육 분야에서

로교 선교사 인돈(William A. Linton)의 교육선교」, 『한국교회사학지』 40, 2015; 오승재 외 『인돈평전』, 한남대출판부, 2003.
31) 류대영, 「미국 남장로교 선교사 테이트(Lewis Boyd Tate) 가족의 한국선교」, 『한국기독교와 역사』 37, 2012; 하익환, 「테이트(Lew Boyd Tate) 선교사의 호남사역 특징에 대한 연구」, 전주대학교 석사학위논문, 2015.
32) 송인동, 「서서평(E. J. Shepping)선교사의 언어와 사역」, 『신학이해』 40, 2011; 최영근, 「미국 남장로교 여선교사 엘리자베스 쉐핑(Elizabeth J. Shepping, R. N.)의 통전적 선교 연구」, 『한국기독교신학논총』 제82집, 2012; 임희모, 「서서평 선교사의 성육신적 선교」, 『선교와 신학』 36, 2015; 임희모, 「선교적 그리스도인으로서 서서평 선교사의 선교사역」, 『선교사역』 38, 2015.
33) 이재근, 「남장로교 선교사 존 크레인(John C. Crane)의 유산: 전도자·교육자·신학자」, 『한국기독교와 역사』 45호, 2016; 임춘복, 「John Crane 선교사, 1888-1964)」, 『호남교회 춘추 역사연구지』 44, 2015.
34) 차종순, 『양림동에 묻힌 22명의 미국인』, 호남신학대학교, 2000.
35) 김동선, 「윌리엄 캐리(William Carey)의 선교를 통해 바라본 초기 복음주의 선교와 교회의 사회적 책임」, 『신학이해』 18, 1999; 송인동, 「광주 초기 의료선교사의 소통: J. W. Nolan의 사례」, 『신학이해』 44, 2012; 송현강, 「윌리엄 해리슨(W. B. Harrison)의 한국선교」, 『한국기독교와 역사』 37, 2012; 송현강, 「윌리엄 클라크의 호남선교와 문서사역」, 『한국기독교와 역사』 39, 2013; 송현강, 「남장로교선교사 클레멘트 오웬(Clement C. Owen)의 전남선교」, 『남도문화연구』 29, 2015; 송현강, 「순천의 개척자 로버트 코잇(Robert T. Coit)의 한국선교활동」, 『한국기독교와 역사』 44, 2016; 이남식, 「남장로교 선교사 윌리엄 M. 전킨의 한국선교활동연구」, 전주대학교 박사학위논문, 2012; 이진구, 「미국 남장로회 선교사 루터 맥커첸(Luther Oliver McCutchen)의 한국선교(Luther O. McCutchen's Mission Activities in Korea)」, 『한국기독교와 역사』 37, 2012; 차종순, 「호남 기독교 영성의 원류를 찾아서, 2: 카딩톤 선교사의 생애를 중심으로」, 『신학이해』 28, 2004; 차종순, 「오기원 (Clement C. C.):광주의 첫 순교자」, 『신학이해』 12, 1994; 최영근, 「남장로교 선교사 존 페어멘 프레스톤(John Faiman Preston, Sr.)의 전남지역 선교에 관한 연구」, 『장신논단』 48권 1호, 2016; 한동명, 「보이열(Elmer T. Boyer) 선교사의 호남지방 선교에 관한 연구: 무주, 순천 지역을 중심으로」, 장로회신학대학교 석사학위논문, 2007.

활동했던 선교사들 전체 수에 비하면 아직도 다루어야 할 선교사들이 많이 있다. 동시에 주요 선교사들에 대한 심도 있는 연구를 통한 저서출판이 더 많이 이루어질 필요가 있다.36) 이러한 심도 있는 연구를 진행하기 위해서는 호남지역에서 활동했던 미국 남장로회 선교사들에 대한 기록들을 체계적으로 보관하고 정리할 필요가 있다. 그런 점에서 송현숙, 이명희, 정희선, 김희순, 이효원 등이 제안하는 미국 남장로회 선교기록물 디지털 아카이브 시스템 구축 제안을 학계와 기독교 교계가 힘을 합쳐 실현할 필요가 있다.37)

미국 남장로회 선교의 영향을 받아 호남지역에는 많은 남장로회 계열 교회들이 설립되었다. 전북과 전남의 많은 지역에서 한국교회들이 지속적으로 성장하였고 그 발전의 모습은 각 교회들이 창립 90주년이나 100주년을 맞이하여 발간한 '교회 100년사'에 잘 드러나 있다. 지역 교회 100년사들은 연구서보다는 기초자료로서 더 가치가 있다. 100년사가 많이 발간된 지역이 연구가 활발한 경향이 있다. 따라서 지역별로 100년사가 어느 정도 발간되었는지 확인해 볼 필요가 있다. 전북지역의 전주, 익산, 군산, 김제, 정읍, 금산, 장수, 진안 등에서 '교회 100년사'가 발간되었다.38) 전남 서부지역

---

36) 양국주,『살아있는 성자 포사이드』, 서빙더 피플, 2018; 김양호,『물 근원을 고쳐라, 유진벨 선교사』, 사람이 크는 책, 2023; 백준성,『조선의 작은 예수 서서평: 천천히 평온하게』, 두란노, 2017.

37) 송현숙, 「종교유적 건축물 정보의 메타데이터 구성과 온톨로지 구축」,『한국도서관정보학회지』44권 제1호, 2013; 송현숙 외「개화기 방한 서양인 기록물의 디지털 아카이브 구축에 관한 연구」,『한국문헌정보학회지』49권 제3호, 2015; 송현숙 외「호남지방 종교지리 연구동향과 과제: 미 남장로회 선교기록물을 중심으로」,『남도문화연구』30, 2016; 송현숙 외,「개화기 조선 체류 서양인 기록물의 디지털 아카이브 시스템 구축」,『한국비블리아학회지』제27권 제4호, 2016; 이효원,「내한 남장로교 선교사 기록물 활용방안: 도큐멘테이션 전략의 적용」, 한국기록관리학교육원, 2013; 정희선,「개화기 서양인 방한 기록을 통한 지역정보의 디지털 아카이브 지도 기반 정보서비스 플랫폼 구축」, 한국연구재단, 2014.

38) 군산노회,『군산노회록』1~6집, 1939; 김수진,「군산 초기기독교사 연구」,『호남기독교사연구회 2』, 1995; 김수진,『금산교회이야기』, 김제금산교회, 1999; 김수진,『고현교회100년사』, 익산 고현교회, 2002; 김수진,『매계교회100년사』, 정읍 매계교회, 2002; 김수진,『대창교회 100년사』, 김제 대창교회, 2003; 김수진,『신전교회 100년사』, 장수 신전

의 광주, 목포, 영광, 해남, 비금도 등에서 '교회 100년사'가 활발하게 발행되었다.39) 이에 비해 창립 100년이 넘는 교회가 많고 순천노회의 역사적 전통을 이어 온 전남동부지역의 순천, 여수, 광양, 보성, 구례, 곡성 등에서 '교회 100년사' 또는 '교회 110주년사'의 발간이 지체되고 있다. 전남동부지역의 전통있는 교회들에서 소장자료나 구술자료 정리 등을 통해서 자체교회의 역사를 발간 해나갈 필요가 있다.40)

3. 남장로회의 교육선교, 의료선교, 선교유적 연구동향

남장로회의 교육선교는 남장로회 해외선교전략에서 중요한 위치를 차지

교회, 2007; 배정식, 『문정교회 100년사』, 전주 문정교회, 2007; 이경, 『봉상교회 100년사론』, 완주 봉상교회, 2004; 전병호, 「호남선교의 관문, 군산」, 『기독교사상』 667, 2014; 전시종, 『용산교회 100년사』, 익산시 용산교회, 2007; 정태진, 『전주서문교회 100년사』, 전주서문교회, 1999; 전택동, 『부귀중앙교회 100년사』, 진안군 부귀중앙교회, 2006; 주명준, 『연정교회 100년사』, 김제 연정교회, 2008; 주명준, 「김제지역의 기독교 전래」, 『제병기교수화갑기념논총』, 1995; 주명준, 「정읍지역의 기독교 전래」, 『전북사학』 Vol.19, 1996.

39) 광주서현교회 90년사편찬위원회 편, 『광주서현교회 90년사』, 광주서현교회, 1998; 김수진, 『영광읍교회 80년사』, 대한예수교장로회 영광읍교회, 1987; 김수진, 「광주 초대교회사 연구」, 『호남기독교사연구회 1』, 1994; 김수진, 『목포지역 기독교 100년사』, 쿰란출판사, 1997; 김수진, 『양동제일교회 100년사』, 쿰란출판사, 1997; 김수진, 『신락교회 100년사』, 해남 신락교회, 2005; 김수진, 『광주제일교회 100년사』, 광주제일교회, 2006; 김수진, 『비금기독교 100년사』, 전남 비금도 덕산교회, 2008; 김철수, 『목포양동교회 100년사』, 샛별, 1997; 연규홍, 『광주양림교회 100년사(기장)』, 광주양림교회, 2008; 차종순, 『송정제일교회 100년사』, 광주 송정제일교회, 2001.

40) 김승태, 「장로교회 전남순천노회의 수난사건」, 『식민권력과 종교』, 한국기독교역사연구소, 2012; 순천중앙교회, 『순천중앙교회 약사』, 평신도회지육부, 1971; 양동식, 『순천중앙교회』, 순천 중앙교회, 2007; 양성호, 「박영자 권사 면담자료」, 『순천중앙교회 설립역사(1)』, 2011; 이덕주, 『예수 사랑을 실천한 목포 순천 이야기』, 도서출판 진흥, 2008; 장중식, 『순천노회 회의록』 제4집(58-65집), 순천문화인쇄소, 1997; 전남노회편, 『전남노회록』, 1~2집, 1911; 전남노회편, 『전남노회록』 3~4집, 1917; 주명준, 「순천노회 박해사건의 역사적 의의」, 『전주사학』 3, 1994; 주명준, 「일제하 순천노회의 수난」, 『등대선교회 창립 37주년 기념 등대선교회 제1회 학술세미나』, 순천중앙교회, 2007; 진병도, 『섬진강-순교목사 양용근 평전』, 쿰란출판사, 2010.

하고 있다. 남장로회의 호남교육선교에 대한 연구는 주로 남장로회가 세운 기독교 학교들에 대한 연구를 중심으로 진행되었다.[41] 전북지역 교육선교에 대한 연구는 전주의 신흥학교와 기전여학교 그리고 군산의 영명학교와 멜볼딘 여학교를 대상으로 진행되었다.[42] 전남지역은 광주지역의 숭일학교와 수피아학교,[43] 목포지역의 영흥학교와 정명학교,[44] 그리고 순천지역의 매산학교가 연구되었다.[45]

복음선교에 비해 교육선교에 대한 연구가 그리 많지 않음을 알 수 있다. 또한 교육선교가 학교의 설립과 발전과정 같은 외형적인 부분들에 집중되어 구체적인 교육과정, 교육철학, 지역인재 양성에 미친 영향 등에 대한 심층적인 연구가 향후 요청된다. 교육선교에 대한 연구가 심도 있게 활발하게 연구되지 못하고 있는 것은 교육선교 연구에 교육에 대한 전문적인 배경지식이 필요하기 때문이다. 호남지역 대학에 소속되어 있는 교육과정이나 교육철학 연구자들과의 상호 교류와 협조를 통한 공동연구가 앞으로 다양하게 진행될 필요가 있다.

---

41) 미국 남장로회의 아동교육선교에 대한 연구도 있다(김소정, 「미국 남장로교 한국선교부의 아동선교(1892-1945): 미션 스쿨과 주일학교 운동을 중심으로」, 한남대학교 석사학위논문, 2014. 그리고 호남지역은 아니지만 대학교육에 대한 송현강의 연구도 있다(송현강, 「미남장로교의 한국선교와 한남대학의 설립」, 『고고와 민속』 11, 2008).
42) 조경열, 「초기 기독교 전래가 전북교육에 끼친 영향」, 원광대학교 석사학위논문, 2006; 송현강, 「남장로교의 군산 영명학교. 멜볼딘 여학교 설립과 운영」, 『한국기독교 역사연구소 소식』, 2015; 이재근, 「남장로교의 전주 신흥학교·기전여학교 설립과 발전」, 『한국기독교와 역사』 42, 2015.
43) 안영로, 『미국 남장로교의 학원선교정책에 관한 연구: 광주 수피아 여학교의 신사참배 반대를 중심으로』, 호남신학대학교, 1998; 이진구, 「미국 남장로교 광주 스테이션의 교육선교: 숭일, 수피아학교를 중심으로」, 『고고와 민속』 12, 2009; 차종순, 「광주남학교(숭일학교)의 초기역사에 관한 연구: 논란이 되는 사항들을 중심으로」, 『신학이해』 18, 1999.
44) 송현강, 「한말. 일제 강점기 목포 영흥. 정명학교의 설립과 발전」, 『역사학연구』 35, 2009.
45) 한규무, 「미국남장로회 순천스테이션의 교육선교와 매산남녀학교」, 『남도문화연구』 15, 2008; 매산 100년사편찬위원회, 『매산백년사』, 2010.

복음선교와 교육선교와 더불어 호남선교의 주요 축이었던 의료선교에 대한 연구도 활발하지 않다.46) 의료선교 연구가 활발하지 못한 것은 크게 두 가지 이유인 것 같다. 첫째는 병원설립, 운영, 진료 내용 등에 대한 연구는 의료부분에 대한 전문성이 요구되는 데 역사연구자들이 이러한 배경지식을 충분히 습득하기 어렵다는 점이다. 둘째는 선교과정에서 세워진 교회나 학교와 다르게 기독교 병원들이 지속된 사례가 많지 않기 때문이다. 기독교계열 병원들은 영리를 목적으로 하지 않았기 때문에 재정적자로 폐쇄되는 경우가 많았고, 병원의 환자들이 교인이나 학생들과 다르게 병원 관련 자료를 보관하고 정리해야 할 필요성을 많이 느끼지 못했다.47)

한규무는 전남과 순천지역 의료선교를 지속적으로 연구하였다.48) 기덕근과 차종순은 광주지역을 중심으로 의료선교가 복음선교에 미친 영향을 분석하였다.49) 김형균과 송현강은 결핵사업을 중심으로 순천지역 의료선교를 연구하였다.50) 여수지역 애양병원은 한센병 환자를 수용했던 근대적 의료시설이라는 점에서 관심을 많이 받았다.51) 더욱이 손양원이 의료선교

---

46) 정병준, 『기억해야 할 유산: 미국 남장로회 한국 의료선교역사』, 대학기독교서회, 2014; 황상익 외, 「조선말과 일제강점기 동안 내한한 서양 선교의료인의 활동분석」, 『의사학』 3권 1호, 대한의사학회, 1994.
47) 한규무, 「미국남장로회의 순천지역 의료선교와 안력산병원」, 『전남동부지역 기독교선교와 한국사회』, 순천대학교 70주년 기념관 2층 회의실, 2017.
48) 한규무, 「미국 남장로교 한국선교부의 전남지역 의료선교, 1898~1940」, 『남도문화연구』 20, 2011; 한규무, 「미국남장로회의 순천지역 의료선교와 안력산병원」, 『전남동부 기독교 선교와 한국사회』, 선인, 2019.
49) 기덕근, 「병원선교가 복음증거에 미친 영향: 광주 선교부를 중심으로」, 호남신학대학교 석사학위논문, 2001; 차종순, 「광주의 초기 의료선교사역에 관한 연구」, 『신학이해』 21, 2001.
50) 김형균, 「순천지역 의료선교에 대한 연구: 선교사 인애자의 결핵사업을 중심으로」, 장로회신학대학교 석사학위논문, 2010; 송현강, 「미국 남장로교 선교사 인애자의 결핵퇴치사업」, 『전남동부지역 기독교 인물과 선교활동』, 선인, 2021.
51) 최병택, 「남장로회 선교부 한센병 환자 수용정책의 성격, 1909~1950: 여수 애양원을 중심으로」, 『한국기독교와 역사』 제32호, 2010; 애양원 100년사 간행위원회, 『구름기둥, 불기둥 섬김의 동산, 애양원 100년』, 북인, 2009; 지성배, 『애양원 그 백년을 걷다』, 애

활동 중에 순교하기도 해서 기독교계의 많은 연구가 집중되었다.[52]

의료선교는 선교와의 관련뿐만 아니라 한국의 근대화과정과도 밀접한 관련을 가지고 있기 때문에 향후 보다 많은 관심이 필요한 부분이다.[53] 의학적 전문지식이 있는 의사들과 공동으로 연구를 진행하면 시너지가 있을 것 같다. 순천지역의 경우 안력산의료문화센터를 중심으로 알렉산더 병원 관련 자료를 수집하면서 관련 세미나를 지속적으로 진행하고 있다. 선교 및 기독교 역사 연구자들이 이들과 적극적으로 결합하여 의료선교 연구를 활발하게 진척시켜 나갈 필요가 있다.

남장로회 선교건축들은 선교지 분할협정의 결과로 호남지역에 집중된다. 특히 남장로회 호남 선교기지를 구축했던 전주, 군산, 목포, 광주, 그리고 순천을 중심으로 선교건축물이 세워졌다. 남장로회의 선교건축은 처음에는 기존 한국 건물을 이용하는 초기 단계, 이어 벽체나 내부공간을 개조한 한식과 양식 절충형 건물을 이용하는 과도기, 그리고 서양식 선교건축물을 본격적으로 건설하는 안정기로 발전한다.[54] 전주, 군산, 목포, 광주 그리고 순천 등 남장로회 선교기지에는 선교사 사택을 기본으로 복음, 교육, 의료 등의 시설들이 공통적으로 세워진다.[55] 이 중에서 순천선교부 관할지역에

양원, 2009.

52) 이덕주, 「백색순교에서 적색순교로」, 『한국기독교와 역사』 40, 2014; 전리사, 「손양원 목사의 삶에 반영된 참 제자도의 모습」, 강남대학교 석사학위논문, 2013; 이상규, 「해방 이후 손양원의 생애와 활동」, 『한국기독교와 역사』 35, 2011; 최병택, 「손양원과 구라선교」, 『한국기독교와 역사』 34, 2011; 최은총, 「성경의 빛에 비추어 본 손양원 목사(1920-1950)의 고난」, 장로회신학대학교 석사학위논문, 2013.

53) 이만열, 「기독교 선교 초기의 의료사업」, 『동방학지』 46~48, 1985; 이만열, 『한국기독교의료사』, 아카넷, 2003; 이철원, 「현대의학과 선교명령」, 광주기독병원, 1999.

54) 우승완1, 「전남지역 선교기지 구축과 건축활동: 윌슨과 스와인하트를 중심으로」, 『2018년 국립순천대 인문학술원 학술대회: 전남동부지역 기독교인물과 지역사회』, 순천대 70주년기념관 대회의실, 2018, 54쪽.

55) 홍순명·홍대형, 「한국기독교 교회건축의 유형분석에 관한 연구」, 『대한건축학회논문집』 7, 1991; 도선봉1, 「한국근대건축형성과정에서 나타난 미국장로회 선교건축의 특성」, 충북대학교 박사학위논문, 2002.

는 순천읍교회, 매산학원, 알렉산더 병원 등 복음, 교육, 의료 시설이 집중적으로 설립된 선교기지뿐만 아니라 한센인 치료병원인 여수 애양원, 순천결핵병원, 노고단과 왕시루봉 수양 시설 등 각종 선교시설들이 세워졌다.56) 선교건축물과 시설들은 한국의 근대적 도시화과정에 큰 영향을 미쳤다는 점에서 한국현대사에서도 중요한 의미를 지닌다.

한규무와 송현숙 등은 지리산 왕시루봉 선교사촌의 유적을 다루었다.57) 광주 양림동 선교부 건물을 차종순이 연구하였다.58) 우승완과 남호현은 여수 애양병원과 관련된 선교유적을 분석하였다.59) 호남의 타 지역에 비해 순천의 선교유적은 상대적으로 많이 연구되었다. 순천 선교부, 조지 와츠 선교기념관, 순천 매산중학교 매산관 등이 순천의 근대 도시화와 연관하여 연구되었다.60)

그러나 순천 선교기지의 경우 순천읍 교회, 매산학교의 은성관, 기숙사, 알렉산더 병원, 성서신학원 등 대부분의 주요건물들이 사라져서 원형을 확인하기 어렵다. 프레스톤 주택(1913년), 코잇주택(1913년), 로저스 주택(1913년), 어린이학교(1925년), 조지 와츠 기념관(1929년), 매산중학교 매산관(1930년),

---

56) 우승완, 위의 논문, 55쪽
57) 송현숙, 「지리산 왕시루봉 선교사촌의 형태」, 『대한지리학회 학술대회논문집』, 2014. 6; 한규무, 「지리산 노고단 '선교사 휴양촌'의 종교문화적 가치」, 『종교문화연구』 15, 2010. 12; 최원석, 「지리산 문화경관의 세계유산적 가치와 구성」, 『한국지역지리학회지』 18, 2012; 도코모모코리아, 『지리산 선교사 유적 조사와 문화재적 가치연구』, 지리산기독교선교유적지보존연합, 2009.
58) 차종순, 「양림동 선교부 건설과 건축이야기」, 『신학이해』 43, 2012.
59) 우승완·남호현, 「질병공동체 애양리 마을의 형성과 공간변화에 관한 연구」, 『한국도시설계학회지』 39, 2010.
60) 문화재청1, 『순천 구 남장로교회 조지와츠 기념관 기록화 조사보고서』, 문화재청 근대문화재과, 2006; 문화재청2, 『순천 매산중학교 매산관: 기록화 조사보고서』, 문화재청 근대문화재과, 2006; 남호현, 「근대 순천지역 선교사 마을의 배치와 공간수법에 관한 연구」, 『대한건축학회연합논문집』 2(4), 2000; 도선봉 외 「순천 선교촌의 형성과 건축특성에 대한 조사연구」, 『한국농촌건축학회논문집』 4(2), 2002. 6; 우승완2, 「순천의 근대기 도시화에 관한 연구」, 순천대학교 박사학위논문, 2009; 우승완 외 「근대 순천의 도시발전 동인에 따른 도시변화과정에 관한 연구」, 『한국도시설계학회지』 제10권 제1호, 2009.

알렉산더 병원 격리병동(1932년) 등만이 남아있다.[61] 남아있는 선교사건축물을 잘 보존해나가면서 순천읍교회나 알렉산더 병원 등을 복원할 수 있는 방안을 모색해나갈 필요가 있다. 동시에 호남지역 선교과정에서 조성된 다양한 근대 선교유적을 데이터로 보관하여 체계적으로 관리해나갈 필요가 있다.[62] 이는 한국 기독교선교와 교회발전 역사에서뿐만 아니라 한국근대 도시화를 파악하는 데도 중요한 자료역할을 할 것이기 때문이다.

4. 호남지역 미국 남장로회 연구 과제

남장로회 호남선교에 대한 연구가 구체화되고 다양화되었다. 그러나 미국 남장로회의 호남선교에 대한 연구에는 아직도 보완해나가야 할 부분이 많다.

첫째, 미국 남장로회 자체에 대한 연구를 심도있게 진행할 필요가 있다. 구체적으로 미국 남장로회가 해외선교, 특히 한국에 어떤 입장에서 정책을 세우고 집행을 했는지, 그리고 그 과정의 시행착오를 어떠한 방식으로 해결하려고 했는지를 적극 연구할 필요가 있다.

둘째, 남장로회가 호남지역에 설치한 선교부 사이의 공통성과 차이성을 비교를 통해 총체적으로 파악해나갈 필요가 있다. 남장로회는 호남지역에 5개의 선교부를 설치했는데 각 선교부는 설립시기와 지역상황에 따라 차이가 있을 수밖에 없다. 전통적 기반이 약한 목포나 군산선교부와 전통적 기반이 강한 전주나 순천 순교부 사이에 어떠한 차이성이나 공통성이 있는지 비교연구를 통해 총체적 모습을 그려나갈 필요가 있다. 특히 조선이 망하

---

[61] 우승완3, 「미국 남장로교와 순천지역 선교」, 『2017년 국립순천대 인문학연구소 학술대회: 전남동부지역 기독교선교와 한국사회』, 순천대학교 70주년 기념관 대회의실, 2017, 110~111쪽.

[62] 송현숙, 앞의 논문, 2013.

기 이전과 이후에 설립된 선교부가 지역사회에 끼친 영향의 차이점을 집중적으로 분석할 필요가 있다. 기회가 되면 한국, 일본, 만주, 중국 선교부 사이에 어떠한 공통성과 차이가 있는지 국제연구도 진행할 필요가 있다.

셋째, 호남지역에서 활동한 선교사 관련 기록물을 체계적으로 수집하고 보관하고, 이를 디지털 아카이브 시스템으로 구축해나갈 필요가 있다. 미국 남장로회는 이미 주요 선교사들의 편지, 저술 들을 디지털 온라인으로 전환 작업을 해나가고 있다. '미국 남장로회사학회의 전국문서고(Presbyterian Historical Society, The National Archives of th PC(USA))'를 대표적인 예로 들 수 있다.[63] 한국에 파견된 미국남장로회 선교사들 관련 자료는 이 문서고를 참조하면 대부분 해결될 것이다.

그러나 미국선교사 관련 기록은 선교사 본인들이 영어로 남긴 것도 있지만, 선교사들의 활동이 교회 당회록, 지역이나 중앙 노회 회의록 등에 기록되어 있고, 한국인들이 선교사들에 대해 기록한 회고나 기록 등도 다양하게 존재하고 있다. 전남동부지역의 경우 이러한 자료들이 체계적으로 수집이 되어 있지 못한 상황이다. 선교사 관련 한국인 세대들이 생존해 있을 때 관련 자료 수집을 체계적으로 수집, 보존, 정리작업을 서두를 필요가 있다. 전남 동부지역의 경우 순천시나 전남도와 협력하여 순천기독교역사박물관을 적극 활용해나갈 필요가 있다.

넷째, 복음선교에 비해 상대적으로 연구가 부족한 교육선교와 의료선교에 대한 연구를 보충해나갈 필요가 있다. 교육선교와 의료선교 연구가 복음선교 연구에 비해 상대적으로 저조한 것은 해당분야 연구에는 전문적인 배경지식이 필요하기 때문이다. 따라서 기독교 역사 연구자들은 교육학분야나 의학분야 연구자들과의 긴밀한 상호협력을 강화하여 관련 연구를 심

---

63) https://www.history.pcusa.org/collections/research-tools/guides-archival-collections (2018. 8.1)

화시켜나갈 필요가 있다.

II. 순천 선교부 연구현황과 과제

1. 전남 동부지역과 순천 선교부의 역사적 위상

2023년은 순천 선교부가 세워진 지 110주년이 되는 해였다. 순천 선교부 설립 110주년을 맞아 순천 선교부와 순천 지역 기독교가 어떻게 발전되어 왔고, 현재의 시점에서 어떻게 받아들여질지를 살펴볼 필요가 있다.

미국 남장로교가 세운 순천 선교부는 대한제국이 멸망한 직후 일제 강점기인 1913년에 세워졌다. 미국 남장로교가 세운 군산선교부(1895년), 전주 선교부(1896년), 목포 선교부(1898년), 광주 선교부(1904년)는 모두 1910년 이전 한 말에 세워졌다. 한 말에 세워진 선교부들은 서양 세력을 대변하는 측면도 있었다.

이에 비해 일제 강점기에 세워진 순천 선교부는 일제의 침략에 저항하는 지역민들에게 일제를 대신하는 '대안 문명'을 전파하는 '전진 기지'로 역할한 측면도 있다. 순천 선교부가 제공하는 근대적인 중등교육, 근대적인 의료시설, 선교사들이 거주하고 누렸던 근대적 건축과 시설들이 순천의 근대화에 커다란 영향력을 미쳤기 때문이다. 순천 선교부가 개설 10년 만에 '북평양, 남순천'이라고 불릴 정도로 교세가 커진 원동력을 이러한 순천선교부의 역할에서 찾아볼 수도 있을 것이다.

호남 및 전남동부 지역 교회 발전은 미국 남장로회 선교와 밀접한 관계를 지니고 있다. 미국 남장로회 선교가 지역 교회 발전의 주요한 계기가 되었고, 이후 남장로회 선교부의 역할과 지역 교회의 자생적인 노력들이 상호작용하면서 지역의 기독교가 발전하였다.[64] 전남동부 지역은 순천 선교부 활동 영역과 일치한다. 순천 선교부는 남장로회 호남 선교부 중 가장 늦게 설치되었지만, 가장 체계적으로 진행된 선교부이기도 하다. 전남동부 지역은 선교부가 늦게 설치되다 보니 이미 지역 교회들이 자생적으로 성장하고 있었고, 체계적인 지원 속에서 설립된 선교부여서 지역에 대한 복음 선교, 의료 선교, 교육 선교 지원이 활발한 곳이었다. 전남동부 지역 기독교 역사의 발전 과정을 제대로 보기 위해서는 선교부와 지역 교회의 성장 모두를 모두 고려할 필요가 있다.[65]

2. 순천 선교부 연구 현황과 과제

전남동부 지역에 창립 110주년이 넘는 교회들이 많이 존재한다. 여수 율천교회, 광양 웅동교회, 순천 중앙교회 등을 대표적으로 들 수 있다. 이런 오랜 역사에도 불구하고 전남동부 지역 선교 및 지역 교회 발전 과정에 대한 연구는 국립순천대 인문학술원 종교역사문화센터 설립 이전까지는 체계적으로 진행되지 못하였다.[66]

국립순천대 인문학술원은 2001년 지역의 역사와 문화를 체계적으로 연구하여 지역정체성을 확립한다는 목적하에 '인문학연구소'로 설립되어 시작하였다. 인문학술원은 2017년에 한국연구재단 대학중점연구소 사업에 선정되어 대규모 재정지원을 받으면서 인문학연구소를 인문학술원으로 확대 조

---

64) 윤정란, 「전남 순천지역 기독교의 수용과 확산」, 『숭실사학』 26, 2011; 이양재, 「순천지역 초기 선교역사연구: 광양 신황리교회를 중심으로」, 호남신학교 대학원 석사학위논문, 2001; 한동명, 「보이열(Elmer T. Boyer) 선교사의 호남지방 선교에 관한 연구: 무주, 순천 지역을 중심으로」, 장로회신학대학교 석사학위논문, 2007.
65) 한규무, 「미국남장로회 순천스테이션의 교육선교와 매산남녀학교」, 『남도문화연구』 15, 2008.
66) 김형균, 앞의 논문 2010; 문화재청1, 앞의 책, 2006; 문화재청2, 앞의 책, 2006; 도선붕 외, 앞의 논문, 2002; 우승완, 앞의 논문 2009; 우승완 외, 앞의 논문, 2009; 한규무, 「지리산 노고단 '선교사 휴양촌'의 종교문화적 가치」, 『종교문화연구』 15, 2010.

직개편하였다. 또한 2023년에도 한국연구재단 인문사회연구소 사업에 연속으로 선정되어 2029년까지 6년 동안 대규모 재정지원을 바탕으로 연구소 활동을 진행할 수 있게 되었다. 순천대 인문학술원은 그동안 한국전쟁연구, 여순사건 연구, 전남동부 지역 기독교 연구 등을 진행해왔다. 그 결과 지난 6년 동안 8권의 연구총서, 6권의 자료총서, 4권의 종교역사문화총서, 13권의 학술지 등 총 31권의 책을 출판하였다.

인문학술원은 2017년부터 2019년까지 순천시 지원을 받아 전남동부 지역 기독교 관련 학술대회를 매년 1차례 개최하였다. 개최된 학술대회 주제들은 '전남동부 지역 기독교 선교와 한국사'(2017. 8. 18), '전남동부 지역 기독교 인물과 지역 사회'(2018. 8. 3), '전남동부 지역 기독교 기관과 지역 사회'(2019. 5. 30)였다. 이 학술대회 발표들은 인문학술원 종교역사문화센터에서 2019년부터 2021년 사이에 3권의 종교역사문화총서 시리즈로 출판되었다.[67]

이 3권의 종교역사문화총서는 순천 선교부를 중심으로 전남동부 지역 기독교를 체계적으로 다룰 수 있는 토대를 제공했다는 점에서 의미가 있다. 또한 평양과 서울 지역 이외에 특정 지역의 기독교 역사를 지역 대학이 중심이 되어 체계적으로 정리한 사례라는 점에서 주목을 받았다.

그러나 이 3권의 기독교역사 연구 총서는 몇 가지 점에서 한계가 있다. 2022년 12월 15일 개최된 종교역사문화총서 출판 기념 세미나에서 임송자 교수는 향후 전남동부 지역 연구와 관련하여 몇 가지 과제를 제안하였다.[68] 첫째, 지금까지 진행된 연구의 대상 시기를 확대해야 한다. 1910년대에서

---

67) 순천대 인문학술원 종교역사문화센터, 『전남동부 기독교 선교와 한국사회』, 선인, 2019; 순천대 인문학술원 종교역사문화센터, 『전남동부지역 기독교 인물과 선교활동』, 선인, 2021; 순천대 인문학술원 종교역사문화센터, 『전남동부지역 기독교 기관과 지역사회』, 선인, 2021.
68) 임송자, 「인문학술원의 연구 활동과 종교역사문화총서 발간의 의의」, 순천대 인문학술원 출판기념세미나, 2022.

1930년대에 집중된 연구를 1940년 이후 일제 말기, 1945년 해방 이후, 한국전쟁 이후 산업화 시기 등으로 확대하고, 순천에 집중된 연구를 여수, 광양, 구례, 보성 등으로 확대해야 한다는 것이다. 둘째, 지역의 기독교 연구에 한국 역사학계의 연구 성과를 반영할 필요가 있고, 기독교 선교가 근대화에 미친 긍정적인 측면과 부정적인 측면 모두를 고려해야 한다. 셋째, 선교 연구를 심화하고 체계적으로 진행하기 위해서는 새로운 자료 발굴과 함께 지역에 산재한 자료들을 조사하고 수집하고, DB화 작업도 진행해야 한다.

2024년도에 인문학술원이 출판한 네 번째 책 『전남동부 기독교 문화유산과 지역사회』는 전남 동부지역 기독교 문화유산에 대한 연구를 담은 책이다.69) 이 책은 연구 시기가 한국전쟁 이후 시기로 확장되었다는 점, 근대 선교 문화 유산 관련 객관적 자료를 상당부분 수집하고 정리하고 있다는 점에서 임선생이 제기한 과제를 해결하는 노력의 일환이다.

3. 순천 근대 문화 유산 및 선교 유산 현황

남장로회 선교 건축들은 선교지 분할 협정의 결과로 호남 지역에 집중된다. 특히 남장로회 호남 선교 기지를 구축했던 전주, 군산, 목포, 광주, 그리고 순천을 중심으로 선교 건축물이 세워졌다. 남장로회의 선교 건축은 처음에는 기존 한국 건물을 이용하는 초기 단계, 이어 벽체나 내부 공간을 개조한 한식과 양식 절충형 건물을 이용하는 과도기, 그리고 서양식 선교 건축물을 본격적으로 건설하는 안정기로 발전한다.70) 전주, 군산, 목포, 광주 그리고 순천 등 남장로회 선교 기지에는 선교사 사택을 기본으로 복음, 교육, 의료 관련 시설들이 공통적으로 세워진다.71) 이 중에서 순천 선교부

---

69) 순천대 인문학술원 종교역사문화센터, 『전남동부지역 기독교 문화유산과 지역사회』, 선인, 2024.
70) 우승완1, 앞의 논문, 2018, 54쪽.

관할 지역에는 순천읍 교회, 매산 학원, 알렉산더 병원 등 복음, 교육, 의료 시설이 집중적으로 설립되었다. 또한 한센인 치료 병원인 여수 애양원, 순천 결핵병원, 노고단과 왕시루봉 수양 시설 등 각종 선교 시설들도 세워졌다.72) 선교 건축물과 시설들은 한국의 근대적 도시화 과정에 큰 영향을 미쳤다는 점에서 한국 현대사에서도 중요한 의미를 지닌다.

한규무와 송현숙 등은 지리산 왕시루봉 선교사촌의 유적을 다루었다.73) 광주 양림동 선교부 건물을 차종순이 연구하였다.74) 우승완과 남호현은 여수 애양병원과 관련된 선교 유적을 분석하였다.75) 호남의 타 지역에 비해 순천의 선교 유적은 상대적으로 많이 연구되었다. 순천 선교부, 조지 와츠 선교기념관, 순천 매산중학교 매산관 등이 순천의 근대 도시화와 연관하여 연구되었다.76)

순천에는 다양하고 많은 근대 문화 유산이 있다. 순천에는 국가등록문화재 15점과 전라남도 문화재 자료 1점이 있다. 이 문화재들은 매천 황현 유물, 기독교 근대 문화 유산, 근대 문화 유산 등으로 주로 구성되어있다. 전라남도 문화재 자료에는 순천 코잇 선교사 가옥이 있다. 순천 매산중학교

---

71) 홍순명·홍대형, 「한국기독교 교회건축의 유형분석에 관한 연구」, 『대한건축학회논문집』 7, 1991; 도선봉1, 앞의 논문, 2002.
72) 우승완, 위의 논문, 2018, 55쪽.
73) 송현숙, 「지리산 왕시루봉 선교사촌의 형태」, 『대한지리학회 학술대회논문집』, 2014; 한규무, 「지리산 노고단 '선교사 휴양촌'의 종교문화적 가치」, 『종교문화연구』 15, 2010; 최원석, 「지리산 문화경관의 세계유산적 가치와 구성」, 『한국지역지리학회지』 18, 2012; 도코모모코리아, 『지리산 선교사 유적 조사 및 문화재적 가치연구』, 지리산기독교선교유적지보존연합, 2009.
74) 차종순, 「양림동 선교부 건설과 건축이야기」, 『신학이해』 43, 2012.
75) 우승완 외, 앞의 논문, 2010.
76) 문화재청, 『순천 구 남장로교회 조지와츠 기념관 기록화 조사보고서』, 문화재청 근대문화재과, 2006; 문화재청, 『순천 매산중학교 매산관: 기록화 조사보고서』, 문화재청 근대문화재과, 2006; 남호현, 「근대 순천지역 선교사 마을의 배치와 공간수법에 관한 연구」, 『대한건축학회연합논문집』 2(4), 2000; 도선봉 외, 앞의 논문, 2002; 우승완2, 앞의 논문, 2009; 우승완 외, 위의 논문, 2009.

매산관, 구 순천선교부 외국인 어린이학교, 순천 구 선교사 프레스턴 가옥, 순천 구 남장로교회 조지와츠 기념관 등은 기독교 '선교 문화재'로 분류할 수 있다.

아직도 등록되지 않은 중요한 근대 문화유산들이 순천 지역에 10개 정도 있다. 기독교 선교 유산이 8개이고, 일반 근대 문화 유산이 2개이다. 이를 보면 순천 근대화 과정에서 기독교 선교 유산이 차지하는 비중이 크다는 사실을 잘 알 수 있다.

순천 선교 마을의 경우 순천읍 교회, 매산학교의 은성관, 기숙사, 알렉산더 병원, 성서신학원 등 대부분의 주요 건물들이 사라져서 원형을 확인하기 어렵다. 프레스톤 주택(1913년), 코잇 주택(1913년), 로저스 주택(1913년), 어린이학교(1925년), 조지와츠 기념관(1929년), 매산중학교 매산관(1930년), 알렉산더 병원 격리 병동(1932년) 등만이 남아있다.[77] 남아있는 선교 유산을 잘 보존해나가면서 순천읍 교회나 알렉산더 병원 등을 복원할 수 있는 방안을 모색해나갈 필요가 있다. 동시에 호남 지역 선교 과정에서 조성된 다양한 근대 선교 유적을 데이터로 보관하여 체계적으로 관리해나갈 필요가 있다.[78]

---

77) 우승완3, 앞의 논문, 2017, 110~111쪽.
78) 송현숙, 앞의 논문, 2013.

2장

광주선교부 연구의 현황과 과제

한규무

I. 머리말

미국남장로회 호남선교에 대한 연구는 1980년대에 시작되었으며,[1] 그 연구사 전반에 대해서는 이미 강성호(2018)가 정리한 바 있다.[2] 그는 미국남장로회의 호남선교 전반 및 복음선교·교육선교·의료선교 및 선교유적 연구동향을 정리했다. 아울러 향후과제로 미국남장로회 자체에 대한 심도있는 연구, 호남지역 선교부 사이의 공통성과 차이성 비교를 통한 총체적 파악, 호남지역 선교사 관련 기록물의 체계적 수집·보관 및 아카이브 시스템 구축, 교육선교와 의료선교에 대한 연구 보충, 순천선교부 관련 연구 활성

---

[1] 김수진·한인수, 『한국기독교회사: 호남편』(범론사, 1980)이 학술적 연구로는 최초로 짐작된다.
[2] 강성호, 「미국남장로회의 호남선교: 연구동향을 중심으로」, 『한국기독교와역사』 49, 2018.

화 등을 제시했다. 그의 정리에서는 '선교건축물'에 대한 관심이 주목되는데 이는 이 주제와도 관련된 것이다.

그런데 광주선교부에 대한 독립적인 논저가 생각보다 많지 않다는 것이다. 대부분이 미국남장로회의 호남선교에 대한 논저에서 일부분으로 언급되고 있는 정도이다. 오히려 대전선교부와 순천선교부에 대한 연구가 활발한데, 아마도 한남대 인돈학술원이나 순천대 인문학술원과 같은 연구기관의 지속적인 활동이 주효했던 것 같다. 이들 기관은 호남지역 기독교사 연구의 활성화에 크게 기여했지만 상대적으로 광주선교부에 대한 관심은 크지 않았던 것 같다.

이 글은 광주선교부의 개설과 활동, 선교사와 한국인 기독교인, 광주지역 기독교 민족운동, 광주지역 기독교 문화유산 등으로 나누어 진행하고자 한다. 부족한 점이 많으나, 향후 광주선교부 연구 활성화에 조금이라도 도움이 되기를 바란다.

II. 광주선교부의 설치와 활동

광주선교부의 설치 및 활동에 대해서는 김수진·한인수(1980)[3]의 저서 이후 김수진(1992)[4]·차종순(1998)[5]·차종순(2009)[6]·강민수(2009)[7]·김수진(2013)[8]·

---

3) 김수진 외, 『한국기독교회사: 호남편』, 범론사, 1980.
4) 김수진, 『호남선교 100년과 그 사역자들』, 고려글방, 1992.
5) 차종순, 「미국남장로교회의 호남지방 선교활동」, 『기독교사상연구』 5, 1998.
6) 차종순, 「미국 남장로교 한국선교사 연구(1)」, 『신학이해』 35, 2009.
7) 강민수, 「호남지역 장로교회사: 1938~1954년의 전남노회 사역을 중심으로」, 한국학술정보, 2009.
8) 김수진 저, 총회교육자원부 편, 『광주·전남지방의 기독교 역사』, 한국장로교출판사, 2013.

송현강(2018)9) 등의 논저 및 한인수(1998)10)의 역서에서 부분적으로 언급되었다. 특히 송현강(2018)의 저서는 미국남장로회의 호남선교를 새로운 1차자료와 더불어 기존의 연구 성과를 반영하여 체계적으로 정리한 것으로 의미가 크다. 광주선교부만을 다룬 것으로는 김빛나의 학위논문(2011)11)이 있다.

광주지역의 '모교회(母敎會)' 문제, 즉 1904년 양림리에 설립된 교회를 현재의 광주제일교회12)(예장통합)로 볼 것인가 광주양림교회13)로 볼 것인가의 문제는 아직도 진행형이지만 다소 소강상태이다. 아울러 광주지역 최초의 교회로 알려진 잉계교회(우산리교회)에 대해서도 차종순(2000)14)·김호욱(2015)15)·이영식(2021)16) 등의 논문이 이어지고 있다.

해방 이전에 설립된 개교회사(改敎會史)로는 광주제일교회·광주양림교회 외에 광주서현교회(1998)17)·광주송정제일교회(2001),18) 기관사로는 광주YMCA(2010)19) 정도가 확인된다. 광주지역 기독교사에 견주면 개교회사와 기관사의 발간은 대체로 부진한 편이다.

---

9) 송현강, 『미국남장로교의 한국선교』, 한국기독교역사연구소, 2018.
10) 애너벨 니스벳 저, 한인수 역, 『호남선교 초기역사』, 경건, 1998.
11) 김빛나, 「미국남장로교선교회 광주지역 선교 연구: 의료, 교육, 교회개척 사역을 중심으로」, 장로교신학대학교 석사학위논문, 2011.
12) 광주제일교회90년사편찬위원회, 『광주제일교회 90년사: 1904~1994』, 광주제일교회, 1994; 광주제일교회100년사편찬위원회, 『광주제일교회 100년사: 1904~2004』, 광주제일교회, 2005.
13) 차종순, 『양림교회 90년사: 1904~1994』, 광주양림교회, 1994; 차종순, 『양림교회 100년사(1)·(2)·(3)』, 양림교회역사편찬위원회, 2003.
14) 차종순, 「광주지역 최초의 교회에 관한 연구」, 『신학이해』 20, 2000.
15) 김호욱, 「광주지역 최초 개신교 교회 설립에 관한 연구」, 『광신논단』 25, 2015.
16) 이영식, 「유진 벨과 남장로 선교사들의 초기 광주지역 방문전도와 잉계교회」, 『ACTS 신학저널』 50, 2021.
17) 광주서현교회90년사편찬위원회, 『광주서문교회 90년사: 1908~1998』, 광주서현교회, 1998.
18) 차종순, 『송정제일교회 100년사』, 광주송정제일교회, 2001.
19) 광주YMCA역사편찬위원회, 『광주YMCA 90년사(1920~2010)』, 광주YMCA, 2010.

교육선교에 대해서는 이진구(2009)[20]·김호욱(2020)[21]·최영근(2023)[22] 등의 논문이 있다. 특히 최영근(2023)의 논문은 일제강점기라는 시대적 상황에서의 미션스쿨을 조명한 것으로 주목된다. 수피아여학교에 대해서는 교사(校史)로 90년사(1998)[23]와 100년사(2008)[24]가 간행되었으나 내용이 대동소이하여 아쉽다. 숭일학교에 대해서는 차종순(1999)[25]의 논문이 있다.

의료선교에 대해서는 한국기독교의료사를 다룬 이만열(2003)[26] 및 신재의·김권정·조이제(2007)[27]와 미국남장로회의 의료선교를 다룬 한규무(2011)[28]·정병준(2014)[29]의 논저에서 부분적으로 언급되었다. 광주지역의 의료선교에 초점을 맞춘 것으로는 기덕근(2001)[30]·차종순(2001)[31]·이영식(2019)[32] 등의 논문이 있다.

---

20) 이진구, 「미국남장로교 광주스테이션의 교육선교: 숭일·수피아학교를 중심으로」, 『고고와민속』 12, 2009.
21) 김호욱, 「광주지역 최초 근대화 교육기관 설립 연구: 도둠교회 설립 역사와 주간학교 운영을 중심으로」, 『역사신학논총』 36, 2020.
22) 최영근, 「일제강점기 미국남장로회 교육선교: 미션스쿨의 식민교육제도에 대한 순응과 저항의 변증법」, 『대학과선교』 58, 2023.
23) 수피아90년사편찬위원회, 『수피아90년사: 1908~1998』, 광주수피아여자중·고등학교, 1998.
24) 수피아100년사간행위원회, 『수피아100년사: 1908~2008』, 광주수피아여자중·고등학교, 2008.
25) 차종순, 「광주남학교(숭일학교)의 초기역사에 관한 연구」, 『신학이해』 18, 1999.
26) 이만열, 『한국기독교의료사』, 아카넷, 2003.
27) 신재의·김권정·조이제, 『한국기독교와 초기 의료선교』, 한국기독교역사문화연구소, 2007.
28) 한규무, 「미국남장로교 한국선교부의 전남지역 의료선교, 1898~1940」, 『남도문화연구』 20, 2011.
29) 정병준, 『기억해야 할 유산: 미국남장로회 한국의료선교 역사』, 대한기독교서회, 2014.
30) 기덕근, 「병원선교가 복음증거에 미친 영향: 광주선교부를 중심으로」, 호남신학대학교 석사학위논문, 2001.
31) 차종순, 「광주의 초기 의료선교사역에 관한 연구」, 『신학이해』 21, 2001.
32) 이영식, 「광복 이후 광주 선교스테이션의 의료활동과 대 사회적 역할」, 『한국교회사학회지』 54, 2019.

III. 선교사와 한국인 기독교인

광주선교부의 선교사에 대한 연구는 비교적 활발했다. 우선 사전류로는 한남대학교 인돈학술원(2008)33)에서 미국남장로회 선교사의 약력을 정리했으며, 한국기독교역사연구소(2022)34)에서 발간한 사전에도 상당수 미국 남장로회 선교사들이 주요저술 및 참고문헌과 함께 수록되었다. 한남대학교 교목실(2016)35)에서 간행한 열전에도 다수의 광주선교부 선교사가 포함되어 있다. 차종순(2000)36)은 양림동 선교사묘역에 묻힌 선교사들의 약력을 정리했다.

선교사 개인으로는 "호남선교의 개척자"라 불리는 벨(E. Bell)에 대해 정경태(1998)37)·김영팔(1999)38)·김종철(2008)39)·박원식(2012)40)·최영근(2014)41)·김지운(2017)42)의 논문과 이재근(2022)43)·김양호(2023)44)의 저서에서 보듯이 최근까지 연구가 이어지고 있다. 의료선교사 오웬(C. C.

---

33) 인돈학술원 편, 『미국남장로회 내한선교사 편람: 1892~1987』, 한남대학교 출판부, 2008.
34) 내한선교사사전편찬위원회 편, 『내한선교사사전』, 한국기독교역사연구소, 2022.
35) 한남대학교 교목실 엮음, 『미국 남장로교 선교사 열전: 한남대학교 개교 60주년 기념』, 동연, 2016.
36) 차종순, 『양림동에 묻힌 22명의 미국인: 한국에서 순교한 선교사들의 이야기』, 호남신학대학교 45주년 사료편찬위원회, 2000.
37) 정경태, 「전라남도 광주의 개신교 전래: Eugene Bell 선교사의 활동을 중심으로」, 전주대학교 석사학위논문, 1998.
38) 김영팔, 「전라도 지방의 초기 선교사역에 관하여: Eugene Bell 선교사를 중심으로」, 장로회신학대학교 석사학위논문, 1999.
39) 김종철, 「유진 벨 선교사의 목포·광주 선교활동 연구」, 전주대학교 박사학위논문, 2008.
40) 박원식, 「광주·전남 선교의 아버지 유진벨 선교사: 유진벨 선교사의 신학적 배경과 선교활동을 중심으로」, 광신대학교 석사학위논문, 2012.
41) 최영근, 「미국남장로교 선교사 유진 벨의 선교와 신학」, 『장신논단』 46-2, 2014.
42) 김지운, 「유진벨 선교사의 호남선교 연구」, 총신대학교 석사학위논문, 2017.
43) 이재근, 「전라도 기독교의 아버지 유진 벨(Eugene Bell): 벨-린튼 선교사 가문의 유산」, 한국교회총연합, 2022.
44) 김양호, 『물 근원을 고쳐라, 유진 벨 선교사』, 사람이크는책, 2023.

Owen)에 대해서는 차종순(1994)⁴⁵⁾·송현강(2015)⁴⁶⁾, 역시 의료선교사인 놀란(J. W. Nolan)에 대해서는 송인동(2012)⁴⁷⁾의 논문이 있다.

여성선교사에 대해서는 송현강(2021)⁴⁸⁾·임희모(2023)⁴⁹⁾의 연구가 있으며, 개인으로는 셰핑(E. J. Shepping)에 대한 논저가 압도적으로 많다.⁵⁰⁾ 이

---

45) 차종순, 「오기원: 광주의 첫 순교자」, 『신학이해』 12, 1994.
46) 송현강, 「남장로교 선교사 클레멘트 오웬의 전남선교」, 『남도문화연구』 29, 2015.
47) 송인동, 「광주 초기 의료선교사의 소통: J. W. Nolan의 사례」, 『신학이해』 44, 2012.
48) 송현강, 「19세기 내한 남장로교 여성 선교사 연구」, 『남도문화연구』 42, 2021.
49) 임희모, 「미국남장로교 한국선교회의 간호선교사 활동 연구: 1905~1940」, 『선교와신학』 61, 2023.
50) 차종순, 「호남기독교 영성의 원류를 찾아서(ⅢI): 셰핑(Elizabeth J. Shepping)의 삶과 헌신」, 『신학이해』 37, 2009; 백춘성, 『천국에서 만납시다: 한국여성개화에 바친 간호원 선교사 徐舒平 一代記』, 대한간호협회 출판부, 1996; 송인동, 「서서평(E.J.Shepping) 선교사의 언어와 사역」, 『신학이해』 40, 2011; 양창삼, 『조선을 섬긴 행복』, 서빙더피플, 2012; 최영근, 「미국 남장로교 여선교사 엘리자베스 쉐핑의 통전적 선교 연구」, 『한국기독교신학논총』 82, 2012; 양국주, 『엘리제 쉐핑 이야기: 바보야, 성공이 아니라 섬김이야!』, 서빙더피플, 2012; 임희모, 「전문인 선교사 서서평의 통전적 선교 전략과 영성」, 『신학논단』 74, 2013; 소향숙, 「의료간호선교사 서서평의 한국 간호교육에 미친 영향」, 『서서평 선교사의 섬김과 삶』, 케노시스, 2014; 차성환, 「근대적인 전문 사회사업의 선구자 서서평」, 『담론21』 17, 2014; 김은주, 「서서평(Elisabeth J. Shepping)의 교육사역 이해와 기독교교육에 대한 함의」, 『신학과사회』 29, 2015; 임희모, 「서서평 선교사의 성육신적 선교」, 『선교와신학』 36, 2015; 임희모, 「선교적 그리스도인으로서 서서평 선교사의 선교 사역」, 『선교신학』 38, 2015; 양국주, 『그대 행복한가요: 행복을 잃고 살아가는 바보들에게 주는 서서평의 편집』, 서빙더피플, 2016; 임희모, 『서서평, 예수를 살다』, 케노시스, 2015; 임희모 외, 『서서평 선교사의 통전적 선교의 다양성』, 서서평연구회, 2015; 임희모 외, 『다양한 얼굴을 지닌 서서평 선교사』, 서서평연구회, 2016; 윤매옥, 「일제강점기 서서평 간호선교사의 삶과 간호」, The Journal of the Convergence on Culture Technology 2, 2016; 윤매옥, 「한국인을 위한 간호선교사 엘리자베스 쉐핑(Elisabeth J. Shepping, R. N.)의 교육과 전인적 간호」, 『지역사회간호학회지』 27, 2016; 이혜숙, 「여성주의 관점에서 본 서서평의 전기적 생애사 연구」, 『신학과사회』 30, 2016; 임희모 외, 『행함있는 믿음으로 본 서서평 선교사 여성주의 관점에서 본 서서평 선교사』, 서서평연구회, 2017; 임희국 편, 『한국에 비쳐진 복음의 빛: 루터, 그리고 서서평』, 기독교문사, 2017; 백춘성, 『(조선의 작은 예수) 서서평: 천천하게 평온하게』, 두란노서원, 2017; 윤매옥, 「한국간호의 선구자 엘리자베스 쉐핑(Elizabeth J. Shepping, R. N.)의 간호선교」, The Journal of the Convergence on Culture Technology 3, 2017; 송현강, 「서서평과 남장로교 한국선교부 그리고 스테이션」, 『(동백으로 살다) 서서평 선교사: 서서평 선교사 연구서(5)』, 서서평연구회, 2018; 조혜경, 「서서평 선교사의 간호사역의 특성」,

밖에 루트(F. E. Root)에 대해 안영로(1994)[51]·안영로(2013)[52]·양국주(2015)[53]·최영근(2023)[54]의 저서, 그레이엄(E. L. Graham)에 대해 이정선(2003)[55]의 논문이 있다.

선교사에 견주자면 한국인 기독교인에 대한 연구는 활발하지 못하다. 발표자가 확인한 바로는 오방기념사업회(2022)[56]에서 기독교목사이자 독립운동가인 최흥종에 대한 기존의 논문 8편을 엮은 논문집을 발간했으며, 수피아여학교 교감을 지낸 김필례에 대한 이기서(2012)[57]·이송죽 외(2019)[58]의 저서, 수피아여학교 학생으로 만세시위 때 한 팔을 잃은 윤형숙에 대한 한규무(2020)[59]의 논문 정도이다. 물론 발표자가 파악하지 못한 논저들도 있겠지만 전반적으로 볼 때 선교사에 견주어 한국인 기독교인에 대한 연구는 부진한 것으로 여겨진다.

『선교신학』 51, 2018; 최영근, 「엘리자베스 쉐핑(Elizabeth J. Shepping)과 목회적 영성에 관한 고찰」, 『한국기독교신학논총』 110, 2018; 임희모, 『서서평 선교사의 통전적 영혼구원 선교』, 동연, 2020; 김기용, 「서서평의 사회선교로 본 상황화 선교와 한국교회」, 『선교와신학』 50, 2020; 김혜정, 「선교사 서서평의 한국교회 여전도회 사역에 관한 고찰」, 『선교와신학』 60, 2023; 장성진, 「1000:1의 선교사 서서평과 그녀의 전도부인들(1920~1934)」, 『선교신학』 70, 2023.

51) 안영로, 『메마른 땅에 단비가 되어』, 쿰란출판사, 1994.
52) 안영로, 『유화례: 한국선교와 전라도선교의 어머니』, 쿰란출판사, 2013.
53) 양국주, 『남자좀 삶아주시오: 유화례의 사랑과 인생』, 서빙더피플, 2015.
54) 최영근, 『한국에 뿌리내린 유화례의 선교와 삶(Florence Elizabeth Root): 미국 남장로회 여성선교사 유화례 전기』, 한국교회총연합, 2023.
55) 이정선, 「엄언라의 호남 선교 활동과 한국·여성 인식(1907~1930)」, 『역사학연구』 92, 2003.
56) 오방기념사업회 엮음, 『오방 최흥종 연구: 생애·신앙·참여』, 태학사, 2022.
57) 이기서, 『교육의 길 신앙의 길: 김필례 그 사랑과 실천』, 북산책, 2012.
58) 이송죽 외, 『김필례: 그를 읽고 기억하다』, 열화당, 2019.
59) 한규무, 「윤형숙 열사 관련자료 검토 및 생애와 활동 재조명」, 『한국기독교와역사』 52, 2020.

Ⅳ. 광주지역 기독교 문화유산

오늘 학술대회의 주제와 관련이 깊은 분야이나 광주지역의 기독교 문화유산에 대한 학술적 선행연구는 찾기 어려우며, 한국기독교 문화유산을 다룬 답사안내서에서 부분적으로 언급되는 정도이다. 박은배(2009)[60]·기독교문화재발굴보전본부(2010)[61]·한국기독교역사연구소(2011)[62]·박은배(2022)[63]·황규학(2021)[64]·김헌[65]의 저서들이 그것이다. 아울러 온라인 사이트인 <한국기독교회사>[66]의 정보가 상세하고 유용하다. 그리고 이덕주(2008)[67]의 저서는 광주지역의 기독교사를 쉽고 빨리 이해할 수 있는 대중서이자 답사의 길잡이이기도 하다.

순천지역에 견주자면 광주지역의 기독교 문화유산에 대한 학술적 연구는 부진하다고 하겠다. 한국기독교역사연구소(2012)에서 전국의 기독교 문화유산을 정리한 적은 있지만 자료집으로 출간되지는 못했으며, 3·1운동 100주년을 맞아 전국의 3·1운동 관련 기독교 문화유산을 조사하여 기독교대한감리회(2017)[68]에서 자료집으로 출간할 때 광주지역의 26개 기독교 문화유산이 포함된 정도이다. 이 작업은 지자체나 정부기관의 지원이 필요하나 광주지역에서는 요원하다.

---

[60] 박은배, 『하나님의 거처: 한국기독교 국내유적 답사기(2)』, 새로운사람들, 2009.
[61] 기독교문화재발굴보전본부 편, 『한국기독교 근대문화유산도록』, 한국기독교총연합회, 2010.
[62] 한국기독교역사연구소 편, 『믿음의 흔적을 찾아』, 한국기독교역사연구소, 2011.
[63] 박은배, 『기독교유적 답사기(2)』, 국민일보, 2002.
[64] 황규학, 『나의 신앙유산답사기: 전남편』, 에셀나무, 2021.
[65] 김헌, 『한국기독교 문화유산 답사기』, 지식공감, 2022.
[66] <한국기독교회사>(http://photohs.co.kr/xe)
[67] 이덕주, 『광주선교와 남도영성 이야기』, 진흥, 2008.
[68] 한국기독교역사연구소 편, 『삼일운동과 기독교 관련 자료집(4): 문화유산 편』, 기독교대한감리회, 2017.

발표자가 조사한 광주지역 기독교 문화유산은 대략 63건이다([별첨] 참조). 분류하자면 전시시설類 6건, 사적類 49건, 기념물類 8건인데, 과연 '문화유산'이라 할 수 있을지 주저되는 것들도 일단 포함시켰다. 이들 중 당시의 원형을 보존하고 있으며 '대한민국 근대문화유산'으로 지정된 것들은 수피아여학교·오웬기념각·우일선선교사사택 정도이고, 우월순의사기념비·故포의사기념비는 복제라서 가치가 높지 않다.

굳이 "유네스코 세계문화유산 등재"가 아니더라도 광주지역의 기독교사 연구의 소중한 자원이며, 스토리텔링이 가미되면 훌륭한 문화유산이 될 수 있다. 특히 광주·목포·순천 등 지역에서 활동했던 선교사와 그 가족들이 안장된 호남신학대학교 구내의 선교사묘역은 활용의 가치가 매우 높다. 그러기 위해서는 체계적인 조사와 학술적 연구, 그리고 대중을 위한 가이드북 제작이 필요하다. 이들 중 학술적 연구는 발표자를 비롯한 이 지역 기독교사 연구자들의 공통된 과제가 될 것이다.

V. 맺음말

이상에서 부족하게나마 광주선교부 연구의 현황과 과제에 대해 정리했다. 이밖에 선행연구가 많지 않아 별도로 소개하지는 못했지만 기독교 민족운동에 대한 논저에 대해서도 잠시 언급하겠다. 광주지역의 기독교 민족운동에 대한 연구는 주로 3·1운동 중심이었다. 특히 2019년 3·1운동 100주년을 맞아 광주지역 3·1운동을 재조명하면서 이 지역 기독교인들의 만세운동이 다시금 부각되었다. 노성태(2019)·[69]이가연(2019)[70]·한규무(2019)[71]

---

69) 노성태, 「광주 3·1운동의 재구성: 판결문을 중심으로」, 『향토문화』 38, 2019.
70) 이가연, 「호남지역 기독교 여학교의 3·1운동: 수피아여학교, 기전여학교, 정명여학교를 중심으로」, 『석당논총』 74, 2019.

의 논문이 그것이다. 이밖에 수피아여학교의 학생비밀결사 백청단에 대한 한규무(2023)[72]의 논문도 기독교 민족운동과 관련된 것이다.

아울러 '종교지리'라는 특수한 분야를 광주지역 기독교에 접목시킨 송현숙(2003·2016·2022)[73]의 일련의 논문과 미국남장로회 선교사 기록물의 활용방안에 대한 이효원(2013)[74]의 논문도 역사전공자인 본인에게는 신선한 주제이다.

전술했듯이 한남대 인돈학술원이나 순천대 인문학술원과 같은 지역 기독교사 관련 연구기관이 광주지역에는 없으며, 연구인력도 충분치 않다. 지자체를 비롯한 기관의 지원도 기대하기 어렵다. 본인은 기독교사 관련이라면 작은 주제라도 학술적인 논문을 준비하는 것 외에 방법이 없다. 그나마 그같은 연구라도 게을리 하지 않겠다고 다짐하며, 이번 정리가 그 같은 다짐에 자극을 주었다는 점에서 위안을 얻고자 한다.

---

71) 한규무, 「종교계 중심의 전라도 만세시위: 선행연구 검토와 향후과제 제시를 중심으로」, 『한국사연구회총서④: 3·1운동의 역사적 의의와 지역적 전개』, 경인문화사, 2019.
72) 한규무, 「광주수피아여학교 백청단의 결성과 활동(1930~1933)」, 『호남학』 73, 2023.
73) 송현숙, 「호남지방 기독교 선교기지 형성과 확산에 관한 연구」, 『한국기독교와역사』 19, 2003; 송현숙 외, 「호남지방 종교지리 연구동향과 과제: 미남장로회 선교기록물을 중심으로」, 『남도문화연구』 30, 2016; 송현숙, 「미국남장로회의 한국선교회 소속 선교사 묘지의 지리정보 구축」, 『문화역사지리』 34-1, 2022.
74) 이효원, 「내한 남장로교 선교사 기록물 활용방안: 도큐멘테이션 전략의 적용」, 한국기록관리학교육원, 2013.

[별첨] 광주광역시 소재 기독교 문화유산

구분		번호	명칭	소재지
전시 시설	전시관	광주-01	광주기독병원 역사의학자료전시관	남구 양림동 264
	역사관	광주-02	수피아여자중고등학교 역사관	남구 양림동 256
	기념관	광주-03	어비슨기념관	남구 양림동 93-24
	기념관	광주-04	유진벨선교기념관	
	기념관	광주-05	오방최흥종기념관	
	기념관	광주-06	소심당조아라기념관	
사적	교회	광주-07	광주제일교회	서구 치평동 1171-8
	교회	광주-08	광주양림교회	남구 양림동 92-10
	학교	광주-9	숭일학교(광주숭일중고등학교)	북구 일곡동 46-24
	학교	광주-10	수피아여학교(광주수피아여자중고등학교)	남구 양림동 256
	병원	광주-11	광주제중원(광주기독병원)	남구 양림동 264
	문화재	광주-12	오웬기념각	남구 양림동 67-1
	문화재	광주-13	우일선(우월순)선교사 사택	남구 양림동 226-25
	문화재	광주-14	수피아여학교 수피아홀	남구 양림동 256(수피아여고)
	문화재	광주-15	수피아여학교 커티스메모리얼홀	남구 양림동 256(수피아여고)
	문화재	광주-16	수피아여학교 윈스브로우홀	남구 양림동 256(수피아여중)
	문화재	광주-17	수피아여학교 소강당	남구 양림동 256(수피아여중)
	묘역	광주-18	광주선교사묘역	남구 양림동 108(호남신학대학교)
	묘지	광주-19	William Davis ReynoldsⅢ/John Bolling Reynolds 묘	남구 양림동 108(호남신학대학교)
	묘지	광주-20	Lottie Ingram Witherspoon 묘	남구 양림동 108(호남신학대학교)
	묘지	광주-21	Linnie Davis Harrison 묘	남구 양림동 108(호남신학대학교)
	묘지	광주-22	William McCleery Junkin 묘	남구 양림동 108(호남신학대학교)
	묘지	광주-23	Thomas H. Daniel Jr. 묘	남구 양림동 108(호남신학대학교)
	묘지	광주-24	Clwment Carrington Owen 묘	남구 양림동 108(호남신학대학교)
	묘지	광주-25	Mattie Ingold Tate(daughter) 묘	남구 양림동 108(호남신학대학교)
	묘지	광주-26	Laura May Pitts 묘	남구 양림동 108(호남신학대학교)
	묘지	광주-27	Nellie B. Rankin 묘	남구 양림동 108(호남신학대학교)
	묘지	광주-28	Roberta Cecile Coit/Thomas Hall Woods Coit 묘	남구 양림동 108(호남신학대학교)

구분	번호	명칭	소재지
묘지	광주-29	Henry L. Timmons Jr. 묘	남구 양림동 108(호남신학대학교)
묘지	광주-30	William H. Clark(son) 묘	남구 양림동 108(호남신학대학교)
묘지	광주-31	Elizabeth L. Crane 묘	남구 양림동 108(호남신학대학교)
묘지	광주-32	Mary Lee Logan 묘	남구 양림동 108(호남신학대학교)
묘지	광주-33	Margaret W. Bell 묘	남구 양림동 108(호남신학대학교)
묘지	광주-34	Paul S. Crane 묘	남구 양림동 108(호남신학대학교)
묘지	광주-35	Charles Mooreman Robertson 묘	남구 양림동 108(호남신학대학교)
묘지	광주-36	Anna M. Nisbet 묘	남구 양림동 108(호남신학대학교)
묘지	광주-37	Elizabeth D. Nisbet 묘	남구 양림동 108(호남신학대학교)
묘지	광주-38	Carolina J. Patterson 묘	남구 양림동 108(호남신학대학교)
묘지	광주-39	Harriet Knox Dodson 묘	남구 양림동 108(호남신학대학교)
묘지	광주-40	Eugene Bell 묘	남구 양림동 108(호남신학대학교)
묘지	광주-41	Kathryn Newman Gilmer 묘	남구 양림동 108(호남신학대학교)
묘지	광주-42	Cora Smith Ross 묘	남구 양림동 108(호남신학대학교)
묘지	광주-43	Gertrude P. Chapman 묘	남구 양림동 108(호남신학대학교)
묘지	광주-44	W. A. Linton(daughter) 묘	남구 양림동 108(호남신학대학교)
묘지	광주-45	Ella I. Graham 묘	남구 양림동 108(호남신학대학교)
묘지	광주-46	Jessie S. Levie 묘	남구 양림동 108(호남신학대학교)
묘지	광주-47	Thelma-Thumm 묘	남구 양림동 108(호남신학대학교)
묘지	광주-48	Lilian Andreus Southall 묘	남구 양림동 108(호남신학대학교)
묘지	광주-49	Elisabeth J. Shepping 묘	남구 양림동 108(호남신학대학교)
묘지	광주-50	Louis C. Brand 묘	남구 양림동 108(호남신학대학교)

구분		번호	명칭	소재지
	묘지	광주-51	Mitchell(son) 묘	남구 양림동 108(호남신학대학교)
	묘지	광주-52	William Lancaster Crane 묘	남구 양림동 108(호남신학대학교)
	묘지	광주-53	Frank Goulding Keller 묘	남구 양림동 108(호남신학대학교)
	묘지	광주-54	Philip T. Codington 묘	남구 양림동 108(호남신학대학교)
	묘지	광주-55	유우선 묘	남구 양림동 108(호남신학대학교)
기념물	기념비	광주-56	광주선교기념비	남구 양림동 108-2(사직도서관)
	기념비	광주-57	박석현목사순교비	남구 양림동 290 (양림교회)
	기념비	광주-58	우월순의사기념비	남구 양림동 264(광주기독병원)
	기념비	광주-59	故포싸 의사기념비	남구 양림동 264(광주기독병원)
	기념비	광주-60	카밍쓰여사송덕비	남구 양림동 264(광주기독병원)
	동상	광주-61	광주3·1만세운동기념동상	남구 양림동 256(수피아여고)
	동상	광주-62	어비슨동상	남구 양림동 93-24(어비슨기념관)
	기념비	광주-63	소심당조아라기념비	남구 양림동 256(수피아여고)

번호		광주-01		명칭	광주기독병원 역사의학자료전시관	
전시 시설	종류	박물관【 】기념관【 】전시관【○】역사관【 】자료실【 】				
	의미	광주지역의 의료선교 역사 및 병원의 도구·기기들을 전시한 시설				
주소		광주광역시 남구 양림동 264(남구 양림로 37)				
홈페이지		http://www.kch.or.kr				
소속기관		재단법인 광주기독병원		관리기관	재단법인 광주기독병원	
연혁		2002년 개관				
자료		광주기독병원 역사자료 및 도구·기기				

번호		광주-02		명칭	수피아여자중고등학교 역사관
전시시설	종류	박물관【 】기념관【 】전시관【 】역사관【○】자료실【 】			
	의미	수피아여학교의 역사자료를 전시한 시설			
주소		광주광역시 남구 양림동 256(수피아여고)			
홈페이지		http://speer.hs.kr			
소속기관		학교법인 호남기독학원		관리기관	학교법인 호남기독학원
연혁		전시물 준비 중			

2장 광주선교부 연구의 현황과 과제 55

번호		광주-03		명칭	어비슨기념관
전시 시설	종류	박물관【 】기념관【○】전시관【 】역사관【 】자료실【 】			
	의미	광주지역에서 복음선교와 농촌사업에 헌신한 에비슨(G. W. Avison)을 기념하기 위한 시설			
	주소	광주광역시 남구 양림동 93-24			
	홈페이지				
	소속기관			관리기관	
	연혁	에비슨(G. W. Avison): 1915~1939년 광주지역에서 농촌사업에 헌신/미국 캘리포니아주 산타로저 YMCA에서 봉직/2010년 4월 11일 기념관 개관			
	시설	전시실/까페/예배당			
	자료	광주지역 선교관련 사진 및 어비슨 유품			

번호		광주-04		명칭	유진벨선교기념관
전시 시설	종류	박물관【 】기념관【○】전시관【 】역사관【 】자료실【 】			
	의미	광주지역에서 복음선교와 농촌사업에 헌신한 에비슨(G. W. Avison)을 기념하기 위한 시설			
주소					
홈페이지					
소속기관				관리기관	
연혁					
시설		전시실/까페/예배당			
자료		광주지역 선교관련 사진 및 벨 유품			

2장 광주선교부 연구의 현황과 과제 57

번호		광주-05		명칭	오방최흥종기념관
전시 시설	종류	박물관【 】기념관【○】전시관【 】역사관【 】자료실【 】			
	의미	광주지역에서 복음선교와 농촌사업에 헌신한 에비슨(G. W. Avison)을 기념하기 위한 시설				
주소					
홈페이지					
소속기관				관리기관	
연혁					
시설		전시실/까페/예배당			
자료		광주지역 선교관련 사진 및 벨 유품			

번호		광주-06		명칭	소심당조아라기념관
전시 시설	종류	박물관【 】기념관【○】전시관【 】역사관【 】자료실【 】			
	의미	광주지역에서 복음선교와 농촌사업에 헌신한 에비슨(G. W. Avison)을 기념하기 위한 시설				
주소					
홈페이지					
소속기관				관리기관	
연혁					
시설		전시실/까페/예배당			
자료		광주지역 선교관련 사진 및 벨 유품			

번호		광주-07	명칭	광주제일교회
조사일시		2012.11	조사자	한규무
사적	종류	건물【○】가옥【　】묘소【　】산야【　】기타【　】		
	상태	양호(신축)		
	의미	【초기교회】1904년 12월 설립된 교회		
주소		광주광역시 서구 치평동 1171-8		
홈페이지		http://www.first.or.kr		
소속기관		예장통합	관리기관	
연혁		1904년 12월 25일 미국남장로회 선교사 벨(E. Bell, 배유지)이 양림리 사택에서 예배 시작(광주교회)/1906년 6월 북문안에 예배당을 신축·이전/1912년 당회 조직하고 북무안교회로 개칭/1919년 11월 남문 밖 금정으로 신축·이전하고 금정교회로 개칭/1948년 5월 5일 남부교회로 개칭/1952년 9월 16일 광주제일교회로 개칭/2000년 8월 28일 치평동에 성전 신축·이전/2004년 12월 5일 창립100주년기념식 거행		

번호	광주-08		명칭	광주양림교회
사적	종류	건물【○】가옥【 】묘소【 】산야【 】기타【 】		
	상태	양호(신축)		
	의미	【초기교회】1904년 12월 설립된 교회		
주소	광주광역시 남구 양림동 92-10			
홈페이지	http://www.yangrim.org			
소속기관	예장통합		관리기관	
연혁	1904년 12월 미국남장로회 선교사 벨(E. Bell, 배유지)의 사택에서 예배 시작/1906년 북문안으로 신축·이전/1912년 당회 조직/1924년 전남노회에서 양림교회와 금정교회의 분립 허락/양림리 오웬기념각에서 예배 시작/1926년 양림리에 성전 신축/2004년 창립100주년기념식 거행			

번호		광주-09		명칭	숭일학교(광주숭일중고등학교)
사적	종류	건물【○】가옥【 】묘소【 】산야【 】기타【 】			
	상태	양호(신축)			
	의미	【초기학교】1907년 3월 설립된 학교			
주소		광주광역시 북구 일곡동 46-24(중)			
홈페이지		http://soongil.ms.kr(중) http://soongil.hs.kr(고)			
소속기관		학교법인 숭일학원		관리기관	학교법인 숭일학원
연혁		1907년 3월 5일 미국남장로회 선교사 벨(E. Bell, 배유지)이 양림동에 설립/1908년 2월 1일 정부로부터 4년제 소학교 설립 인가/1910년 서양식 교사(校舍) 준공/1927년 4월 교사 신축/1937년 신사참배거부로 자진폐교/1971년 운암동으로 신축·이전/1993년 5월 3일 일곡동으로 신축·이전/2008년 개교100주년기념식 거행			

번호		광주-10		명칭	수피아여학교(광주수피아여자중고등학교)
전시시설	종류	종류			
사적	종류	건물【○】가옥【 】묘소【 】산야【 】기타【 】			
	상태	양호(원형)			
	의미	【초기학교】1908년 4월 설립된 학교			
	문화재	등록문화재: 수피아홀(제158호)/커티스메모리얼홀(제159호)/윈스브로우홀(제370호) 문화재자료: 소강당(제27호)			
	주소	광주광역시 남구 양림동 256			
	홈페이지	http://www.speer.ms.kr(중) http://www.speer.hs.kr(고)			
	소속기관	학교법인 호남기독학원		관리기관	학교법인 호남기독학원
	연혁	1908년 4월 1일 미국남장로회 선교사 벨(E. Bell)이 설립/1911년 미국의 스턴스 여사(Mrs. M. L. Sterns)가 동생 제니 수피아(Jennie Speer)를 추모하기 위해 희사한 5,000달러로 3층 벽돌교사 준공(수피아여학교)/1937년 9월 6일 신사참배거부로 자진폐교/1995년 9월 광주3·1만세운동기념비 제막/2008년 10월 10일 개교100주년기념식 거행			
	자료	수피아홀/윈스브로우홀/커티스메모리얼홀/광주3·1만세운동기념비/소심당조아라 기념비			

번호		광주-11		명칭	광주제중원(광주기독병원)
사적	종류	건물【○】가옥【 】묘소【 】산야【 】기타【 】			
	상태	양호(신축)			
	의미	【초기병원】1905년 11월 설립된 병원			
주소		광주광역시 남구 양림동 264(남구 양림로 37)			
홈페이지		http://www.kch.or.kr			
소속기관		재단법인 광주기독병원		관리기관	재단법인 광주기독병원
연혁		1905년 11월 20일 미국남장로회 의료선교사 놀란(J. W. Nolan)이 진료 시작/1909년 한센병환자 진료 시작/1912년 광주나병원 건립/1968년 종하병원 승격/1970년 재단법인 광주기독병원으로 변경/2002년 역사의학자료전시관 개관/2005년 11월 20일 개원100주년기념식 거행			
시설		역사의학자료전시관			

번호	광주-12		명칭	오웬기념각
사적	종류	건물【○】가옥【 】묘소【 】산야【 】기타【 】		
	상태	양호(원형)		
	의미	【문화재】1914년 미국남장로회 의료선교사 오웬(C. C. Owen, 오기원, 1876~1909)을 기념하여 지은 건물		
	문화재	광주광역시유형문화재 제26호		
주소	광주광역시 남구 양림동 67-1			
홈페이지				
소속기관	학교법인 광주기독병원교육재단		관리기관	학교법인 광주기독병원교육재단
연혁	오웬(C. C. Owen, 오기원, 1876~1909): 1876년 미국 버지니아주 출생/유니언신학교·버지니아대학 의학부 수학/1898년 11월 의료선교사로 내한/1904년 12월 벨(E. Bell, 배유지)와 함께 광주선교부 개척/1909년 4월 3일 과료와 폐렴으로 소천/유족들이 보낸 기금으로 오웬과 할아버지(William Owen)을 기념하기 위해 1914년 건립			

2장 광주선교부 연구의 현황과 과제 65

번호		광주-13		명칭	우일선(우월순)선교사 사택	
사적	종류	건물【○】가옥【 】묘소【 】산야【 】기타【 】				
	상태	양호(원형)				
	의미	【문화재】1920년대에 건립된 것으로 추정되는 미남장로회 선교사 윌슨(R. M. Wilson, 우일선·우월순, 1880~1963)의 사택				
	문화재	광주광역시기념물 제15호(1989.03.20)				
주소		광주광역시 남구 양림동 226-25				
홈페이지						
소속기관		전남노회유지재단		관리기관	전남노회유지재단	
연혁		윌슨(R. M. Wilson, 우일선·우월순, 1880~1963): 1880년 미국 콜럼부스 출생/1905년 워싱턴대학교 의학박사학위 취득/1905년 내한하여 광주제중원 원장 부임/1912년 광주나병원 개원하고 한센병환자 진료/1920년대 사택 건립(추정)/1926년 여천군 율촌리에 애양원 신축/1940년 일제에 의해 강제추방/1946년 다시 내한하여 애양원에서 구라사업에 전념/1948년 정년퇴임으로 귀국/1963년 3월 27일 소천				
시설		1층: 거실, 가족실, 다용도실, 부엌, 욕실/2층: 침실/지하: 창고, 보일러실				

번호		광주-14		명칭	수피아여학교 수피아홀
사적	종류	건물【○】가옥【 】묘소【 】산야【 】기타【 】			
	상태	양호(원형)			
	의미	【문화재】제니 스피어(Jannie Speer)를 추모하기 위해 1911년 건립한 교사(校舍)			
	문화재	등록문화재 제158호(2005.04.15)			
주소		광주광역시 남구 양림동 256(수피아여고)			
홈페이지		http://www.speer.hs.kr			
소속기관		학교법인 호남기독학원		관리기관	학교법인 호남기독학원
연혁		미국 스턴스 여사(Mrs. M. L. Sterns)가 동생 제니 스피어(Jannie Speer)를 추모하기 위해 기부한 5,000달러로 1911년 건립/2005년 4월 15일 등록문화재 제158호로 지정			
시설		1동, 지하1/2층 건축면적 342.43㎡ 연면적 1,027.29㎡			

번호		광주-15		명칭	수피아여학교 커티스메모리얼
사적	종류	건물【○】가옥【 】묘소【 】산야【 】기타【 】			
	상태	양호(원형)			
	의미	【문화재】수피아여학교 설립자 벨(E. 1868~1925, 배유지)을 추모하기 위해 1925년 건립한 예배당			
	문화재	등록문화재 제159호(2005.04.15)			
주소		광주광역시 남구 양림동 256(수피아여고)			
홈페이지		http://www.speer.hs.kr			
소속기관		학교법인 호남기독학원		관리기관	학교법인 호남기독학원
연혁		1925년 건립/2005년 4월 15일 등록문화재 제159호로 지정			
시설		1동, 2층 연면적 172.38㎡			

번호		광주-16		명칭	수피아여학교 윈스브로우홀
사적	종류	건물【○】가옥【 】묘소【 】산야【 】기타【 】			
	상태	양호(원형)			
	의미	【문화재】윈스브로우(Winsbrough) 여사의 기부로 1927년 건립한 교사(校舍)			
	문화재	등록문화재 제370호(2008.02.28)			
주소		광주광역시 남구 양림동 256(수피아여중)			
홈페이지		http://www.speer.hs.kr			
소속기관		학교법인 호남기독학원		관리기관	학교법인 호남기독학원
연혁		1927년 건립/2008년 2월 28일 등록문화재 제370호로 지정			

번호	광주-17		명칭	수피아여학교 소강당
사적	종류	건물【○】가옥【 】묘소【 】산야【 】기타【 】		
	상태	양호(원형)		
	의미	【문화재】1928년 건립된 강당		
	문화재	광주광역시 문화재자료 제27호(2011.07.22)		
주소	광주광역시 남구 양림동 256(수피아여중)			
홈페이지	http://www.speer.hs.kr			
소속기관	학교법인 호남기독학원		관리기관	학교법인 호남기독학원
연혁	1928년 지정학교 인가를 위해 신축한 강당/1945년 전남대학교 의과대학에서 교사(校舍)로 사용/2011년 7월 22일 광주광역시 문화재자료 제27호로 지정			

사적	번호	광주-18		명칭	광주선교사묘역
	종류	건물【 】가옥【 】묘소【○】산야【 】기타【 】			
	상태	양호(정비)			
	의미	【초기선교】광주·전남지역에서 선교활동을 벌인 미국남장로회 선교사와 가족들이 안장된 묘역			
주소		광주광역시 남구 양림동 108(호남신학대학교)			
홈페이지		http://www.htus.ac.kr			
소속기관				관리기관	호남신학대학교
연혁		광주의 남장로회 선교사 및 가족들의 묘역으로 조성/1979년 목포선교부와 순천선교부가 정리되면서 그곳의 유해들도 이장/2012년 12월 현재 묘소는 총44기			

번호	광주-19		명칭	William Davis Reynolds III과 John Bolling Reynolds 묘
사적	종류	건물【 】가옥【 】묘소【○】산야【 】기타【 】			
	상태	양호(신설)			
	의미	William Davis Reynolds III(1893~1893)과 John Bolling Reynolds(1894~1970)의 묘			
주소	광주광역시 남구 양림동 108(호남신학대학교)			
홈페이지	http://www.htus.ac.kr			
소속기관			관리기관	호남신학대학교

번호		광주-20		명칭	Lottie Ingram Witherspoon 묘
사적	종류	건물【 】가옥【 】묘소【○】산야【 】기타【 】			
	상태	양호(신설)			
	의미	Lottie Ingram Witherspoon(1867~1901)의 묘			
	주소	광주광역시 남구 양림동 108(호남신학대학교)			
	홈페이지	http://www.htus.ac.kr			
	소속기관			관리기관	호남신학대학교

번호	광주-21		명칭	Linnie Davis Harrison 묘
사적	종류	건물【 】가옥【 】묘소【○】산야【 】기타【 】		
	상태	양호(신설)		
	의미	Linnie Davis Harrison(?~1903)의 묘		
주소	광주광역시 남구 양림동 108(호남신학대학교)			
홈페이지	http://www.htus.ac.kr			
소속기관			관리기관	호남신학대학교

번호	광주-22		명칭	William McCleery Junkin 묘
사적	종류	건물【 】가옥【 】묘소【○】산야【 】기타【 】		
	상태	양호(신설)		
	의미	William McCleery Junkin(1865~1908)의 묘		
기념물	종류	기념비【 】기념탑【 】동상【 】흉상【 】		
주소	광주광역시 남구 양림동 108(호남신학대학교)			
홈페이지	http://www.htus.ac.kr			
소속기관			관리기관	호남신학대학교

번호	광주-23		명칭	Thomas H. Daniel Jr. 묘
사적	종류	건물【 】가옥【 】묘소【○】산야【 】기타【 】		
	상태	양호(신설)		
	의미	Thomas H. Daniel Jr.(1907~1908)의 묘		
주소	광주광역시 남구 양림동 108(호남신학대학교)			
홈페이지	http://www.htus.ac.kr			
소속기관			관리기관	호남신학대학교

번호		광주-24		명칭	Clwment Carrington Owen 묘
사적	종류	건물【 】가옥【 】묘소【○】산애【 】기타【 】			
	상태	양호(원형)			
	의미	Clement Carrington Owen(1867~1909)의 묘			
주소		광주광역시 남구 양림동 108(호남신학대학교)			
홈페이지		http://www.htus.ac.kr			
소속기관				관리기관	호남신학대학교

번호		광주-25		명칭	Mattie Ingold Tate(daughter) 묘
사적	종류	건물【 】가옥【 】묘소【○】산야【 】기타【 】			
	상태	양호(신설)			
	의미	Mattie Ingold Tate(daughter, 1910~1910)의 묘			
	주소	광주광역시 남구 양림동 108(호남신학대학교)			
	홈페이지	http://www.htus.ac.kr			
	소속기관			관리기관	호남신학대학교

번호		광주-26		명칭	Laura May Pitts 묘
사적	종류	건물【 】가옥【 】묘소【○】산야【 】기타【 】			
	상태	양호(신설)			
	의미	Laura May Pitts(1879~1911)의 묘			
주소		광주광역시 남구 양림동 108(호남신학대학교)			
홈페이지		http://www.htus.ac.kr			
소속기관				관리기관	호남신학대학교

번호	광주-27		명칭	Nellie B. Rankin 묘
사적	종류	건물【 】가옥【 】묘소【○】산야【 】기타【 】		
	상태	양호(신설)		
	의미	Nellie B. Rankin(1879~1911) 묘		
주소	광주광역시 남구 양림동 108(호남신학대학교)			
홈페이지	http://www.htus.ac.kr			
소속기관			관리기관	호남신학대학교

번호		광주-28		명칭	Roberta Cecile Coit과 Thomas Hall Woods Coit 묘
사적	종류	건물【 】가옥【 】묘소【○】산야【 】기타【 】			
	상태	양호(원형)			
	의미	Roberta Cecile Coit(1911~1913)과 Thomas Hall Woods Coit(1909~1903)의 묘			
주소		광주광역시 남구 양림동 108(호남신학대학교)			
홈페이지		http://www.htus.ac.kr			
소속기관				관리기관	호남신학대학교

번호		광주-29		명칭	Henry L. Timmons Jr. 묘
사적	종류	건물【 】가옥【 】묘소【○】산야【 】기타【 】			
	상태	양호(신설)			
	의미	Henry L. Timmons Jr.(1911~1913)의 묘			
주소		광주광역시 남구 양림동 108(호남신학대학교)			
홈페이지		http://www.htus.ac.kr			
소속기관				관리기관	호남신학대학교

번호		광주-30		명칭	William H. Clark(son) 묘
사적	종류	건물【 】가옥【 】묘소【○】산야【 】기타【 】			
	상태	양호(신설)			
	의미	William H. Clark(son, 1912~1914)의 묘			
주소		광주광역시 남구 양림동 108(호남신학대학교)			
홈페이지		http://www.htus.ac.kr			
소속기관				관리기관	호남신학대학교

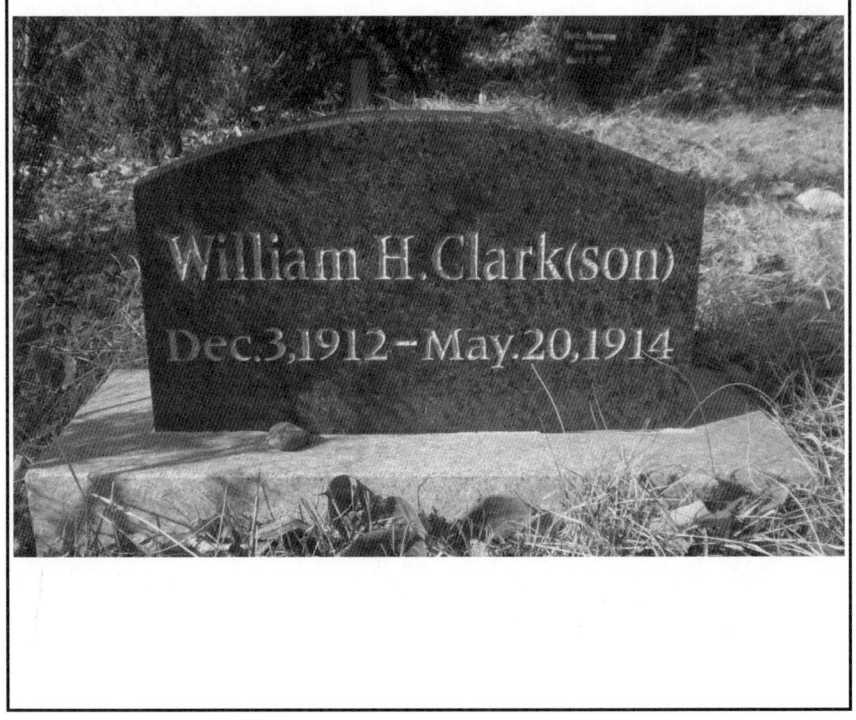

번호		광주-31		명칭	Elizabeth L. Crane 묘
사적	종류	건물【 】가옥【 】묘소【○】산야【 】기타【 】			
	상태	훼손(원형)			
	의미	Elizabeth L. Crane(1917~1918)의 묘			
기념물	종류	기념비【 】기념탑【 】동상【 】흉상【 】			
주소		광주광역시 남구 양림동 108(호남신학대학교)			
홈페이지		http://www.htus.ac.kr			
소속기관				관리기관	호남신학대학교

번호		광주-32		명칭	Mary Lee Logan 묘
사적	종류	건물【 】가옥【 】묘소【○】산야【 】기타【 】			
	상태	양호(신설)			
	의미	Mary Lee Logan(1856~1919)의 묘			
기념물	종류	기념비【 】기념탑【 】동상【 】흉상【 】			
주소		광주광역시 남구 양림동 108(호남신학대학교)			
홈페이지		http://www.htus.ac.kr			
소속기관				관리기관	호남신학대학교

번호	광주-33		명칭	Margaret W. Bell 묘
사적	종류	건물【 】가옥【 】묘소【○】산야【 】기타【 】		
	상태	훼손(원형)		
	의미	Margaret W. Bel(1873~1919)의 묘		
주소	광주광역시 남구 양림동 108(호남신학대학교)			
홈페이지	http://www.htus.ac.kr			
소속기관			관리기관	호남신학대학교

번호		광주-34		명칭	Paul S. Crane 묘
사적	종류	건물【 】가옥【 】묘소【○】산야【 】기타【 】			
	상태	양호(원형)			
	의미	Paul S. Crane(1889~1919)의 묘			
주소		광주광역시 남구 양림동 108(호남신학대학교)			
홈페이지		http://www.htus.ac.kr			
소속기관				관리기관	호남신학대학교

번호		광주-35		명칭	Charles Mooreman Robertson 묘
사적	종류	건물【 】가옥【 】묘소【○】산야【 】기타【 】			
	상태	양호(신설)			
	의미	Charles Mooreman Robertson(1920~1920)의 묘			
주소		광주광역시 남구 양림동 108(호남신학대학교)			
홈페이지		http://www.htus.ac.kr			
소속기관				관리기관	호남신학대학교

사적	번호	광주-36		명칭	Anna M. Nisbet 묘
	종류	건물【 】가옥【 】묘소【○】산야【 】기타【 】			
	상태	마모(원형)			
	의미	Anna M. Nisbet(1869~1920)의 묘			
주소		광주광역시 남구 양림동 108(호남신학대학교)			
홈페이지		http://www.htus.ac.kr			
소속기관				관리기관	호남신학대학교

번호	광주-37		명칭	Elizabeth D. Nisbet 묘
사적	종류	건물【 】가옥【 】묘소【○】산야【 】기타【 】		
	상태	마모(원형)		
	의미	Elizabeth D. Nisbet(1922~1923)의 묘		
주소	광주광역시 남구 양림동 108(호남신학대학교)			
홈페이지	http://www.htus.ac.kr			
소속기관			관리기관	호남신학대학교

번호		광주-38		명칭	Carolina J. Patterson 묘	
사적	종류	건물【 】가옥【 】묘소【○】산야【 】기타【 】				
	상태	양호(신설)				
	의미	Carolina J. Patterson(1913~1923)의 묘				
기념물	종류	기념비【 】기념탑【 】동상【 】흉상【 】				
주소		광주광역시 남구 양림동 108(호남신학대학교)				
홈페이지		http://www.htus.ac.kr				
소속기관				관리기관	호남신학대학교	

번호		광주-39		명칭	Harriet Knox Dodson 묘
사적	종류	건물【 】가옥【 】묘소【○】산야【 】기타【 】			
	상태	마모(원형)			
	의미	Harriet Knox Dodson(1887~1924)의 묘			
주소		광주광역시 남구 양림동 108(호남신학대학교)			
홈페이지		http://www.htus.ac.kr			
소속기관				관리기관	호남신학대학교

번호		광주-40		명칭	Eugene Bell 묘
사적	종류	건물【 】가옥【 】묘소【○】산야【 】기타【 】			
	상태	양호(원형)			
	의미	Eugene Bell(1868~1925)의 묘			
주소		광주광역시 남구 양림동 108(호남신학대학교)			
홈페이지		http://www.htus.ac.kr			
소속기관				관리기관	호남신학대학교

번호	광주-41		명칭	Kathryn Newman Gilmer 묘
사적	종류	건물【 】가옥【 】묘소【○】산야【 】기타【 】		
	상태	마모(원형)		
	의미	Kathryn Newman Gilmer(1897~1926)의 묘		
주소	광주광역시 남구 양림동 108(호남신학대학교)			
홈페이지	http://www.htus.ac.kr			
소속기관			관리기관	호남신학대학교

번호	광주-42		명칭	Cora Smith Ross 묘
사적	종류	건물【 】가옥【 】묘소【○】산야【 】기타【 】		
	상태	양호(원형)		
	의미	Cora Smith Ross(1868~1927)의 묘		
주소	광주광역시 남구 양림동 108(호남신학대학교)			
홈페이지	http://www.htus.ac.kr			
소속기관			관리기관	호남신학대학교

사적	번호	광주-43		명칭	Gertrude P. Chapman 묘
	종류	건물【 】가옥【 】묘소【○】산야【 】기타【 】			
	상태	양호(원형)			
	의미	Gertrude P. Chapman(1869~1928)의 묘			
주소		광주광역시 남구 양림동 108(호남신학대학교)			
홈페이지		http://www.htus.ac.kr			
소속기관				관리기관	호남신학대학교

번호	광주-44		명칭	W. A. Linton(daughter) 묘	
사적	종류	건물【 】가옥【 】묘소【○】산야【 】기타【 】			
	상태	양호(신설)			
	의미	W. A. Linton(daughter, 1930~1930)의 묘			
주소	광주광역시 남구 양림동 108(호남신학대학교)				
홈페이지	http://www.htus.ac.kr				
소속기관			관리기관	호남신학대학교	

번호		광주-45		명칭	Ella I. Graham 묘
사적	종류	건물【 】가옥【 】묘소【○】산야【 】기타【 】			
	상태	마모(원형)			
	의미	Ella I. Graham(1869~1930)의 묘			
주소		광주광역시 남구 양림동 108(호남신학대학교)			
홈페이지		http://www.htus.ac.kr			
소속기관				관리기관	호남신학대학교

번호	광주-46		명칭	Jessie S. Levie 묘
사적	종류	건물【 】가옥【 】묘소【○】산야【 】기타【 】		
	상태	양호(신설)		
	의미	Jessie S. Levie(1896~1931)의 묘		
주소	광주광역시 남구 양림동 108(호남신학대학교)			
홈페이지	http://www.htus.ac.kr			
소속기관			관리기관	호남신학대학교

번호	광주-47		명칭	Thelma-Thumm 묘
사적	종류	건물【 】가옥【 】묘소【○】산야【 】기타【 】		
	상태	양호(원형)		
	의미	Thelma-Thumm(1902~1931) 묘		
	주소	광주광역시 남구 양림동 108(호남신학대학교)		
	홈페이지	http://www.htus.ac.kr		
	소속기관		관리기관	호남신학대학교

번호	광주-48		명칭	Lilian Andreus Southall 묘
사적	종류	건물【 】가옥【 】묘소【○】산야【 】기타【 】		
	상태	양호()		
	의미	Lilian Andreus Southall의 묘		
주소	광주광역시 남구 양림동 108(호남신학대학교)			
홈페이지	http://www.htus.ac.kr			
소속기관			관리기관	호남신학대학교

번호	광주-49	명칭	Elisabeth J. Shepping 묘
사적	종류	건물【 】가옥【 】묘소【○】산야【 】기타【 】	
	상태	양호(원형)	
	의미	Elisabeth J. Shepping(1880~1934)의 묘	
주소	광주광역시 남구 양림동 108(호남신학대학교)		
홈페이지	http://www.htus.ac.kr		
소속기관		관리기관	호남신학대학교

번호	광주-50		명칭	Louis C. Brand 묘
사적	종류	건물【 】가옥【 】묘소【○】산야【 】기타【 】		
	상태	양호(원형)		
	의미	Louis C. Brand(1894~1938)의 묘		
주소	광주광역시 남구 양림동 108(호남신학대학교)			
홈페이지	http://www.htus.ac.kr			
소속기관			관리기관	호남신학대학교

번호	광주-51		명칭	Mitchell(son) 묘
사적	종류	건물【 】가옥【 】묘소【○】산야【 】기타【 】		
	상태	양호(신설)		
	문화재			
주소	광주광역시 남구 양림동 108(호남신학대학교)			
홈페이지	http://www.htus.ac.kr			
소속기관			관리기관	호남신학대학교
책임자	성명	노영상	직책	총장	전화		메일	

번호	광주-52			명칭	William Lancaster Crane 묘
사적	종류	건물【 】가옥【 】묘소【○】산야【 】기타【 】			
	상태	양호(신설)			
	의미	William Lancaster Crane(1963~1966)의 묘			
주소	광주광역시 남구 양림동 108(호남신학대학교)				
홈페이지	http://www.htus.ac.kr				
소속기관				관리기관	호남신학대학교

번호		광주-53		명칭	Frank Goulding Keller 묘		
사적	종류	건물【 】가옥【 】묘소【○】산야【 】기타【 】					
	상태	양호(원형)					
	의미	Frank Goulding Keller(1912~1967)의 묘					
주소		광주광역시 남구 양림동 108(호남신학대학교)					
홈페이지		http://www.htus.ac.kr					
소속기관				관리기관	호남신학대학교		
책임자	성명	노영상	직책	총장	전화		메일

사적	번호	광주-54		명칭	Philip T. Codington 묘
	종류	건물【 】가옥【 】묘소【○】산야【 】기타【 】			
	상태	양호(원형)				
	의미	Philip T. Codington(1960~1967)의 묘				
	주소	광주광역시 남구 양림동 108(호남신학대학교)				
	홈페이지	http://www.htus.ac.kr				
	소속기관			관리기관	호남신학대학교

번호		광주-55		명칭	유우선 묘
사적	종류	건물【 】가옥【 】묘소【○】산야【 】기타【 】			
	상태	양호(원형)			
	의미	유우선(?~?)의 묘			
주소		광주광역시 남구 양림동 108(호남신학대학교)			
홈페이지		http://www.htus.ac.kr			
소속기관				관리기관	호남신학대학교

번호		광주-56		명칭	광주선교기념비
기념물	종류	기념비【○】기념탑【 】동상【 】흉상【 】			
	의미	1904년 12월 25일 광주에서 첫 예배를 드린 미국남장로회 선교사 벨(E. Bell, 배유지)의 사택이 있던 자리에 세워진 비			
	주소	광주광역시 남구 양림동 108-2(사직도서관)			
	홈페이지				
	소속기관			관리기관	예장통합 전남노회
	연혁	(E. Bell, 배유지)/1982년 12월 예장통합 전남노회에서 건립			

번호		광주-57		명칭	박석현목사순교비
기념물	종류	기념비【○】기념탑【 】동상【 】흉상【 】			
	의미	1950년 7월 공산군에 의해 순교한 박석현 목사(1897~1950)를 기념하기 위한 비			
주소		광주광역시 남구 양림동 290(양림교회)			
홈페이지					
소속기관		기장		관리기관	양림교회
연혁		박석현 목사(1897~1950): 1897년 진도 출생/1938년 평양장로회신학교 졸업/나주읍교회를 거쳐 1949년 양림교회(현 기장)에 부임/6·25가 일어나자 가족과 함께 영암으로 피신했다가 1950년 7월 23일 공산군에게 피살·순교			

번호		광주-58		명칭	우월순의사기념비
기념물	종류	기념비【○】기념탑【 】동상【 】흉상【 】			
	의미	의료선교에 헌신한 미국남장로회 의료선교사 윌슨(R. M. Wilson, 우일선·우월순, 1880~1963)을 기념하기 위한 비			
	연혁	윌슨(R. M. Wilson, 우일선·우월순, 1880~1963): 1880년 미국 콜럼부스 출생/1905년 워싱턴대학교 의학박사학위 취득/1905년 내한하여 광주제중원 원장 부임/1912년 광주나병원 개원하고 한센병환자 진료/1920년대 사택 건립(추정)/1926년 여천군 율촌리에 애양원 신축/1940년 일제에 의해 강제추방/1946년 다시 내한하여 애양원에서 구라사업에 전념/1948년 정년퇴임으로 귀국/1963년 3월 27일 소천/1926년 11월 13일 광주나병원에서 건립한 기념비를 복제·설치			

번호		광주-59		명칭	故포싸 의사기념비
기념물	종류	기념비【○】기념탑【 】동상【 】흉상【 】			
	의미	의료선교에 헌신한 미국남장로회 의료선교사 포사이드(W. H. Forsythe, 보의사, 1873~1918)을 기념하기 위한 비			
	주소	광주광역시 남구 양림동 264(광주기독병원)			
홈페이지		http://www.kch.or.kr			
소속기관		재단법인 광주기독병원		관리기관	재단법인 광주기독병원
연혁		포사이드(W. H. Forsythe, 보의사, 1873~1918): 1873년 12월 25일 출생/1894년 웨스터민스터 칼리지 졸업/1904년 내한하여 전주지역에서 진료활동/1907년 목포로 전임하여 진료활동/1912년 영국구라협회의 지원으로 광주나병원 설립/1912년 선교사직 사임하고 귀국/1918년 5월 9일 소천/1926년 11월 13일 광주나병원에서 건립한 기념비를 복제·설치			

번호		광주-60	명칭		카밍쓰여사송덕비
기념물	종류	기념비【○】기념탑【 】동상【 】흉상【 】기타【송덕비】			
	의미	1953년 3월 광주기독병원 간호사 커밍 여사의 헌신을 기념하여 환자들이 건립한 비			
주소		광주광역시 남구 양림동 264(광주기독병원)			
홈페이지		http://www.kch.or.kr			
소속기관		재단법인 광주기독병원	관리기관		재단법인 광주기독병원
연혁		1953년 3월 입원환자 일동 건립			

번호		전남-61		명칭	광주3·1만세운동기념탑
기념물	종류	기념비【 】기념탑【 】동상【○】흉상【 】			
	의미	1919년 3월 10일 광주지역 만세시위에 참여했다가 옥고를 치른 수피아여학교 교사와 학생 23명을 기념하기 위한 비			
	주소	광주광역시 남구 양림동 256(수피아여고)			
	홈페이지	http://speer.hs.kr			
	소속기관	학교법인 호남기독학원		관리기관	학교법인 호남기독학원
	연혁	명단: 박순애·진신애·홍순남·박영자·최경애·양태원·김필오·임진실·고연홍·박성순·이태옥·김양순·양순희·윤혈녀·김덕순·조옥희·이봉금·하영자·강화선·이나열·최수향·김안순·홍승애/1995년 5월 10일 수피아여중고 총동창회에서 건립			

번호		전남-62		명칭	어비슨동상
기념물	종류	기념비【 】기념탑【 】동상【 】흉상【 】			
	의미	광주지역에서 복음선교와 농촌사업에 헌신한 에비슨(G. W. Avison)을 기념하기 위한 동상			
주소		광주광역시 남구 양림동 93-24(어비슨기념관)			
홈페이지					
소속기관				관리기관	
연혁		에비슨(G. W. Avison): 1915~1939년 광주지역에서 농촌사어에 헌신/미국 캘리포니아주 산타로저 YMCA에서 봉직/2010년 4월 11일 동상 제막			

번호		전남-63	명칭	소심당조아라기념비
기념물	종류	기념비【○】기념탑【 】동상【 】흉상【 】		
	의미	독립운동·여성운동과 민주화운동에 헌신한 소심당 조아라 여사(1912~2003)를 기념하기 위한 비		
	주소	광주광역시 남구 양림동 256(수피아여고)		
	홈페이지	http://speer.hs.kr		
	소속기관	학교법인 호남기독학원	관리기관	학교법인 호남기독학원
	연혁	조아라(1912~2003): 1912년 3월 28일 전남 나주 출생/1936년 수피아여학교의 학생들의 신사참배·창씨개명거부를 주도하다 투옥/해방 이후 조선건국준비위원회 광주부인회 참여/1947~1973년 광주YWCA 총무 역임/1951년 전쟁고아들을 위한 성빈여사 설립/1952년 호남여숙 석립/별빛학원·계명여사·소화자매원 이사장/1980년 5·18 당시 시민수습대책위원으로 활동/2008년 10월 10일 개교100주년을 맞아 기념비 제막		

3장

목포선교부의 연구 현황과 과제

이남섭

I. 서론: 분석대상과 방법

  필자에게 주어진 글의 주제는 '미국 남장로교의 목포선교부 연구 현황과 과제'이다.
  이 글의 분석대상은 기본적으로 2024년 4월 30일까지 한국연구재단에 등록된 학위논문과 학술지 그리고 국회도서관에 등록된 학술 단행본과 학술논문으로 제한한다. 단 두 기관에 등록되어 있지 않아도 목포선교(부)와 관련된 문헌들의 경우는 분석대상에 포함한다. 그러나 선교사 전기와 회고록 및 개교회사는 특징만 간략히 다룬다.
  이 글의 분석방법으로는 통계분석과 주제별과 시기별 내용분석을 병행한다. 주요 연구자와 주요 연구기관별로 분류하고 그 특징을 분석한다.
  이 글은 1장 서론에서는 연구의 분석대상과 방법 그리고 선행연구를 정리한다. 2장에서는 목포선교부의 개요와 통계로 본 연구 현황을 간단히 살펴본다. 다음 3장에서는 주제와 시기별 연구 내용과 특징을 검토한다. 마지막 4장 결론에서는 이들 연구가 이룬 성과와 세계문화유산 등재와 관련한 추후 연구과제를 제안하는 순서로 진행한다.

남장로교의 호남지역 역사의 선행연구에 대한 분석은 차종순, 강성호 그리고 김희순의 연구가 있다.[1] 차종순은 호남 교회사 연구의 역사를 크게 3단계로 나누어 분석하였다. 세 명의 미국장로회 선교사가 남긴 호남교회사 1단계[2]와 한국인 연구가인 김수진과 한인수 공저의 호남교회사 2단계[3]

---

1) 차종순, 『호남교회사 연구』, 호남교회사연구소, 1998, 37~40쪽; 강성호, 「미국 남장로회의 호남선교: 연구 동향을 중심으로」, 『한국기독교와 역사』 49호, 2018.9, 75~100쪽; 김희순, 「호남지방 종교지리 연구 동향과 과제-미 남장로회의 선교기록물을 중심으로」, 『남도문화연구』 30, 2016.6, 359~395쪽.

2) 다음 세 권이다. Harry A. Rhodes, *History of the Korea Mission Presbyterian Church U.S.A*, 1934(최재근 옮김, 『미국북장로교 한국 선교회사, 1884~1934』, 연세대학교출판부, 2009); Brown, George T, *Mission to Korea*, Board of world missions Presbyterian Church, US, 1962(천사무엘·김균태·오승재 옮김, 『미국남장로교 한국선교역사(1892~1962)』, 동연, 2010); Martha Huntley, *To Start a Work: A History of the Protestant Mission in Korea*, 1965(차종순 역, 『새로운 시작을 위하여: 한국 초기교회 역사』, 쿰란출판사, 2009). 호남지역 교회사가인 한인수의 자료발굴에 의하면 '민족교회사 관점'의 체계적인 역사서술은 아니나 '한글로 기록된 최초의 호남교회사(1893~1917)'가 미국인 선교사들이 작성하기 전인 1917년 4월에 존재하였다고 한다. 이 자료는 선교의 시작을 선교사들이 서울에 도착한 1892년으로 하지 않고 호남 땅을 밟은 1893년으로 한 것이 새로운 점이다. 또 선교역사를 4개(파송, 왕성, 낙심, 조직)의 시기로 구분하였다(선교25주년 기념 전북노회기념식 준비위원 리승두·리자익·홍종필, 「전라도 선교 25년사(1917)」, 『호남교회춘추』 창간호, 1994, 28~60쪽. 또 1932년에는 「전라도선교 40년사」을 발간하였다. 이 40년사는 '선교 25년사' 후기 시기인 1918~1932의 기간을 '연단의 시대'로 명명하여 첨부하였다(『호남교회춘추』 창간호, 30쪽: 그러나 내용 전체는 소개하지 않고 요약만 했음). 이 자료의 일부 내용은 2년 후 목포지역 남장로교 선교사 부인인 니스벳이 발간한 '호남선교 초기 역사책'(1919)에 인용 표기 없이 나타난다. 니스벳 부인의 책에는 다른 많은 외국인 저서와 마찬가지로 한국문화와 역사 및 초기 한국교회 인물에 대한 여러 가지 오류와 편견이 발견된다. 그럼에도 초기 호남 선교 과정에 대한 솔직한 표현은 선교사 부인이지만 평신도의 신선한 모습을 보여준다. 남장로교의 호남 선교를 가능하게 한 3가지 중요한 요소로 그는 "기회, 집요함, 기부"를 거론하면서 이 중에서 가장 큰 보탬이 된 것은 언더우드 선교사 동생의 물질적 기부라고 인정하였다(Anabel Major Nisbet, *Day in and Day out in Korea*, 1919(한인수 역, 『호남선교 초기역사(1892~1919)』, 경건, 1998, 17~19쪽). 차종순은 호남교회사 연구사 검토에서 니스벳 부인의 1919년 문헌은 포함하지 않았다. 19세기 한국사회와 문화 및 종교에 대한 잘못된 서구인들의 문

그리고 차종순의 호남교회사 3단계로 정리하였다. 1단계는 한국 측 자료 없이 미국 선교사의 시각에서 미국 원자료를 중심으로 다루었다는 점이 장점이라고 평가하였다. 2단계는 한국인의 시각과 한국 측 자료를 중심으로 작성되었으나 미국 측 원자료가 빈약한 수준에 그쳤다는 단점이 있다고 평가하였다. 3단계는 2단계의 한계를 보완해 미국의 원자료와 한국 자료를 충분히 반영해 작성하였다고 자평하였다. 이와 달리 강성호는 이후 지난 40년간(1980~2020) 발표된 국내의 연구논문 약 200편과 연구 단행본 60권을 중심으로 정리하였다. 그는 북장로교 사례를 포함한 방대한 양의 연구의 주요 내용을 주제(복음선교, 교육선교, 의료선교, 선교유적)별로 간략하고 체계적으로 정리 제시함으로 호남지역 교회사연구 현황과 과제를 이해하는데 기여하였다. 마지막으로 김희순의 연구는 종교지리학의 관점에서 호남지방 연구 현황을 분석하였으며 남장로회의 선교 경로와 지리학적 요인을 연계했다는 점에서 의미있는 연구이다. 필자의 연구는 기본적으로 이러한 선행연구를 기반으로 본 연구를 출발하고 그들의 연구 이후 2024년 4월 30일까지의 연구 문헌을 포함하여 분석하였다.

헌과 이에 대한 비판적 문헌에 대해서는 다음을 참고할 수 있다. 조현범, 『문명과 야만-타자의 시선으로 본 19세기 조선』, 책세상, 2002; 류대영, 『초기미국 선교사 연구, 1884~1910』, 한국기독교역사연구소, 2001.
3) 김수진·한인수 공저, 『한국기독교회사: 호남편』, 대한예수교장로회총회교육부, 1979.

II. 목포선교부4) 개요와 통계로 본 목포선교부 연구 현황

1. 목포선교부 개요

연구 현황을 살펴보기 전에 목포선교부의 개요를 살펴볼 필요가 있다.5) 아래 <표 1>에서 보듯이 1897년 10월에 설립 결정된 목포선교부는 남장로교의 다른 선교부(군산과 전주)와 마찬가지로 기본적으로 복음전도, 의료선교, 교육선교의 세 영역으로 구성되었다.6)

남장로교선교사 레이놀즈가 목포를 포함한 전남지역 답사 여행은 2회 (1894년 4월 18일과 1896년 3월 20일) 있었으나 복음 전도는 1898년 6월 유진벨 선교사 임시 주택에서 30여 명이 주일예배로 시작하였다. 1940년 철수 때까지 목포를 거점으로 전남 남부지역과 서부지역을 전도하였다. 1947년 복귀 이후에는 한국 노회에 위임하였다. 1984년까지 목포선교부에 파송된 선교사는 잠시 머물다 간 선교사를 포함해서 총 60명 내외 정도이다.7)

---

4) 일반적으로 교회사에서 영어의 '스테이션(station)'은 '선교부'로 번역하여 사용되고 있다. 스테이션은 교회, 교육 시설, 병원시설, 행정시설, 수양 시설 등을 포괄하는 넓은 의미의 선교기지로 19세기 유럽의 개신교회가 아시아와 아프리카로 선교를 하면서 사용하는 개념이다. 가톨릭교회는 스페인과 포르투갈이 15세기 라틴아메리카를 정복하고 원주민 선교를 할 때 이런 선교 거점 지역을 스페인어 '미시온(Mision)'이라는 개념을 사용하였다. 영어 용어번역의 경우 Board는 '선교본부', Mission은 '선교회', Station은 '선교지회' 또는 '선교지부'로 번역하기도 한다. 대형교단의 경우는 세분하여 사용하지만 군소 독립 선교단체는 '선교회'라는 개념을 선호한다. 필자가 보기에 '목포스테이션'의 기능은 위의 의미도 있지만 영어의 '철도역' 의미에 가까워 보인다. 철도역은 지역주민의 요구보다 국내외 자본가와 중앙정부(당시는 일본 정부)의 정치적 경제적 필요에서 설치되고 폐쇄되기 때문이다. 목포스테이션의 설치와 폐쇄는 지역주민의 필요보다는 일반 철도역의 운명과 비슷한 경로를 밟았다. 즉 미국 선교본부의 관심에 따라 설치되고 폐쇄되었다. 이 글에서는 스테이션과 선교부를 병행하여 사용한다.
5) 목포스테이션의 개요는 송현강 교수의 연구에 잘 정리되어 있다(송현강, 『미국 남장로교의 한국선교』, 한국기독교역사연구소, 2018).
6) 차종순의 연구에 의하면 서울의 경우에는 대표부도 있고 지역에 따라 선교 행정 담당 부서 및 어학훈련 부서도 있다(차종순, 「미국남장로교 한국선교사연구1」, 『신학이해』, 35집, 2008, 95~96쪽 참조).

의료선교는 1899년 7월에 진료소 개원으로 시작하였으나 1905년 10월 광주선교부 설치로 목포는 잠정 폐쇄하였다. 1907년 10월 운영을 재개하였으나 1919~24년 5년간 병원을 다시 폐쇄하였다. 그리고 1940년 10월 미국 호남 선교부가 철수하면서 중단되었고 일제의 패망 후 1947년 복귀 후에도 목포의 의료선교는 재개되지 않고 영구히 폐쇄하였다.

교육선교는 1903년 가을 목포 남학교와 여학교를 출범함으로 시작하였다. 그러나 1905년 광주선교부 설치로 기능을 중단하였고 1907년 가을에 기능을 재개하였다. 1908년 목포 남학교를 신축하고 새 교사에서 공부를 시작하였다. 이때 남학교는 영흥학교로, 여학교는 정명학교로 불렸다. 1912년에 여학교를 신축하였고 1914년에는 사립 목포정명학교로 허가를 받았다. 2022년 6년제 보통학교 편제로 개편되었으나 1937년 신사참배 거부로 두 학교는 폐교 처분되었다. 해방 후에 남학교는 장로교의 교단분열로 기장교회 소속으로 전환되어 남장로교 선교부의 손을 떠났고 정명여학교만 남아 재건되어 지금까지 운영되고 있다.

1945년 8월 일본의 항복과 미국의 승리로 미국 군사정부가 실시되면서 남장로교 선교부도 1946년 귀환하였으나 대전선교부로 사실상 모든 것을 집중하였다. 1940년의 철수 이전보다 1946년 이후에는 남장로교는 선교사

---

7) 그러나 남장로교 선교사의 전도 이전에 목포에는 이미 기독교 신자가 있었다. 1894년의 레이놀즈 편지에는 서울 남대문에서 언더우드의 설교를 듣고 예수를 믿게 되었다는 청년을 만난 이야기가 나온다(W.B. Reynolds, Chulla Do Trip, 1894: 김수진, 『목포지방기독교100년사』, 1997, 49쪽). 이것은 선교사의 전도 이전에 한국인이 스스로 연구하여 기독교(가톨릭과 개신교의 공통사례)를 믿는 과정과 일치한다. 즉 호남의 경우도 남장로교 선교사의 전도와 교회의 설립 없이도 복음은 전해졌다는 것을 의미한다. 또 목포 주재(경유 포함) 선교사의 숫자에 대해서는 다양한 의견이 있다. 김수진은 51명으로 보고하고 있다(김수진, 『호남선교100년과 그 사역자들』, 고려글방, 1992, 부록 참조). 차종순의 앞글에서는 목포의 경우 70명이며 이는 한 선교사가 여러 지역에서 일하는 이유로 중복된다고 설명한다(차종순, 앞의 논문, 2008, 105쪽). 필자가 확인한 수는 약 60명 정도이다. 또 목포선교의 개시일과 목포교회 최초 설립 일자(1897년과 1898년)는 최근까지도 논쟁이 되고 있다(김수진, 앞의 책; 차종순, 앞의 책, 1998, 45쪽; 김양호, 『목포기독교 120년사, 목포기독교 이야기』, 2016, 부록).

를 더 많이 투입하였다. 즉 이전에는 1892년 이후 53년 동안 5개 선교부에 투입된 선교사가 190명이었으나 1945년 이후에는 40년 동안 260명이었다.[8] 그러나 <표 1>과 <표 2>에서 볼 수 있듯이 목포선교부는 중단과 폐쇄 등 불규칙한 활동으로 호남의 남장로교 선교부 중 가장 부진한 선교부로 기록되어있다. 특히 의료선교와 관련하여 목포병원의 진료수는 남장로교 5개 선교병원 중에서 가장 저조하였다(아래 <표 2> 참조). 1983년 미국의 남장로교와 북장로교가 통합되면서 1983년에 남장로교의 한국선교역사는 종료되었으며[9] 목포선교부도 공식적으로 종결되었다.

<표 1> 목포선교부 개요

	1898-1905	1905~1907	1907-1919	1919-1924	1925-1940	1947~1983
복음전도	1898 주일예배	전도 중단	전도재개	전도재개	1940 철수	1947복귀 후 한국노회에 이전
의료선교	1899. 진료소개소	진료 중단	프랜치병원 운영	병원폐쇄	1940 철수	1947폐쇄
교육선교	1903 목포남학교와 여학교로 시작	기능 중단	1908새교사로 시작. 영흥학교 정명여학교	1922 6년제 보통학교 편제로 개편	1937 신사참배반대로 두 학교 폐교 및 철수	1947 정명여중고 재건

---

8) 한남대학교 교목실 엮음, 『미국 남장로교 선교사 열전』, 2016, 14쪽에는 1982~1987 동안 내한한 선교사는 총 477명으로 기록하고 있다. 인돈학술원편, 『미국남장로교 내한선교사 편람』, 2007). 2008년의 차종순의 연구에 의하면, 해방 전(1892~1939)에 도착한 선교사는 183명, 해방 후 도착(1945~1993)한 선교사는 228명으로 총 411명이었다. 차종순의 연구는 Virginia N. Somerville이 1993년에 작성 보고한 'Annual Reports of Presbyterian Church US in Korea Misionary(1993)'에 근거하였다(차종순, 앞의 글, 106쪽). 이 연구의 장점은 남장로교 파송 선교사 총 411명에 대하여 출신 지역별, 재직기간, 도착 당시의 연령별로 통계분석을 하였다는 점이다.
9) 송현강, 앞의 책, 2018, 289쪽.

〈표 2〉 남장로교 5개 선교병원의 총 진료수(1925~1939, 여기서는1926~30과 1932~38은 생략)

	전주	군산	광주	목포	순천
1925	5,687	16,960	5,415	1,400	10,109
1931	4,633	12,433	4,130	3,825	22,462
1939	14,926	8,496	17,649	1,694	27,500

*출처: 송현강, 앞의 책, 226~227쪽.

〈표 3〉 1993년 기준 한국주재 미국 남장로교 선교사의 선교부와 활동영역별 배치 현황

선교부	설립연도	남장로교 선교부(스테이션)의 구조								선교사 총수
		선교대표	선교행정	복음		의료	교육		어학훈련	
				교회	부녀/아동		일반	TMC		
서울	1892	16	3	4		1	25		17	66
평양	파견									6
전주	1895			41	9	62	18	5		135
군산	1895			15	6	19	4			44
목포	1898			37	7	17	9			70
광주	1904		8	41	7	34	3	11		104
순천	1913		2	32	8	20	4	9		75
대전	1954		2	10			31	29		72
미확인										
총계		16	15	180	37	161	100	54	17	580

*출처: 차종순, 「미국남장로교 한국선교사연구1」, 앞의 글, 95~96쪽; Mrs. Virgina N. Somerville, Annual Reports of Presbyterian Church US in Korea Missionary, 1993에서 재인용.

〈표 3〉의 선교사 숫자는 한 사람이 여러 선교부에서 일하였기 때문에 중복된 숫자가 포함되어 총수보다 더 많다. 또 서울은 총괄 선교본부의 기능을 한 곳으로 대표와 행정 인원이 많이 근무하였으며 세브란스병원에는 서서평 간호사를 파견하였다. 평양에는 레이놀즈 선교사를 평양신학교 교수로 파견하였다. 목포선교부의 경우 복음 전도 선교사가 다수(37명)이고 전주와 군산 다음으로 많다. 의료선교사는 17명으로 5개 선교부 중에서 가장 적다.

2. 목포지역 단독 연구

<표 4>에서 보듯이 목표지역 단독 연구는 8건으로 아직은 양적으로 충분한 수준은 아니다. 연구 내용을 보면 4편이 복음 전도 및 선교사의 선교 관련 주제가 다수이다. 그 다음은 선교부의 개요, 교육 선교. 3.1운동 참여와 목포지역 교회 관련 주제 연구가 각 1편씩이다.

1994년 조웅의 연구는 새로운 역사적 사실을 제시하는 점은 없으며 형식상 연구의 초고에 해당한다. 그러나 초기 미국 선교사들의 역할은 부정적 차원과 긍정적 차원을 동시에 보아야 한다는 점과 선교부의 잠정적인 폐쇄로 인한 선교사들의 부재 속에서도 목포의 교회는 양적으로 더 발전했다는 사실을 지적한 점은 의미가 있다. 균형 감각 있는 문제의식을 지닌 연구이다.[10] 1998년에 장신택은 호남신학대에서 '목포지역선교에 대한 박사 논문'을 제출하였다. 장신택 연구의 새로운 점은 목포지역 선교의 기여자로 외국인 선교사만 다루지 않고 한국인 통역사와 한국인 목사를 함께 다루었다는 점이다. 박연세 목사의 3.1운동 참여와 신사참배 반대로 순교한 점을 부각하였다. 그러나 해방 후 교단분열에 따른 양동교회의 분열과정에서 선교사들의 역할을 충분히 다루지 않은 것은 아쉬운 점이다. 1999년에는 주명준의 유진벨 선교사의 목포선교 연구가 있다. 목포선교부 설치의 국제적 배경을 설명하고 유진벨 선교사의 선교 활동을 가족에게 보낸 편지를 중심으로 연구한 점이 새로운 점이다. 또 주명준은 2002년에는 프레스톤의 목포선교 활동도 연구하였으나 인근 영광과 해남의 교회 활동만 간단히 언급하였다.

2008년에는 송현강이 목포선교부 설치와 운영에 대한 연구를 하였고 이는 선교부 자체에 대한 연구로는 현재까지 유일하다. 2009년에는 한말 일

---

10) 한국연구재단에 등록된 논문은 아니나 목포지역 선교에 관한 최초의 연구이다. 조웅, 「한말 목포지역 미국선교사들의 활동」, 『배종무총장퇴임기념사학논총』, 1994, 291~308쪽.

제강점기 목포 영흥학교와 정명여학교의 설립과 발전에 대한 연구논문을 발표하였다. 이 두 연구는 지역사의 관점에서 접근하여 남장로교가 목포지역 근대교육의 발전에 기여한 점을 분석한 의미 있는 연구이다.

2019년에는 이재근이 목포지역 3.1운동과 개신교를 목포양동교회, 정명여학교, 영흥학교의 만세시위를 중심으로 연구하였다. 2020년에는 남아현이 목포 개항 후 양동교회의 설립과 운영에 대한 연구를 하였다. 이재근의 논문은 목포지역 개신교의 3.1운동을 재구성하고 목포지부 남장로교 선교사의 역할을 분석하였다. 남아현의 논문은 목포개항 후 양동교회 설립과 건축 이외에 운영의 사회적 기능을 분석하였다는 점이 새롭다.

〈표 4〉 목포선교부 관련 연구연도와 연구자 및 주제 목록[11]

순번	년도	저자	제목	비고(게재지)
1	1994	조 웅	한말 목포지역 미국선교사들의 활동	총장퇴임논문집
2	1998	장신택	미국남장로교 한국선교회의 목포지역 선교에 관한 연구: 선교사와 목회자를 중심으로	호남신학대학교 박사학위논문
3	1999	주명준	유진벨 선교사의 목포선교	전북사학, 21-22
4	2000	주명준	프레스톤의 목포선교활동	호남교회춘추, 봄
5	2008	송현강	미국남장로교 한국선교부의 목포스테이션 설치와 운영(189~1940)	종교연구, 53
6	2009	송현강	한말 일제강점기 목포 영흥, 정명학교의 설립과 발전	역사학연구, 35 (호남사학회)
7	2019	이재근	목포지역 3.1운동과 개신교: 목포양동교회, 정명여학교, 영흥학교의 만세시위참여를 중심으로	한국기독교와 역사, 50호
8	2020	남아현	목포 개항 후 양동교회의 설립과 운영	전남문화, 33호

이외에 선교부 보고서와 개별 교회사가 있다.[12] 목포노회 편의 '목포선

---

11) 목포지역 개별교회사와 전기류는 아래에서 간단히 소개하기에 이 목록에 포함하지 않는다.
12) 목포노회편, 『목포선교부보고서』, 1994; 목포노회편, 『목포노회록 1~2집』, 1995; 김수진, 『목포지역 기독교100년사』, 쿰란출판사, 1997; 김수진, 『양동제일교회 100년사』, 쿰

교부 보고서'와 목포노회 편의 '목포노회록'이 있다. 목포지역 개교회사로는 김수진의 '목포지역 기독교 100년사', 김수진의 '양동제일교회 100년사', 김철수의 '목포양동교회 100년사'가 있다. 선교부와 목포노회의 보고서와 개교회사는 심화연구를 위한 기초자료의 가치가 있다.

마지막으로 학술적 연구는 아니나 전기류 차원의 네 권의 책이 있다. 첫 번째 책은 양국주의 포사이드 평전(2018)이고 그 다음은 2016년과 2023년 그리고 2024년에 발간한 김양호의 세 권의 선교사 전기 책이다. '목포기독교 120년사, 초기 목포기독교이야기'(2016)와 '유진벨 선교사, 물의 근원을 고쳐라'(2023) 그리고 '맹현리 선교사'(2024) 편이다. 첫 번째 책은 목포를 거쳐 간 주요한 기독교 인물 열전이다.13) 이 책의 아쉬운 점은 박연세 목사

란출판사, 1997; 김철수, 『목포양동교회 100년사』, 샛별, 1997; 이기영, 목포중앙교회 75년사, 1999.

13) 목포를 거쳐간 남장로교 선교사 중 특별히 기억해야 할 여성 선교사로는 광주의 이일성경학교 설립자 서서평 선교사와 전주의 한예정성경학교 고인애 선교사가 있다. 이 두 여성 선교사 공통된 특징은 목포를 경유한 것 이외에도 남장로교 선교부의 주류 출신이 아니었다는 점이다(이남섭, 「서서평과 김용복-한일장신대학교의 설립 정신과 한국교회사에서의 사회신학적 의미」, 『서서평선교사의 사회선교와 영성』, 서서평 연구논문 6집, 2019, 95~148쪽 참조). 즉 남성 목회자가 아니고 평신도 여자 전문인 선교사라는 점이다(이순례, 『한일신학대학 70년사』, 한일신학대학출판부, 1994). 서서평은 공식적으로는 목포스테이션 소속이 아니었다. 그럼에도 그는 1920~1933년 기간 동안 순회전도사로 제주도 선교 가는 길에 여러 번 목포를 방문하여 전도부인의 성경공부를 인도하였다(김인주, 「서서평이 이해한 제주의 교회와 선교」, 『향함 있는 믿음으로 본· 여성주의 관점에서 본 서서평 선교사』, 서서평연구논문 4집, 2017, 235~250; 임희모, 『서서평 선교사의 통전적 영혼 구원 선교』, 동연, 2020, 242쪽). 서서평 선교사는 20년 선교사 활동 끝에 처음 가진 안식년을 이용해 미국을 방문해 교회의 후원을 요청했으나 전혀 지원을 받지 못하고 빈손으로 귀국하였다. 주류선교사들은 안식년 휴가를 자주 취할 수 있었다. 심지어는 본국인 미국에서의 고급 학위과정(석박사) 이수를 위해 2~3년의 장기 휴식도 가능하였다. 서서평은 지속적으로 지병 치료를 위해 안식년 휴가를 신청하였으나 계속되어 반려되었다. 이와 달리 고인애 선교사는 공식적으로 목포 선교부에 소속되어 목포에서 4년간 언어공부와 복음전도를 한 후 전주로 이동하였다. 고인애는 부모님이 주류 출신 선교사라 미국 본국의 (고향) 지역교회로부터 지원을 받아 학교운영을 할 수 있었고 석박사 학위취득을 위해 여러 번의 안식년 휴직도 가능하였다. 고인애 선교사의 삶에 대해서는 다음을 참고할 수 있다(이순례, 앞의 책, 253쪽; 한일장신대학교편, 『고인애 선교사의 삶과 사역』, 한국장로교출판사, 2019). 서서평은 성경 교육 이외에 여성이

의 제자인 서남동 목사 사례를 너무 간단히 다룬 점이다. 서남동 목사는 순교자 박연세 목사의 목포교회에서 훈련받아 해방 후 20세기 한국을 대표하는 세계적으로 유명한 신학자가 되었기 때문이다.14) 두 번째 책은 목포 전남 교회의 개척자 유진벨 선교사의 생애를 소개하는 책이다. 마지막 세 번째 책은 1부에서 20년(1907~1927)간 목포에서 활동한 맹현리(Rev. H.D. McCalle) 선교사의 생애와 선교활동을 정리하였다. 2부에는 선교사의 서신과 보고서 등 1차 자료를 모아 한글로 번역하여 소개하였다는 점에 의미가 있다.

자립할 수 있도록 기술교육을 병행하였고 이러한 전통으로 광주와 전주의 두 성경학교가 통합한 여자 한일신학교가 후에 종합대학인 한일장신대학교로 발전될 수 있었다. 1922년에 서서평 선교사가 꿈꾸었던 군산의 간호사훈련학교 개설은 1995년 김용복 총장이 간호학과 개설을 대학의 중장기발전 계획에 포함하였고 이는 오덕호 총장 때 실현되었다. 현재 한일장신대학교 간호학과는 지역의 우수학과로 발전하고 있다. 오랫동안 서서평선교사는 미국남장로교역사(브라운 톰슨, 1962)와 한국 및 호남교회사에서는 '신화적 인물' 등 야사 정도로만 매우 간결히 알려진 인물이었다. 다행히 1980년에 서서평 선교사와 개인적 인연이 있는 평신도인 백춘성 장로가 간호사 서서평 전기를 기록하였다(백춘성, 『간호사 서서평 전기』, 한국간호협회, 1980). 1992년에 부임한 김용복 총장에 의해 한일신학교가 한일장신대학교로 발전하면서 서서평 선교사 연구 붐이 일어나기 시작하였다(이남섭, 앞의 글 참조). 이를 계기로 백춘성 장로는 1995년에 개정판을 발간하였고 이후 본격적인 서서평 연구가 국내 신학계에서 시작되었다.

14) 호남의 교회사학인 김수진은 호남선교 100년사를 한국인 목회자 최중진, 박연세, 최홍종, 이기풍 목사를 중심으로 기술하였다. 특히 목포양동교회의 이경필 목사를 중심으로 한 교인들의 3.1운동 참여 사실도 발굴하여 소개하였다. 또 양동교회 박연세 목사의 신사참배 반대 순교 과정과 그의 제자인 서남동 목사와의 관계와 활동에 대하여 처음으로 비교적 자세하게 연구하였다. 김수진은 서남동 목사를 목포교회가 낳은 위대한 목회자였으며 신학자였다고 평가하였다(김수진, 앞의 책, 1992, 240~244쪽). 서남동 목사의 삶과 사회활동에 대한 최근의 연구는 다음을 참고할 수 있다. 최성환, 「1970년대 서남동 목사의 사회상 인식과 민주화 운동」, 『호남학』 72호, 2022, 217~252쪽. 호남지역의 또 다른 교회사학자인 한인수는 목포를 거쳐 간 한국인 목회자의 인물평전을 조사 기록하였다. 주요 목회자로는 윤식명, 박연세, 박영희, 이남규 목사 등을, 평신도로는 남궁혁과 오긍선 등을 다루었다. 남궁혁은 목포세관에서 관리로 일하다가 후에 목사가 되어 미국 유학을 하고 한국인 최초의 신약 성서학 박사가 되었다. 오긍선은 남장로교가 키운 최초의 한국인 의사이다(한인수, 『호남교회 형성인물』, I, II, V, 2004, 2010, 2020).

3. 전남지역을 포괄하는 연구

전남지역을 포괄하는 관점에서 보면 목포지역을 비교 차원에서 언급하거나 다룬 연구는 총 87건이다(<표 7> 참고). 그러나 <표 5-6>을 보면 남장로교 전체는 한국연구재단과 국회도서관에 각각 116건과 119건으로 나타난다. 이러한 차이가 나는 것은 중복된 부분이 있기 때문이다. 목포선교부 운영 자체가 후에 광주선교부를 개설하면서 상호 인력을 교류 보완하는 상황이었기에 중복되는 것은 자연스러운 현상이다.

참고로 국회도서관에 등록된 연구자료를 보면 북장로교 연구가 남장로교 연구보다 압도적으로 많다(<표 5> 참고). 북장로교 연구에는 남장로교 연구가 포함되어 있음을 감안하더라도 거의 8~9배 차이가 난다. 그러나 한국연구재단의 경우는 정반대로 남장로교가 북장로교보다 약간 많은 수치를 보여준다(<표 6> 참고). 국회도서관의 경우 북장로교 연구에는 단행본과 학위논문이 포함되어 있고 또 논문도 KCI논문이 아닌 일반논문도 포함하고 있기 때문이다. <표 7> 통계에는 국회도서관과 한국연구재단에 등록되지 않은 문헌도 포함되어 있다. 이들은 단행본 일부와 전기류 등이다.

<표 5> 국회도서관 등록 미국 남장로교와 북장로교 연구 통계 현황 비교(1900~2024)

미국 남장로교	총 119건	미국북장로교	1060건
도서자료	14	도서자료	64
학위논문	14	학위논문	353
연속간행물	91	연속간행물	641
멀티미디어	0	멀티미디어	1
동영상	0	동영상	1

*출처: 2024. 4. 30. 국회도서관(www.nanet.go.kr) 등록자료 검색.

〈표 6〉 한국연구재단등록 미국 남장로교와 북장로교 연구 통계 현황 비교(2000~2024)

미국 남장로교	총 116건	미국 북장로교	총 97건
KCI등재	100	KCI등재	87
KCI후보	15	KCI후보	7
기타	1	기타	3
학술대회	2	학술대회	0

*출처: 2024. 4. 30. 한국연구재단(www.kci.go.kr) 등록 학술지 논문 색인 검색.

〈표 7〉 목포와 전남을 포괄하는 연구와 목포와 전국을 포괄하는 연구 통계 현황 비교

	목포단독	목포와 전남	목포와 호남	목포와 전국	소계
논문	7	11	12	9	39
단행본	4	7	5	15	31
박사학위논문	1	3	2	3	9
전기류	2		3	3	8
소계	14	21	22	30	87

III. 시기별, 주제별 그리고 주요 기관별 연구 현황과 특징

1. 시기별 연구 현황과 특징

이제 시기별 연구 특징을 살펴보자. 크게 다음 세 시기로 나눌 수 있다. 1단계인 초창기 시절(1919~1978), 2단계인 연구의 전환기 시절(1979~1999), 3단계인 연구의 확산기 시절(2000~2024) 세 시기로 나눌 수 있다. 〈표 8〉에서 보듯이 1단계는 5건으로 미국 선교사 중심이었고, 2단계는 20건 정도로 한국인 학자가 주도적으로 전환하는 시기였다. 마지막 3단계인 2000년 이후에는 한국인 학자가 전적으로 진행한 시기로 연구 성과가 62건으로 증가할 만큼 성장하였다.

<표 8> 시기별 연구 현황

단계	1단계: 초창기 1919~1978 (60년: 5건)	2단계: 전환기 1979~1999 (20년: 20건)	3단계: 확산기(24년: 총 62건)	
			2000~2019 (20년: 45건)	2020~2024 (4년: 17건)
연구 결과 (총 87건)	에너벌 니스벳 (1919) 백낙준(1929) 해리로저스 (1934) 브라운 톰슨 (1962) 마르타 헌트리 (1965)*	김수진,한인수 (1979), 주재용(1979) 김수진(1992) 주명준(1993, 1998, 1999) 백춘성((1980) 김용복(1982, 1989, 1992) 이순례(1994) 조 웅(1994) 김수진(1997) 차종순(1998) 장신택(1998) 한규무(1998) 안영로(1998) 서진주(1993) 소피(1998) 호피(1999)	한인수(2000), 김정훈(2005) 류대영(2001, 2004), 차종순(2001, 2008), 이만열(2003), 김수진(2007) 조용호(2007, 2008), 송현강(2004, 2008a, 2008b 2009, 2010, 2012) 송현숙(2003, 2011) 천사무엘(2010), 김인수(2012) 박원식(2012), 이재근(2013) 송인동(2012), 김수진(2013) 송현강(2018), 이가연(2019) 이성전(2007), 김종철(2008) 한규무(2011), 김소정(2014) 최영근(2014, 2015, 2016) 김희순(2016), 김양호(2016) 안종철(2010), 김준태(2017) 강성호(2018) 우승완·천득염(2018) 류대영(2010, 2019) 주승민(2019), 이재근(2019) 서만철(2018), 김용철(2019)	남아현(2020) 우승완(2021) 송현강(2021) 옥성득(2022) 한남대(2022) 임희모(2020) 임희모(2021) 임희모(2023a) 임희모(2023b) 임희모(2023c) 김남순·이기석 (2023) 한인수(2023) 이재근(2023) 이재근(2024) 김양호(2023) 김양호(2024) 우승완·남호현 (2024)

2. 주제별 연구 현황과 특징

다음으로 주제별 연구 현황과 특징을 살펴보자. <표 9>에서 볼 수 있듯이 연구주제는 다양함을 알 수 있다. 그리고 이 중에서 가장 많이 다룬 주제는 선교사와 신학 및 교회 관련 주제가 총 87건 중에서 33건으로 가장 많다. 그다음이 역사(교회사 및 선교역사) 주제 연구로 24건이고, 선교정책 주제 연구는 8건이다. 다음으로 많은 것이 의료와 간호사주제 연구로 7건이고 교육주제 연구도 6건이다. 교회건축과 기독교문화 유산 주제 관련 연구는 6건이다. 그리고 3.1운동과 일반역사 등 지역사회 관련 연구는 3건으로 매우 미흡하다.

<표 9> 주제별 연구 현황 통계

주제		총 87건	
		도서/학위	연속간행물
선교사 삶 및 신학 주제	33	19	14
역사(교회사 및 선교역사)	24	18	6
선교정책	8	3	5
의료와 간호선교	7	2	5
교육선교	6	3	3
교회건축과 기독교문화유산	6	3	3
일반역사(3.1운동 등)와 지역사회	3	-	3
소계	87	48건	39건

위 <표 9>의 통계에서 보듯이 선교사와 신학 관련 연구가 압도적 다수이다. 목포선교부의 경우 선교사 관련 연구는 24건이다. 미국 남장로교 내한 선교사 편람[15]에 의하면 목포를 거쳐 가거나 체류한 선교사는 약 60여 명이 된다. 현재는 이 중 13명의 선교사의 선교 활동과 신학에 대한 연구가 진행되었다.[16] 유진벨(3), 레이놀즈(6개), 서서평(2), 프레스톤(2), 포사이드(1), 서의필(2), 조하파(1), 해리슨(1), 눌런(2), 오웬(2), 마로덕(2), 고인애(1) 그리고 맹현리(1)가 있으며 이 중에서 선교사 레이놀즈에 대한 연구가 가장 많다.[17]

---

15) 한남대학교 인돈학술원 편, 『미국남장로교 내한선교사 편람』, 한남대학교출판부, 2007.
16) 1990년대에는 해방 이후까지 목포에서 활동한 선교사의 회고록과 선교사에 대한 연구도 나오고 있다. Hopper, *Mission to Korea*, PHP, 1999. 이 회고록은 선교사 호프(Joe Hopper)의 부인인 도로시 호프(Dorothy Longnecker Hopper)가 목포에서의 생활과 선교사가 되는 훈련 과정 그리고 전주에서의 선교 활동 관련 증언을 하고 있다. 또 가장 최근에는 한남대의 평신도 영문학자인 김남순과 이기석의 『서의필 목사의 한국선교』, 동연, 2023도 있다. 이 평전의 새로운 점은 그동안 남장로교 선교사는 대부분 보수적이라는 평가와는 다르게 서의필을 남장로교 선교사 중에서 신학적으로 가장 진보적인 입장을 지닌 인물로 기록한 점이다. 두 저자가 평신도 인문학자이기에 가능한 귀중한 증언이다. 목포기독교역사 연구소장인 김양호 목사는 목포를 거점으로 인근 섬 선교에 전념한 맹현리 선교사에 대한 생애와 기록을 발간하였다. 김영호 편저, 『이 섬에 생명을, 저 섬에 소망을, 맹현리』, 사람이 크는 책, 2024.

그러나 선교사의 삶과 신학에 대한 정리는 자세히 하였으나 비판적 분석이 거의 없다는 점은 단점이다. 또 선교의 현장인 목포와 호남 지역과 관련한 신학적 고찰이 전무하다는 것도 아쉬운 점이다.18) 이외에도 레이놀즈의

---

17) 전기류를 제외한 논문으로는 다음이 있다. 김종철, 「유진벨 선교사의 목포·광주 선교활동 연구」, 전주대학교 대학원 박사학위논문, 2008; 류대영, 「윌리엄 레이놀즈의 남장로교 배경과 성경번역」, 『한국기독교와 역사』 33호, 2010.9, 5~35쪽; 박원식, 「광주, 전남 선교의 아버지 유진벨 선교사: 유진벨 선교사의 신학적 배경과 선교활동을 중심으로」, 광신대학교 석사학위논문, 2012.2; 송인동, 「광주초기 의료선교사의 소통-J.W.Nolan의 사례」, 『신학이해』 44집, 2012.12, 171~204쪽; 송현강, 「19세기 내한 남장로교 여성선교사연구」, 『남도문화연구』 42, 2021.4, 139~166쪽; 송현강, 「남장로교 선교사 클레멘트 오웬의 전남선교」, 『남도문화연구』 29, 2015.12, 159~181쪽; 송현강, 「윌리암 해리슨의 한국선교」, 『한국기독교와 역사』 37호, 2012.9; 송현강, 「레이놀즈의 목회사역」, 『한국기독교와 역사』 33호, 2010.9; 장신택, 「미국남장로교 한국선교회의 목포지역선교에 관한 한 연구: 선교자와 목회자를 중심으로」, 호남신학대학교 목회학박사원, 1998; 조용호, 「미남장로교 선교사 윌리엄 레이놀즈의 한국선교 배경연구」, 『전주비전대학산업기술연구소논문집』 46집, 2008.12, 53~64쪽; 조용호, 「미남장로교 선교사 윌리엄 레이놀즈의 생애와 신학연구」, 연세대 박사학위논문, 2007; 주명준, 「미국남장로교선교부의 전라도 선교: 초창기 선교사들의 활동을 중심으로」, 『전주대학교 논문집』 21. 1993.1, 369~390쪽; 주명준, 「유진벨의 목포선교. I, II」, 『호남교회춘추』 12~13호, 1999.11, 135~136쪽; 2000.5, 91~113쪽; 천사무엘, 「레이놀즈의 신학: 칼뱅주의의 성서관을 중심으로」, 『한국기독교와 역사』 33호, 2010.9; 한남대학교 교목실 엮음, 『미국남장로교 선교사 열전』, 동연, 2009; 차종순, 「초기의료선교사역에 관한 연구-J.W.Nolan을 중심으로」, 『신학이해』 21집, 2001, 133~147쪽; 송인동, 「광주초기 의료선교사의 소통-J.W.Nolan의 사례」, 『신학이해』 44집, 2012.12, 171~204쪽; 최영근, 「미국남장로교 선교사 페어맨 프레스톤의 전남지역선교에 관한 연구」, 『장신논단』 48권 1호, 2016.3, 85~113쪽; 최영근, 「미국남장로교 선교사 유진벨의 선교와 신학」, 『장신논단』 46권 2호, 2014.6, 137~163쪽; 최영근, 「미국남장로교 선교사 배우지(유진벨)의 선교와 삶」, 『고고와 민속』 18집, 한남대중앙박물관, 2015, 31~64쪽; 한인수, 『주(駐)호남 미국남장로교 선교사들의 생애와 활동』, 경건, 2023; 강성호, 「존 페어맨 프레스톤 선교사와 순천선교부」, 『남도문화연구』 43, 2021.8. 서서평 선교사에 대한 연구는 2024년 4월 현재 총 70편 정도가 있으나 목포와 관련된 연구는 2개이다. 서서평 참고문헌은 임희모(2017: 2020)와 이남섭(2019)을 참고할 수 있다.

18) 처음 도착한 선교현장이 호남은 아니나 후에 한국 전체를 연구한 서의필 선교사가 있다. 그는 국내 성균관 대학교(석사)에서 한국의 전통문화인 유교 경전을 연구하였다. 그리고 하버드대학교에서 18세기 경남 울산지역의 족보를 중심으로 사회문화의 변동을 연구하여 박사학위를 취득하였다. 초기 남장로교 선교사들 대부분이 백인의 자문화중심주의와 근본주의 신학으로 인해 한국문화와 역사에 대한 이해가 부족했다면 서의필 선교사는 한국어와 한국문화와 역사를 깊이 연구하고 한국인을 존경하고 사랑한 남장

경우 성경 번역 내용에 대한 신약 전공 성서학자의 연구가 없는 것도 차후 연구과제이다.19) 한국인 목회자와 평신도에 대한 연구는 아직 소수이다. 목포의 초기 한국인 목회자에 대한 연구로는 김수진(1992)과 한인수(2004, 2010)의 연구가 있다.20) 김수진은 박연세 목사의 사례를 연구하였고 한인수는 초기 목포교회의 중요한 목사(박연세, 이남규, 박용희 등)의 사례를 해당 인물의 평전을 중심으로 정리하였다. 이들 연구는 초기의 뛰어난 한국인 목회자를 발굴하여 소개하였다는 점에 의미가 있다.

다음이 교육 관련 연구이다. 목포 단독 교육 관련 연구로는 영흥학교와 정명여학교 연구사례(송현강, 2009)가 있다.21) 이 연구는 이 두 개신교 학교의 설립과 발전과정뿐만 아니라 독립운동에 참여한 과정과 내용을 자세히 밝힌 점이 큰 기여점이다. 김준태(2017)는 남장로교의 배유지 선교사가 설립한 목포의 정명여학교(1903)와 광주의 수피아여학교(1908)를 중심으로 비교 연구하였다.22) 이 연구에서 기독교학교의 신앙적 자율성과 공적인 책

로교 선교사였다(김남순·이기석, 앞의 책, 2023, 90~108쪽 참고).
19) 라틴아메리카의 경우, 20세기 초 미국의 근본주의 계열 개신교 선교단체가 원주민을 대상으로 성경 번역을 많이 하였다. 그러나 가톨릭 성서학자들에 의해 미국 선교사들의 성서번역이 성서원어 연구에 기반하지 않고 교단의 교리를 기준으로 번역되어 많은 문제가 있음을 지적받아 비판과 논쟁의 대상이 되고 있다(CENAMI/ABYA-YALA, *Teologia India*, México, 1991). 한국 성경 번역의 경우 대표적인 사례는 주기도문(막6:12)의 'debt'과 'debtor'의 번역이다. 영어, 독어, 불어, 스페인어, 중국어, 일어 등 주요 외국어 성경은 희랍어 성서 원어 그대로 '빚'과 '빚진 자'로 직역하였다. 1887년의 로스 번역은 '빚'과 '빚진 자'로 정확히 직역하였으나 보수적인 레이놀즈는 '죄'와 '죄인'으로 의역하였다. 이는 근본주의 신학에 근거한 교리적 해석의 대표적인 사례이다. 레이놀즈가 3개월 만에 마태복음을 번역했다면 로스는 옥스포드판 희랍어 신약성서와 영어 개역본을 대조 번역하느라 1년이 걸렸다. 레이놀즈가 한국어만 잘 했다면 로스는 한국어와 한국 역사와 문화도 연구하고 저술을 남길 정도로 선교 현지 문화를 존중하는 입장을 지니고 있었다. 로스의 번역과정에 대해서는 다음을 참조할 수 있다. 옥성득, 「로스와 한국개신교: 1882년 출간된 로스 본 한글복음서를 중심으로」, 『한국기독교와 역사』 57호, 2022, 9~52쪽.
20) 김수진, 앞의 책, 1992; 한인수, 『호남교회 형성인물 II, III』, 경건, 2004; 2010.
21) 송현강, 『미국남장로교의 한국선교』, 한국기독교역사연구소, 2018; 송현강, 「한말, 일제강점기 목포 영흥 정명학교의 설립과 발전」, 『역사학연구』 35집, 2009.2, 113~139쪽.

임과 사회적 소명을 다하는 공공성이 일치한 사례로 연구하면서 오늘날 기독교학교의 정체성을 회복하는 신앙적 자율성을 강조하였다. 그러나 이러한 주장은 일제하 개신교 학교의 교육과정과 신사참배로 인한 학교의 폐교 결정 과정을 살펴보면 지나치게 과장된 논리로 보여진다. 목포의 기독교계 학교(영흥교와 정명여학교)를 졸업한 학생들 가운데는 민족독립운동에 참여한 훌륭한 인물들이 있다.23) 그러나 기독교학교 교과과정에 민족의식과 근대적 사회의식(민주주의와 민족독립 자유 정신)이 포함되어 있는지에 대한 실증적 연구가 필요하다.

아동교육 선교 비교주제로는 김소정의 연구(2014)가 있다.24) 이 연구의 새로운 점은 아동교육선교를 북장로교의 교육선교와 먼저 비교하고 그 다음 호남의 남장로교 10개의 미션스쿨 실례(군산, 목포, 광주, 전주, 순천)를 비교분석하고 한국 사회에 미친 영향을 검토하였다는 점이다. 또 주일학교와 교회학교의 차이점을 제기하고 세 사람(전주-데이트. 광주-서서핑, 군산-데이비스)의 여성 선교사들의 주일학교 사역을 분석하고 한국사회에 미친 영향을 검토하였다. 목포지역의 아동선교 사례가 생략된 점은 아쉬운 점이다. 그럼에도 이 연구의 장점은 남장로교의 아동선교 전체를 다루었다는 점과 최초로 호남지역 주일학교 운동을 살펴보았다는 점이다. 특히 주일학교와 아동성경학교 관련 그 당시 주요 일반 언론의 1차 자료를 발굴하여

---

22) 김준태, 「미국남장로교가 설립한 초기 한국기독교여학교의 교육연구(1903-1919): 정명여학교와 수피아여학교를 중심으로」, 장로회신학대학원 석사학위논문, 2017.
23) 이 중 대표적인 인물은 영흥중학교 졸업생으로는 문용기 열사와 서남동 목사이다. 문용기 열사는 군산영명학교 교사로 익산 1919년 4월 4일 만세 운동 때 주도적으로 참여하여 일본 경찰에게 죽임을 당하였다. 정부는 1977년에 건국포장을, 1990년에는 건국훈장 애국장을 추서하였다. 서남동 목사는 세계적인 민중 신학자로서 70년대 민주화운동에 참여하여 고난을 겪었다. 정명여학교 졸업생으로는 광주 수피아 여학교 선생이 된 박애순 열사가 있다. 그는 광주 3.1운동 때 주도적으로 참여하여 옥중 고난을 당하였으며 해방 후에 정부 표창을 받았다.
24) 김소정, 「미국남장로교 한국선교부의 아동선교(1892~1945): 미션서쿨과 주일학교 운동을 중심으로」, 한남대학교 학제신학대학원 석사학위논문, 2014.

사용한 것은 당시 한국사회의 반응을 이해할 수 있는 근거를 제시한 점에서 기여하였다.

의료선교와 관련하여 목포와 전남지역을 포괄하는 연구로는 소피 몽고메리 크레인(Sophie Montgomery Crane)과 한규무 그리고 임희모의 연구가 있다.25) 소피 몽고메리 크레인은 남장로교 해외 의료선교 100년(1881~1983)을 정리하면서 한국의 호남 5개 지역에서의 의료선교(1894~1983) 활동도 조사 분석하였다. 목포와 관련해서는 해방 전의 찰스 프렌치 병원을 중심으로 아주 짧게 다루었고 새로운 점은 없다. 그러나 남장로교가 해외에서 진행한 나라 중 아시아 5개국과 아프리카 1개국 그리고 라틴아메리카 3개국 총 9개국의 의료선교 실태를 현지 방문 조사를 통해 한국 사례와 비교할 수 있게 정리한 점은 이 연구의 기여점이다. 특히 남장로교 해외의료선교 역사를 복음전도의 수단으로서 "약장수 의료선교" 단계에서 의료선교 자체도 복음의 일부인 "과학적 의료선교" 단계로 발전하였다고 정리한 것은 놀라운 분석이다. 의료선교를 "복음 선교의 미끼"라는 표현이 솔직하면서도 흥미롭다.

한규무는 목포, 광주, 순천지역 의료선교를 분석하였다. 그는 교육선교보다 먼저 시작한 의료선교에 대한 연구가 미진한 이유를 분석하였다. 기존의 연구들이 선교사들이 작성한 영문자료를 중심으로 연구하였고 한국인 자료들은 활용하지 못했음을 지적하고 보완할 필요가 있음을 지적하였다. 이로 인하여 그는 당시 한국 교계 신문과 일반신문 및 일본 자료들도 활용

---

25) Sophie Mongtgomery Crane, *A Legacy Remembered: A Century of Medical Missions*, Providence House Publishers, 1998(정병준 옮김, 『기억해야 할 유산: 미국남장로회 한국의료선교 역사』, 대한기독교서회, 2011). 정병준은 이 책에서 '한국 의료 부분(Part II)'을 1부 해방 전과 2부 해방 후로 구분하여 번역 재편집 출판하였다; 한규무, 「미국남장로교 한국선교부의 전남지역 의료선교, 1898-1940」, 『남도문화연구』 20호, 2011.6; 임희모, 「미국남장로교의료선교사 오긍선 연구: 1907-1937의 활동을 중심으로」, 『한국기독교신학논총』 118집, 2020.10, 363~402쪽; 임희모, 「미국남장로교 선교회의 간호선교사 활동연구(1905~1940)」, 『선교와 신학』 61집, 2023.가을, 287~315쪽.

하여 분석하였다. 한규무는 주로 한국인 출신 의사(신일용과 홍재유 등)들을 발굴 분석하였다는 점에 의미가 있다. 목포의 경우는 부족한 의료선교사의 공간을 한국인 의료진이 큰 기여를 했기 때문이다.26)

임희모는 남장로교 의사 오긍선연구(2020)와 남장로교 간호선교사에 대한 연구(2023)를 하였다. 첫 번째 논문은 남장로교가 최초로 키운 한국인 의사 오긍선의 의료활동을 일제 강점기로 제한하여 연구하면서 목포에서의 의료활동을 간단히 언급하였다.27) 두 번째 논문은 남장로교 간호선교사의 활동에 대한 연구이다. 목포의 의료선교 활동이 불안정하고 미비하긴 했지만 목포의 간호선교사 활동과 이동상황 및 특징을 간단히 정리함으로 인해 이 주제에 대한 이해를 새롭게 하는 데 기여하였다.

전국 차원의 비교로는 이만열의 연구가 있다.28) 이만열의 연구는 1884년에서 1945년까지 국내 기독교 의료선교의 역사와 실태를 전국적 차원에서 전수 조사하고 비판적으로 평가하였다는 데에 의미가 있다. 호남지역 기독교병원은 1917년까지 의료사업의 규모가 커지다가 1920년대 후반부를 전후하여 쇠퇴하게 된다. 세계 경제의 침체기를 가져온 미국의 대공항은 한국 호남선교부에 큰 영향을 주었다. 목포 진료소와 프렌치병원은 의사와 간호사의 부족으로 지속적으로 중단과 폐쇄(1900~1904/1914~1916/1919~1924)를 반복하다가 1930년대에 예산의 부족으로 위기에 있었다. 특히 순천의 안력산(알렉산더)병원은 남장로교 차원에서는 가장 큰 병원이었고 세브란스 다음으로 큰 병원이었으나 중단된 것은 매우 아쉬운 점이라고 이만열은 평가하였다.29) 해방 후 25년간(1945~1965)은 기독교 전통의 의료사업이 중단된

---

26) 한규무, 앞의 글, 454~457쪽.
27) 한인수도 연구 논문은 아니나 오긍선의 삶을 서술하면서 목포병원에서의 활동을 간단히 언급하였다. 『호남교회춘추』, 2001.5, 21~34쪽.
28) 이만열, 「기독교 선교 초기의 의료사업」, 『동방학지』 46~48호, 1985, 501~528쪽; 이만열, 『한국기독교의료사』, 아카넷, 2003.
29) 이만열, 위의 책, 2003; 690쪽.

점에 대한 연구가 필요함을 지적하였다.30)

선교정책에 관한 연구는 8개가 있다.31) 이만열, 류대영(2), 옥성득, 박성배, 이재근, 주명준 그리고 장신익의 연구가 있다. 이 중에서 미국 정부의 조선정책과 선교사의 입장을 비교하여 분석한 이만열과 류대영의 연구는 주목할 필요가 있다. 대부분의 연구는 선교정책 전반에 대한 연구이며 목포 선교부의 활동 방향과 관련한 선교정책에 대한 연구는 없다. 목포지역 선교활동에 대한 남장로교의 대응을 이해하기 위해서는 선교정책을 당시 미국정부의 외교정책의 방향과 관련하여 분석할 필요가 있다. 이미 앞에서 언급했듯이 남장로교 선교정책의 기본은 복음전도이고 의료선교와 교육선교는 복음전도를 위한 수단이었다고 밝혔다. 그러나 최영근의 연구에 의하면 이 당시 목포선교는 프레스톤의 의료선교 노력으로 성공적으로 성장하고 있었다.32) 그럼에도 목포지역에서의 의료선교는 지속적이지 못하고 결국에는 폐쇄하였다. 그리고 해방 후에는 전혀 납득할 수 없는 현상이 발생

---

30) 이만열, 위의 책, 893쪽.
31) 이만열, 「한말 구미제국의 대한 선교정책에 관한 연구」, 『동방학지』 69호, 1994, 1~59쪽; 류대영, 「한말 미국의 대한 정책과 선교사업」, 『한국기독교와 역사』 9호, 1998.9, 189~219쪽; 류대영, 『초기 미국선교사연구』, 한국기독교역사연구소, 2001; 옥성득, 「한국장로교의 초기 선교정책(1884~1903)」, 『한국기독교와 역사』 9호, 1998.9, 117~188쪽; 박성배, 「한국교회 초기 선교사들의 선교정책연구」, 연세대학교 석사학위논문, 1998; 이재근, 「고립에서 협력으로: 미국남장로교의 해외선교 정책변화, 1837~1940」, 『교회사학』 13, 2014; 주명준, 「천주교와 개신교의 전라도 선교 비교」, 『전주사학』, 6호, 1998; 장신익, 「초기 한국교회의 선교정책에 대한 고찰」, 서울신학대학교 석사학위논문, 1992.
32) 최영근, 「미국남장로교 선교사 페어맨 프레스톤의 전남지역선교에 관한 연구」, 『장신논단』 48권 1호, 2016, 85~113쪽. 이러한 현상은 순천과 군산 스테이션의 폐쇄 과정에서도 발생한다. 군산과 순천의 뛰어난 의료선교사(군산의 드루와 패트슨/순천의 알렉산더와 로저스)의 노력으로 복음전도 성과가 성장하고 있었으나 이와 관계없이 결국에는 폐쇄되는 과정을 겪었다. 1905년 미국 정부의 철수 이후 한국에 홀로 남겨진 선교부는 미국 경제의 불황과 선교 후원금의 감소로 호남에서의 선교 규모를 축소 내지 최소한으로 유지하는 과정을 취하다가 1940년대에 신사참배 거부 건으로 최종 완전 철수하는 결정을 내린다. 이만열은 1905년 전후에 미국정부의 한국에 대한 국가정책과 선교정책이 일치하는 단계에 이르게 과정을 자세하게 분석하였다(이만열, 앞의 글, 1994, 30~48쪽).

한다. 즉 복음전도와 의료선교는 중단 또는 폐쇄하고 고등교육기관인 대학을 호남이 아닌 대전에 설립하는 것에서 나타난다. 남장로교 선교사 가운데서 서의필 목사가 유일하게 남장로교 선교부가 해방 후까지 호남에 대학을 설립하지 않은 것을 비판적으로 지적하였다.33) 이에 대한 보다 심층적인 연구가 필요하다.

일반역사와 관련 있는 연구는 이가연과 이재근 그리고 한규무의 3.1운동 관련 연구 세 편이 있다.34) 이가연은 호남지역 세 기독교 여학교의 3.1운동 사례를 비교 연구하였다. 목포의 정명여학교, 광주의 수피아 여학교 그리고 전주의 기전여학교 사례를 비교 검토한 점이 새로운 면이다. 이재근의 논문은 목포지역 개신교의 3.1운동을 재구성하고 목포지부 남장로교 선교사의 간접적인 역할을 분석하였다. 한규무는 광주와 전남지역 기독교인들의 3.1운동 참여과정과 동향을 자세하게 분석하였다.

그러나 3.1운동 이전과 이후에 목포의 근대적 변동과정에서 교회와 선교사가 감당한 직접적 역할에 대한 구체적인 증언이 부족하다. 3.1운동 이전의 대표적인 사례로는 1898년 10월에 목포지역의 독립협회 지회 설치에 지역 기독교인들의 참여 사건이다.35) 서울의 독립협회와 주요 지회(특히 평양과 대구)가 대부분 기독교인이 주도하였기 때문에 목포의 경우도 이 가능성이 크다. 또 3.1운동 이후 일본의 식민통치 과정에 대한 목포의 교회와 기독교인들의 반응에 대한 연구가 필요하다.

건축 및 문화유산 관련 목포 단독 연구는 미비하다. 전문 건축학자는 아니나 남아현의 논문은 양동교회 설립과 건축 이외에 운영의 사회적 기능을

---

33) 김용복·서의남·서의필·서광선, 「좌담: 주한 미국 선교사 활동 100년을 평가한다」, 『기독교사상』 통권 284호, 1982.2, 71쪽.
34) 이재근, 「목포지역 3.1운동과 개신교: 목포양동교회, 정명학교, 영흥학교의 만세 시위참여를 중심으로」, 『한국기독교와 역사』 50호, 2019.3, 73~116쪽.
35) 신용하, 『독립협회연구』, 일조각, 1985, 107쪽; 한철호, 「독립협회지회와 독립신문지사, 열렬히 활약하다!」, 『대한제국기 지방사람들』, 어진이, 2006, 17쪽.

분석하였다는 점이 새롭다.36) 전남지역을 포괄하는 건축 전문가의 연구로는 3개가 있다.37) 우승완과 남호현의 연구(2024), 우승완의 전남지역 선교기지 구축과 건축 활동연구(2020) 그리고 우승완과 천득염의 남장로교 목포와 순천지역 선교기지 고찰(2018)이 그것이다. 이들의 남장로교 선교기지 연구는 건축학자들이 참여한 공동연구라는 점에서 의미가 있다. 특히 우승완의 연구는 건축공학 분야 전문가로서 선교지 건축에 대한 전문적 분석을 하였다. 그의 연구의 장점은 단순히 남선교부 선교기지 건축의 기술적 차원뿐만 아니라 이에 참여한 선교사들의 전문적 활동을 자세히 조사하여 분석하였다는 점이다. 기독교 문화유산의 관점에서 목포의 남장로교 건축 유산을 검토한 연구는 김정훈(2005)과 송현강(2008)의 연구 두 편이 있다.38) 이 두 연구는 호남지역 기독교 문화유산 현황분석을 하면서 목포의 사례를 간단히 언급하였으나 새로운 점은 없다.

지리적 연구로는 송현숙의 두 연구(2003, 2011)가 있다.39) 송현숙은 한국 개신교의 전개과정(1893~1940)에 관한 지리적 고찰을 호남지방 사례로 진행하였고 이를 발전시켜 고려대학교 대학원 박사학위논문(2011)으로 제출하였다. 이 연구에서 남장로교의 지역적 확산을 다루면서 목포는 '목포 서남해안 지역'으로 분류하여 선교지 답사와 선교기지 구축과 선교활동을 분

---

36) 남아현, 「목포개항 후 양동교회의 설립과 운영」, 『전남문화』 통권 33호, 2020, 65~104쪽.
37) 우승완·남호현, 「미국남장로회의 토지매입과 선교부 건설」, 『전남동부 기독교문화유산과 지역사회』, 선인, 2024; 우승완, 『전남지역 선교기지 구축과 건축활동: 윌슨과 스와인하트를 중심으로』, 선인, 2020; 우승완·천득염, 「남장로교 목포, 순천지역 선교기지(Mission Station)건축에 관한 고찰」, 『호남문화연구』 제63집, 2018; 서만철 엮음, 『전라남도 기독교 선교역사와 유산』, 전라남도 한국선교유적연구회, 2018.
38) 김정훈, 「광주 전남권역 기독교 문화유산 현황 및 답사를 위한 연구」, 『한국기독교와 역사』 23호, 2005.9; 송현강, 「충청 전라지역 기독교 문화유산의 현황과 과제」, 『한국기독교와 역사』 29호, 2008.9.
39) 송현숙, 「호남지방 기독교선교기지 형성과 확산에 관한 연구」, 『한국기독교와 역사』 19호, 2003.8; 송현숙, 「호남지방 미국남장로교의 확산, 1892-1942」, 고려대 대학원 박사학위논문, 2011.

석하였다. 확산의 시공간적 특성을 정착기(1892~1904), 확산기(1905~1927), 정체기(1928~1942)로 나눈 것은 적절하다. 확산의 장벽으로 지리적, 사상적, 제도적 장벽만 다룬 것(167~175쪽)은 미흡한 점이 있다. 선교정책의 한계에서 볼 수 있을 것 같다. 그러나 확산의 기본요소로 선교사, 네트워크, 교회설립 세 가지 요소의 상호작용으로만 한정한 것(19쪽)은 충분하지 않다고 보여진다. 확산의 내적 요인과 지정학적 요인에 대한 분석을 보완할 필요가 있다.

3. 주요 연구자와 연구기관별 연구 현황과 특징

1) 주요 연구자

목포선교부 관련 주요 연구자로는 김수진, 장신택, 주명준, 송현강, 이재근, 남아현, 김준태이다. 이 중 김수진과 주명준은 선구자이다. 송현강은 남장로교 선교를 가장 집중적으로 연구하는 전문가이다. 이재근은 부수적인 교단신학교에 재직하면서도 폭넓은 시야와 연구역량을 지닌 중진 연구자이다. 남아현은 참신한 문제의식을 지닌 신진연구자이다. 목포와 호남을 포괄하는 주요 연구자로는 김용복, 이만열, 임희모, 류대영, 한인수, 차종순, 강성호이다. 김용복, 이만열, 류대영이 초기 선교역사를 거시적 시각에서 비판적 관점을 제시하였다면 차종순과 한인수는 목포와 호남교회사를 주요 인물 중심으로 정리하였다. 2000년대 이후 주목되는 연구자로는 류대영과 강성호이다. 두 사람은 평신도 사학자라는 공통점이 있다. 류대영은 탈식민주의 시각으로 초기 미국 선교사를 분석하면서 한국교회사 통사를 조명하였다. 이와 달리 강성호는 평신도 일반사학자로서 지역의 관점에서 특히 동부권개신교를 중심으로 호남권 개신교 연구를 확대 심화하는 학술마당을 구축하는 데 매우 독보적인 역할을 하고 있다. 임희모는 자문화중심주의라는 분석 틀로 남장로교의 호남 선교활동을 분석하고 있다.

남장로교의 호남선교 백년사를 민족교회의 관점과 사회학적 관점에서 제일 먼저 접근한 이는 김용복이다. 김용복은 이미 1980년도에 한국교회 100년 종합조사를 진행하였고 1982년에 연구결과를 출판하였었다.[40] 또 1982년에는 기독교선교 100주년을 기념하여 월간지 『기독교사상』이 미국 선교사의 선교 활동을 평가하는 좌담을 주관하였다.[41] 10년 후 그는 1992년에 개최된 남장로교 호남선교 백년사 기념학술대회의 기조 발제에서 '호남 기독교의 역사적, 사회적 성격'에 대한 논문을 발표하였다.[42] 그는 이 논문에서 남장로교의 호남 지역 5개 선교지역을 간략히 다루었다. 이 논문 이전의 연구들은 대부분 선교사의 관점과 기록을 중심으로 호남 선교사를 다루었다. 이 논문의 새로운 점은 선교사의 관점보다는 민족과 민중의 관점에서 호남기독교 백년의 역사적 의미와 사회적 성격을 분석하였다는 점에 있다.

이후 이만열이 중심이 되어 1982년 9월에 창립한 한국기독교사연구회와 이의 후속 기구인 한국기독교역사연구소가 사단법인으로 등록된 1995년과 한국기독교역사학회가 창립한 1997년 10월부터 민족사의 관점을 접목하여 한국기독교사 연구를 심화 확대하고 있다.

2) 주요 연구기관

개인 연구자도 중요하지만 이들을 지원하고 지속적인 연구공동체를 형성하는 연구기관도 중요하다. 이들의 연구를 지원하는 대표적인 주요 연구기관으로는 한국기독교역사연구소, 한남대학교 인돈학술원, 한일장신대학

---

40) 한국기독교사회문제연구원 편, 『한국교회 100년 종합조사연구 보고서』, 한국기독교사회문제연구원, 1982.
41) 김용복·서의남·서의필·서광선, 앞의 글, 59~77쪽.
42) 김용복, 「호남기독교의 역사적 사회적 성격」, 『미국남장로교한국선교100주년기념대회 보고서』, 대한예수교장로회총회, 한국장로교출판사, 1993, 119~135쪽.

교의 서서평연구회와 기독교종합연구원, 국립순천대학교의 인문학술원을 들 수 있다.43) 그러나 앞에서 언급한 한국기독교사회문제연구원과 한국 YMCA의 '청년마당'역할도 간략히 살펴볼 필요가 있다. 전자는 1979년에 김용복 박사를 중심으로 설립된 한국교회 최초로 사회과학적 방법을 도입한 연구기관으로써 한국교회 선교 100년의 성과를 제일 먼저 학문적으로 분석하였으며 연구결과를 1982년에 '한국교회100년종합연구조사'라는 보고서를 출간하였다. 후자는 1920년대 YMCA기관지 '청년'의 후속 잡지이다. '청년마당'은 1980년대 당시 기존 제도권 대학(기독교와 신학대학)의 교내 학술지가 하지 못하는 기독청년학생 운동의 대안적 담론을 생산하고 확산하는 역할을 하였다. 이 잡지는 호남 지역을 포함한 1990년대 차세대 기독교학자들을 형성하는 데 기여하였다. 이외에도 학술적인 논문집은 아니나 남장로교 선교사와 호남 지역목회자가 발간한 '복된말씀'과 '호남교회춘추'가 있다. 목포와 호남교회사 연구를 위한 1차 자료를 발굴 제공하는 귀중한 역할을 하였다.

남장로교에 대한 실제적인 학문적 연구는 지역의 기독교종합대학이나 교단신학교가 아니라 한국기독교역사연구소가 제일 먼저 시작하였다. 한국기독교역사연구소는 1982년 창립 이후 꾸준히 한국기독교의 역사를 실증적이고 비판적 관점에서 연구를 지원해 왔다. 전국 차원과 여러 교단의 역사뿐만 아니라 호남 지역 남장로교의 역사와 선교 문제에 대한 연구도 빠지지 않고 있다. 이 연구소의 장점은 학문성과 비판성을 겸비한 기독교학문 연구공동체를 형성하여 지속적으로 연구활동을 지속하고 있다는 점이다. 연구소 활동 40년 동안 호남지역 관련해서는 총 28편의 연구 논문이 발표되었으며 이 중에 목포선교부 관련 논문은 6편이다.44)

---

43) 광주의 호남신학대학은 차종순 교수가 남장로교 선교사의 활동에 대한 연구를 대학 교지인 『신학이해』에 지속적으로 발표하고 있다.
44) 동 연구소와 학회에서 호남지역을 다룬 경우는 1993년 2월 6일 주명준의 '미남장로교

한남대학교 인돈학술원은 2008년부터 남장로교 선교사들의 업적과 선교사 전기의 연구를 지원하고 있다. 전남을 포함한 목포 관련 연구는 4권이 있다.45)

한일장신대의 경우는 지난 2014년에 임희모 교수가 설립한 서서평연구회를 중심으로 남장로교의 평신도 간호선교사 서서평 연구를 지난 10년간 꾸준히 진행해 오고 있다. 2019년에는 한일장신대 기독교종합연구원이 3.1운동 백주년 기념 학술대회 주제로 호남지역 기독교의 역할을 주요 지역(군산, 전주, 광주, 순천)과 주제별로 다루었다.46) 호남교회의 협동조합운동 주제를 다루면서 목포 사례는 언급하였으나 깊이 있는 연구는 없었다. 이 외의 목포 관련 연구는 임희모가 목포에서의 의료선교 활동한 오긍선 연구에서 일부 다루었다.47)

그러나 가장 놀랍고 새로운 것은 국립순천대의 인문학술원이다. 순천대 인문학술원의 경우는 신학대학이나 기독교 사학이 아닌 국립대학임에도 불

선교사들의 전북지역 선교활동'에 대한 연구발표가 최초이다. 이후 2022년까지 목포와 호남지역 대상으로 한 대표적인 연구로는 총 25편이 있으며 세부내용은 다음의 부록의 목차를 참고할 수 있다. 동 연구소의 학술지『한국기독교와 역사』2022년 9월의 57호에 1~56호(1982~2022)의 총 목차가 부록으로 첨부되어 있다. 김승태,『한국기독교역사연구소 30년, 1982~2012』, 한국기독교역사연구소, 2012.

45) 한남대학교 인돈학술원은 2024년 기준 총 8권의 책을 기획 출판하였다. 이 중 목포스테이션과 조금이라도 관련 있는 책은 다음 4권이다. 한남대학교 교목실 엮음,『미국남장로교 선교사 열전』, 동연, 2016; 조지 톰슨 브라운의 앞의 책, 2010; 한남대학교 인돈학술원 편,『미국남장로회 교육 선교연구』(2022)가 있다. 김남순·이기석, 앞의 책, 2023.
46) 한일장신대학교 기독교종합연구원『3.1운동백주년 기념 2019년도 춘계학술대회 자료집』. 한일장신대는 1993년에 기독교종합연구원을 설립하여 교수들의 학제간 공동연구 활동을 지속적으로 장려하였으며 이 결과 지방의 신학대학 중에서는 유일하게 교내 학술지를 한국연구재단의 등재 학술지로 발전시켰다. 대표적인 공동연구로는 '제3세계 선교와 지역학의 학제간 연구', '탈식민주의의 학제간 연구', '지구화 시대 제3세계 현실과 문학, 종교(신학), 사회', '기독교와 NGO복지', '아시아 소수민족과 해외 디아스포라 한인', '한국시민사회와 교회의 역할', '사회적 협동조합과 한국교회의 역할', '생명운동과 한국기독교의 과제', '세계교회협의회의 부산총회 개최와 한국교회의 과제', '3.1운동과 호남기독교의 역할' 등이 있다.
47) 임희모, 앞의 책, 2020.

구하고 2017년 이후 남장로교의 호남지역 선교활동 연구를 폭넓게 진행하고 있다는 점이다. 2017년에서 2024년의 7년이란 짧은 활동 기간 동안 매년 상반기와 하반기 두 번의 학술대회를 개최하고 약 40편의 논문을 발표하였다. 또 그 결과물을 4권의 단행본으로 발간하였다.[48] 이 연구를 진행하기 위해 인문학술원이 한국연구재단이 지원하는 대학중점연구소에 선정되는 것은 무엇보다 강성호 교수의 뛰어난 개인의 연구역량에 기인한다. 강성호 교수의 활동은 특별히 국내의 기독교 대학과 신학대학 교수들에도 귀감이 되는 사례이다. 요즘처럼 이기적인 시대에 연구자가 지닌 개인의 뛰어난 연구역량을 자신의 이익을 위해서만 사용하지 않고 소속대학과 지역공동체(지역사회와 교회 등)의 발전을 위해 헌신하는 자세를 갖는 것은 쉬운 일이 아니다. 공동연구의 경우 연구책임자는 별도의 개인적 혜택은 없고 책임만 있다. 따라서 역량있는 연구자들은 여러 가지 이유로 실속있는 개인연구를 선호하는 것이 현실이기 때문이다.

　요약하면, 앞의 <표 8>에서 보았듯이 2000년 이후에 목포와 호남 지역 연구가 많이 이루어졌다. 이것은 이러한 연구를 지원하는 주요 연구기관이 존재하였기 때문에 가능하였다고 볼 수 있다. 그러나 연구의 특징은 각 기관에 따라 다르게 나타난다. 한국기독교역사연구소의 연구들이 좀 더 비판적이고 학문적 성격을 분명히 지니고 있다면 한남대의 인돈학술원의 경우는 설립자와 남장로교 선교사의 선교 활동과 전기 연구에 집중하고 있다. 이러한 경향은 한일장신대의 서서평연구회의 연구 활동에서도 발견된다.

---

[48] 제1권은 『전남 동부 기독교선교와 한국사회』(2019), 제2권은 『전남 동부지역 기독교 인물과 선교활동』(2021), 제3권은 『전남 동부지역 기독교기관과 지역사회』(2021), 제4권은 『전남 동부 기독교 문화유산과 지역사회』(2024)를 출간하였다. 이 중에서 목포선교부와 관련 있는 총서는 제1권과 2권 그리고 4권이다. 1권에서는 강성호의 연구 현황 논문과 김용철의 한국전통사회와 기독교 선교 관련 논문이 있고 2권에는 우승완의 선교기지 건축 관련 논문이 있다. 4권에는 우승완과 남호현의 선교기지 건축과 토지구입 관련 논문이 있다.

이러한 연구 방향은 연구의 초기 단계에서 오는 피할 수 없는 과정이지만 10년을 맞는 연구의 새로운 단계에서는 설립자의 공헌뿐만 아니라 문제와 한계를 극복하는 새로운 연구의 모습이 필요하다. 한남대와 한일장신대는 교단신학교와 기독교 대학이라는 한계에서 벗어나기 어려운 점이 있다고 보여진다. 이와 달리 한국기독교역사연구소와 순천대학교의 인문학술원의 경우는 기독교 교단신학교가 아니고 특정 종교 교단에서 독립된 학회라는 점과 국립대학이라는 점에서 보다 자유롭고 비판적인 분위기에서 목포와 호남지역에서의 남장로교 선교활동의 연구에 객관적으로 접근할 수 있을 것이다.

IV. 결론 : 성과와 과제

지금까지 목포선교부(스테이션)에 대한 연구 현황과 특징을 살펴보았다. 이제 이들 연구들이 이룬 성과와 남은 연구과제를 검토하고 마지막으로 세계문화유산 등재를 위한 의견을 제시하는 순서로 이 글을 마무리한다.

1. 성과

이 연구에서 검토한 연구자들의 기여도는 크게 두 가지이다. 하나는 목포지역 선교부에서 활동한 선교사들의 숨은 노력들을 소개하였다는 점이다. 목포를 거쳐간 선교사 60여 명 중 13명 정도가 발굴 조명 되었다(<표 10> 참고).[49] 이를 통해 한국교회와 사회의 근대적 발전(근대교육과 근대

---

49) 그들은 배유지, 이눌스, 마로덕, 오웬, 변요한, 하위렴, 놀란, 맹현리, 서서평, 고인애, 서의필, 조하파, 포사이드 선교사이다. 이 중 목포에만 있었던 선교사는 맹현리와 조하파이다. 그러나 사실상 목포에만 거주하고 활동한 선교사는 없다고 볼 수 있다. 대부분

병원)을 위해 땀과 눈물을 흘린 초기 선교사들의 업적을 다시 한번 되새길 수 있다는 점이 이들이 이룬 연구 성과이다. 다른 하나는 연구자들의 활발한 연구를 가능하게 한 다양한 연구기관의 출현과 전문학술지를 출간하였다는 점이다(<표 11> 참고). 다만 대부분 호남 또는 전국을 포괄하는 연구 차원이고 목포지역 개신교만을 전문적으로 다루는 학술지가 아직 없다는 점은 아쉬운 점이다.

<표 10> 1898~1982 기간 동안 목포를 거쳐 갔거나 주재한 선교사 현황

	1989~1904(10명)	1905~1920(19명)	1920~1940(21명)	1946~1982(10명)
복음 전도 (30명)	배유지 (Rev.E.Bell) 배부인 (Mrs.E.Bell) 이눌스 (W.Reynolds) 마로덕 (L.McCutchen) 구애라 (W.A.Venable)	하위렴(W.Harrison), 하부인(Mrs.Harrison) 크레인(Crane), 구보라(Mrs.Crane) 맹현리(McCalle), 맹부인(Mrs.McCalle), 하부인(Mrs.Harding), 유서백(J.S.N.Nisbet), 남대리(Newland), 남부인(Mrs.Newland), 힐(P.B. Hill), 마율리(Miss.Martin), 조하파(Rev. Hopper), 휴게스(Hughes) 멀피(Murphy), 멀피부인(Mrs.Murphy) 뉴먼(Miss. Newman), 김아렬(R.Cumming), 김부인(Mrs. Cumming)		명애다(Miss Marietta) 조하파(Rev.J.Hopper) 조부인(Mrs. J.Hopper) 김부인(Mrs. D.J. Cumming) 맹부인(McCalle) 등
의료 선교 (19명)	오웬 (Dr.C.Owen) 오부인 (Mrs.Owen) 변요한 (J.F.Preston) 변부인	포사이드(Forsythe), 보부인(Mrs. Forsythe) 놀란(J.W.Nolan), 벤에블(Mrs. Venable) 하딩(C. Harding), 라두리(Mrs. Lathrop) 버드맨(F.Birdman), 리딩행(Leadingham) 마부인(Miss.Matthew), 허우선(Miss.Hewson) 배마리아(Miss.Bain), 길마(W.P.Gilmer) 하리시(Dr.Hollister), 하부인(Mrs.Hollister)		이부인 (Mrs. Leadingham) 고부인 (Mrs.Codington)
교육 선교 (10명)	Miss.F.E. Straeffer (서부인)	유부인(J.S.N.Nisbet), 명애다(Martin) 탈메이지(Talmage), 유화례(Root) 노라복(Rev.R.Knox), 조마구례(Miss M, Hopper), *서서평(1912-1925)		조마구례, 라빈선, 서의필 (J.N.Somerville) *고인애(1954-58)

*출처: 브라운, 앞의 책(1962, 239~244쪽); 김수진, 앞의 책(1992, 545~591; 1997, 158~160쪽).

은 한곳을 거점으로 하고 여러 지역으로 다니면서 선교 활동을 하였기 때문이다. 맹현리와 조하파 선교사의 경우도 목포를 거점으로 하고 인근 도서지방 또는 인근 전남지역을 다니며 전도 활동을 하였다.

〈표11〉 목포-호남 남장로교선교를 연구하는 다양한 전문학술지의 출간(지역학술지의 성장)

시대	50-60년대	70년대	80년대	90년대	2000년대
학술지	기독교사상 (1957, 대한기독교서회) 복된말씀 (1953.5)	신학사상 (1973, 한국신학연구소) 복된말씀	한국기독교사연구 (1985.4, 한국기독교역사연구회) 청년마당 (1988.5, 한국청년YMCA)	한국기독교와 역사(1991, 학회) 신학이해 (1983, 호남신학대) 신학과 사회 (1983, 한일장신대) 호남춘추 (1994.5)	장신논단, 선교신학(장신대) 선교와 신학(선교신학회), 광신논단(광신대) 기독교문화연구(한남대), 종교연구(한국종교학회) 남도문화연구(국립순천대), 호남문화연구(국립전남대) 역사학연구(호남사학회) 한국기독교신학논총 (한국기독교학회) 한국교회역사복원논총(학회) 한국교회사학회지(학회)

아직도 알려지지 않은 많은 선교사들의 업적을 발굴하고 알리는 연구 활동은 앞으로도 필요할 것이다. 그러나 이미 조웅(1994)과 류대영(2001; 2004)이 오래전에 심층적으로 분석하였지만 선교사들의 신학과 삶은 긍정적인 점만 있는 것은 아니다. 즉 이들이 남긴 유산의 긍정적인 점과 부정적인 점을 동시에 분석할 필요가 있다. 여기서는 목포선교부 연구와 관련하여 아래의 여섯 가지를 제기한다.

첫째 교회사 또는 선교역사 연구자들이 연구의 1차 자료인 선교사가 남긴 자료들을 무비판적으로 그대로 사용하고 있다는 점이다. 선교사들은 공식적인 보고서나 회의록 이외에도 일기, 편지, 언론 기고 등 많은 다양한 기록들을 남겼다. 이런 일은 선교사가 해야 할 의무 중의 하나였다고 류대영은 지적하였다.[50] 따라서 이런 사실은 염두에 두고 이러한 자료들을 분석하고 사용해야 한다. 지금까지는 이런 사료들을 사실 여부를 확인하거나 분석함이 없이 그대로 번역하여 사용하는 수준에 있다. 가령 목포의 선교사 부인인 애너벨 메이저 니스벳의 보고서(1919)와 조지 톰슨 브라운의 저

---

50) 류대영, 앞의 책, 2001, 207~208쪽.

작(1962) 원본에는 한국 역사와 한국문화 및 한국인에 대한 많은 오류와 편견이 있다. 몇 가지만 지적하면 다음과 같다. 니스벳의 경우는 동학운동과 최중진 목사 그리고 한의학에 대한 편견이다.[51] 브라운의 경우는 1962년 초판에 첨부한 한국 지도에서 동해를 일본해로 표기하였다. 1984년 개정판에서는 동해를 표기하지 않고 동해를 삭제하고 그냥 바다로만 표기하였다.[52] 또 호프(Joe B, Hopper) 선교사의 부인이 1999년에 출판한 회고록에는 서해와 동해 및 독도와 울릉도 표기는 아예 생략하였다. 그러나 문제는 한글 번역판에서 나타난다. 한국 번역자들은 이러한 문제를 교정하지 않고 지도를 아예 삭제하여 출판하였다. 앞으로 개선해야 할 과제들이다. 이와 달리 니스벳의 편견에 대해서는 이후 한국의 교회사가와 지역 토박이 평신도들이 좀 더 객관적인 연구를 통해 정당한 평가를 하고 있다.[53]

---

[51] 다행히 해방 후 한국에 온 소피 몽고메리는 전문적인 의료선교사 부인으로서 아시아 한의학에 대한 보다 과학적이고 긍정적 해석을 제시하고 있다. Sophie Montgomery Crane, 앞의 책, 50~51쪽.

[52] George Thompson Brown, Mission to Korea, Board of World Missions, Presbyterian Church, USA, 1962, 254쪽 첨부 지도; Mission to Korea, Presbyterian Church of Korea, Dept of Education, 1984. 첨부 지도; Dorothy Longenecker Hopper, Mission to Korea, thirty-eight years below the thirty-eighth, A Memoir by Joe B. Hopper, Tennessee: Providence House Publishers, 1999, 속표지의 한국 지도. 브라운 조지 톰슨 선교사가 저술한 호남선교역사서(톰슨, 1962)의 오류에 대한 지적없이 그대로 번역한다는 점이다. 톰슨이 조선 지도의 사용에 있어서 동해에 대한 일본 정부 입장을 그대로 반영하고 있으나 번역자들은 이에 대한 지적이 없이 독도지도를 삭제함으로써 번역하고 있다(천사무엘·김균태·오승재 옮김, 앞의 책, 2010).

[53] 김수진, 앞의 책, 1992, 80~91쪽; 차종순, 「순천지방 최초목사: 정태인 목사의 삶과 목회」, 『전남동부지역 기독교 인물과 선교활동』, 선인, 2021, 153~192쪽; 이재근, 「호남 첫 목사 최중진 다면적 생애와 활동」, 『한국기독교와 역사』, 2024, 3. 그동안 선교사의 엄격한 통제에 훈련된 호남지역 목회자들이 조심스러운 입장을 취했다면 지역의 평신도들은 보다 진취적인 입장을 표현하고 있다. 2023년에는 전북의 매개지역 근처의 평신도들이 교회 역사를 출판하면서 기존의 선교사 입장보다는 최중진의 입장에서 교회사를 서술하였다. 대수교회 역사발간위원회, 『대수교회120년사』, 대한예수교장로회 대수교회, 2023, 139~153쪽. 선교사의 입장이나 전통적인 한국 교회사가의 입장이 아니라 지역 토박이 평신도 장로가 주도하여 개교회사를 서술한 것은 아마도 이 책이 처음일 것이다. 그것도 선교사에 비판적인 진보적인 개신교회가 아니라 보수적인 예장 합동교회의 평

둘째, 목포선교부에 대한 연구는 최근에 이루어지고 있고 대부분 긍정적 서술에 그치고 있다. 즉 선교사 개인에 대한 현상적이고 긍정적 기술에 그치고 있다. 특히 목포 지역교회와 지역사회의 관점에서 목포선교부의 활동을 분석한 연구가 매우 부족하다. 타 지역 선교부와의 비교분석 연구는 전무하다. 복음전도의 경우 해방 후 국내 교단분열에 남장로교 선교부의 역할에 대한 연구가 미흡하다. 교단분열은 복음전도의 성과에 대한 결과이기도 하다. 네비우스선교 정책인 자조는 강조했지만 자립을 위한 고급 인재 양성에는 미흡했다. 가령 목포 출신의 위대한 목회자와 신학자인 박연세 목사와 서남동 목사의 관계를 조명할 필요가 있다. 또 1952~53년의 교단분열 시 목포와 전북(호남)에서 선교사로부터의 독립 경향이 강한 기독교장로회로 참여한 교회가 많은 배경과 원인에 대한 새로운 연구도 필요하다.[54]

셋째, 의료와 고등교육선교와 관련하여 아쉬운 점이 많다. 최근 의대 증원과 관련하여 목포와 순천 간의 국립의대(대학병원) 유치를 위한 경쟁사태를 지켜보면 더욱 안타까운 점이 많다. 왜 남장로교 선교부는 북장로교

신도가 편찬한 책은 이 책이 최초일 것이다. 여수 순천 사건의 경우에도 과장된 순교론 또는 우상화를 거부하는 지역 토박이 평신도인 장로가 중요한 지역 교회사를 발간하였다. 최경필, 『완전한 순교, 전남동부 개신교 전래사, 1894~1960』, 도서출판 아세아기획, 2023, 168~251쪽. 구체적인 자료 근거가 부족한 부분도 있으나 이 책의 또 다른 기여점은 선교사들과 기존 교회 목사들에 의해 정당하게 평가받지 못한 정태인 목사의 업적을 발굴하여 재평가하였다는 점이다. 당시 정태인 목사는 민족독립 운동에 참여하였으나 여러 가지 이유로 선교사들에 의해 외면당하였다(최경필, 앞의 책, 35~43쪽). 한국교회는 이제부터라도 작은 시골교회 가운데 독립운동에 헌신했지만 잊혀진 목사와 평신도(장로, 영수, 조사, 권사, 집사 등)들의 활동을 발굴하고 기록할 필요가 있다. 또 한국전쟁 당시 호남지역(김제) 기독교인의 순교 현상을 단순히 기독교 종교 탄압이 아니라 전문 교회사학자의 관점에서 정치 사회적인 다양한 요인으로 분석한 연구도 이 분야의 뛰어난 연구로 참고할 필요가 있다(이재근, 「교회로 간 한국전쟁, 전북 김제지역 개신교」, 『한국기독교와 역사』 54호, 2021.3, 195~232쪽.

54) 영남지역의 경우는 호남의 경우와 다르게 교단분열 시 기독교장로회로 옮긴 지역교회가 매우 적었다. 그 이유가 무엇인지 북장로교선교부와 남장로교 선교부의 정책 차이 또는 어떤 요인이 지역교회와의 관계에 영향을 주었는지 추후 연구할 주제이다.

가 대구 경북에 의대가 있는 기독교종합대학(계명대)과 병원(동산병원)을 재건한 것처럼 호남에 의대와 종합병원이 있는 기독교종합대학을 설립하지 않았을까 하는 점이다.

또 다른 의문은 왜 고등교육기관인 대학을 남장로교 선교의 핵심지역이었던 호남이 아니고 충청권에 설립하였을까 하는 점이다. 사실상 남장로교 선교부의 대전 대학 설립안에 대한 호남인의 실망감은 그 후 광주와 전주에서 독자적인 기독교사립대학 설립으로 나타났다.[55] 많은 연구에도 불구에도 불구하고 아직도 이에 대한 연구가 부족한 것은 아쉬운 점이다. 복음 전도를 선교의 본질로 간주하고 의료와 교육사업은 수단으로 간주하던 시기에 남장로회 선교부는 복음 전도와 병원 의료선교는 중단 또는 축소하거나 한국교회에 위임하고 고등교육사업인 대학설립에 전념하였다. 놀라운 정책의 변화이다. 복음과 교육 및 의료의 삼위일체 통합적 선교정책을 추진하던 방향이 갑자기 고등교육정책만 선택하게 된 이유와 과정에 대한 보다 정밀한 연구가 필요하다.

넷째, 지역사회와의 관련에 대한 연구가 미비하다. 한규무(1998)와 이가연(2019) 그리고 이재근(2019)의 연구 세 편뿐이다. 목포교회와 기독교 학교가 3.1만세운동에 미친 영향 연구가 유일하다. 3.1만세 운동 이외의 주제인 독립협회 목포지회 운동 사례와 일제하 호남지역 기독교농민운동 또는 기독교협동조합운동과 기독청년운동의 성과에 대한 지역사 차원의 연구가 필요하다.

다섯째, 근대정신의 하나인 여성 인권의 증진과 관련하여 기여한 점의 평가의 과장성이다. 정명여학교와 YWCA의 설립은 목포와 전남지역 여성의 권리증진에 기여했다.[56] 그러나 교회 내 여성의 실질적인 평등권 향상

---

[55] 1948년에 조선대학교 설립과 1953년에 전주의 영생대학(1978년의 전주대학 전신)의 설립이 대표적이다. 이후에도 1954 광주신학교(1996년의 광신대학 전신)와 전남과학대(남부대학교 전신)이 있다.

에는 미흡했다. 신앙심 깊은 가난한 여성은 전도부인으로 활용하는 것으로 오랫동안 만족했다. 여성안수는 거의 100년이 지난 후에야 허용되었으며 아직도 보수 교단인 합동 측 교회에서는 허용되지 않고 있다. 밖으로는 여성평등을 설교했지만 안으로는 여성 불평등을 100년 이상 지속하고 있다.

마지막으로 목포선교부 내 건축과 관련하여 기념비적인 건축 유산이 부족한 것은 아쉬운 점이다. 현재 남아 있는 것은 정명여학교와 목포양동교회 건물뿐이다. 세계문화유산 등재와 관련하여 가능성이 있는 유형 유산으로는 교회와 병원 및 학교 건축물이다. 무형유산으로는 이와 관련된 기록물이 될 수 있다. 따라서 이 분야를 지속적으로 발굴 개발하는 것이 필요하다. 이 점에서 우승완의 남장로교 호남 선교부의 목포와 전남지역 선교기지 건축 관련 연구는 얼마 남지 않은 유형 유산의 보존을 위해 매우 중요한 기여를 하고 있다.

2. 추후 연구과제와 세계 문화유산 등재를 위한 제언

이제 추후 연구과제로 제기하고 싶은 문제와 문화유산 등재를 위한 의견을 제안하면서 이 글을 마무리하려 한다.

첫째, 목포선교부 수립과 선교 활동 당시 국제 정치 상황과의 관계의 심층적인 연구가 필요하다. 선교 배경으로서 한국전통 종교와 유교의 상황을 언급(김용철, 2019)은 하고 있으나 깊이 있는 연구는 미흡하다. 대부분의 개신교 역사학자들은 남장로교 선교부가 나주 선교부를 계획했다가 포기하고 목포로 방향을 바꾼 이유로 나주 지역 양반들의 강력한 반발을 고려했

---

56) 전국의 개신교 전도부인과 기독여학교는 한국 여성들이 전통적인 여성관에서 자각하여 여성의 권리와 사회적 문제 및 독립운동 등에 참여하는 데 기여하였다. 다음을 참조할 수 있다. 류대영, 「해방이전 한국개신교여성에 관한 연구: 현황과 과제」, 『한국기독교역사의 재검토』, 한국기독교역사연구소, 2019; 윤정란, 『한국기독교 여성운동의 역사』, 국학자료원, 2003; 임희모, 앞의 글, 2023 참조.

다는 조지 톰슨 브라운의 설명57)을 그대로 사용하였다. 그러나 전주와 순천의 경우 외국종교에 대한 왕실 또는 지역의 유교를 중시한 지배층인 토착 향리층의 강한 반대가 강했음에도 불구하고 전주와 순천선교부를 설치하였다. 그런데 동일한 이유로 나주는 포기하고 목포를 선택했다는 것은 납득하기 어려운 설명이다. 당시 1896년 을미사변으로 수립된 친일내각을 피해 고종의 러시아 대사관 망명(소위 아관파천 사건) 이후 러시아는 러일전쟁 전까지 조선 정부에 영향력을 지니고 있었다. 따라서 러시아가 목포-시베리아 연계철도에 관심을 표명하였고 미국은 이에 대한 정보가 필요하였다는 것이 정치외교학계의 분석이다.58) 1905년 5월 러시아가 일본에 패

---

57) George Thompson Brown, 앞의 책, 75쪽.
58) 차종순(1986)과 주명준(1999)도 이 점을 1896년 3월 자 유진벨의 편지를 인용하면서 서울-목포 철도부설에 대한 선교사들의 목포에 대한 관심을 지적하였다(Annual Report, "Gibraltar of Korea, Mokpo", 1896, 3.20, 5~7쪽). '목포, 한국의 지브롤터'라는 편지는 미국 선교사들이 목포의 지정학적 중요성을 알고 있었다는 것을 의미한다. 당시 언더우드가 국내에서 발간하고 있던 영문소식지『그리스도신문』은 지브롤디와 국세정세에 대한 소식을 지속적으로 전하고 있다(『그리스도신문』, 1898.1.7; 유영렬·윤정란, 『19세기말 서양선교사와 한국사회』, 경인문화사, 2004). 지브롤터는 이베리아 반도 끝에 있는 스페인의 영토로 지브롤터 해협은 대서양과 지중해, 유럽과 아프리카를 연결하는 길목에 있는 지정학적 중요성이 큰 곳이다. 1704년 영국이 무력으로 점령하여 현재까지 영국령 식민지로 남아있는 스페인의 민족적 굴욕의 상징이다. 당시 전 세계의 바다를 다니면서 경유한 무인도에 영국 깃발을 내리고 다니던 영국은 남미의 아르헨티나 무인도 섬인 말비나스(영어로 포크랜드 제도)도 1883년에 불법으로 점령하였다. 100년 후 1982년에 아르헨티나 정부는 무력으로 재탈환하려 했으나 미국의 도움을 받은 영국이 소위 '말비나스(영국은 포클랜드라 부름. 한국의 독도- 일본 다케시마 사례와 비슷함)' 전쟁에서 승리하고 지금까지 지배하고 있다. 영국은 이런 방식으로 한국의 섬도 점령한 적이 있다. 러시아의 남하를 막기 위해 영국 해군은 1885년에 거문도를 2년간 점령하였다. 거문도를 '포트해밀턴'(Port Hamilton)이라고 불렀고 영군해군이 최고 800명, 군함 5~6척이 주둔하였다. 이후 영국은 거문도를 1902년에 영일 협정을 맺은 후 일본에게 넘겨주었다. 미국도 당시 콜롬비아 북부의 외진 밀림 영토인 파나마 지역에 미국의 태평양진출을 위해 대서양과 태평양을 연결하는 운하를 개설할 목적으로 파나마지역 원주민을 부추겨 독립(1903년)시켜 미군이 오랫동안 점령하여 지배하였다(이남섭, 「현파나마 정치위기: 배경과 원인」, 『한국과 국제정치』, 1989.6, 271~302쪽). 그러나 영문소식지 '그리스도신문'을 통해 이러한 국제정치적 상황을 알고 있던 남장로교 선교사들과는 다르게 대부분의 한국의 교회사가들은 오랫동안 목포선교부 설치를 정치적 의도가 있는 결정사항으로 연결하지는 않았다(차종순, 「레이놀즈의 전라도 여행」,『신학이해』4집, 1986,

배하면서 1905년 7월에 미국 정부는 가쓰라 태프트 밀약(the Katsura-Taft Memorandum)으로 일본에 조선 지배를 인정하면서 목포에 대한 정보는 더 이상 필요하지 않았다.[59] 이후 미국 정부는 즉시(1905년 11월) 한국주재 공사관을 폐쇄하고 한국 문제는 전적으로 일본 정부에 위임하였다. 이 결과 미국의 호남 선교부에서도 목포선교부에 대한 관심이 줄어들었고 추후 자연스러운 폐쇄과정을 밟았다고 보여진다. 추후 정밀한 연구가 필요하다.

둘째, 중앙에서 독립된 지역사적 관점이 필요하다. 목포와 관련된 연구에서 지역사의 관점으로 접근한 연구가 매우 부족하다. 목포선교부의 원활하지 않는 활동과 해방 후 선교부의 최종적 폐쇄는 지역의 욕구에 대한 배려가 전무하였기 때문에 발생한 예정된 결과라고 보여진다.[60] 사실 이러한

20~39쪽; 차종순, 『호남교회사연구』, 1998, 49쪽; 주명준, 「유진벨의 목포선교」, 『호남교회춘추』, 1999.11, 91~113쪽). 2000년대에 와서야 기독교학자로는 류대영과 안종철이 한말 초기와 일제 점령시대의 미국선교사를 국제 정치적 변동과 연관하여 연구하였다(류대영, 『개화기 조선과 미국선교사: 제국주의 침략, 개화자강, 그리고 미국선교사』, 한국기독교역사연구소, 2004; 안종철, 『미국선교사와 한미관계, 1931~ 1948』, 한국기독교역사연구소, 2010). 한국교회사에서는 다음을 참고할 수 있다. F.H. 해링튼, 이광린 역, 『개화기의 한미관계-알렌 박사의 활동을 중심으로』, 일조각, 1944; 민경배, 『알렌의 선교와 근대 한미외교』, 연세대학교출판부, 1991. 일반학계의 한말 러일전쟁 전후의 국제관계 연구에 대해서는 다음을 참고할 수 있다. 최문형, 『국제관계로 본 러일전쟁과 일본의 한국병합』, 지식산업사, 2004; 최문형, 『러시아의 남하와 일본의 한국침략』, 지식산업사, 2007.

59) 1905년의 이 비밀협정에 대해 미국 남장로교 선교사로는 서의필 선교사가 유일하게 미국 정부가 한국을 배신한 행위였다고 비판하였다. 1882년 미국 정부가 대한제국과 맺은 '조미수호통상조약'에는 대한제국이 어려움이 있을 때 지원한다는 조항이 있었다. 순진한 고종은 이 조항을 믿고 있었지만 미국 정부는 이 협정을 무시했다는 것이다(서의필, 「서문: 19세기 후반과 20세기 전반의 한국 역사와 인돈의 선교사역」, 『인돈평전: 윌리엄 린턴의 삶과 선교사역』, 지식산업사, 2003, 19~28쪽).

60) 지역사적 관점은 국내 교회사에서는 1990년대 말 호남신학대의 차종순 교수와 영남신학대학의 임희국 교수가 도입하여 호남과 영남지역 교회사를 분석하는데 적용하고 있다(차종순, 「호남교회사의 복음적-사회운동에 대한 연구」, 『호남교회사연구』 2, 1998 ; 임희국, 「에큐메니즘에 입각한 영남지역 교회사연구」, 『신학과 목회』 XII집, 1998.12, 85~100쪽. 2000년대에는 대전 한남대학의 송현강 교수가 지역 교회사의 방법론을 논의하면서 호남지역 남장로교 선교역사 연구를 시작하였다. 송현강, 「지역교회사의 서술방법」, 『한국기독교와 역사』 2004(21), 179~206쪽.

지역 관점 경시 현상은 목포의 경우에만 발생하는 현상은 아니다. 군산과 순천선교부 폐쇄과정에서도 발생하였다. 당시 군산과 순천의 경우는 서울의 세브란스에 맞먹는 병원시설과 병원선교의 실적을 내고 있었음에도 세브란스를 집중적으로 육성하려는 북장로교의 선교정책으로 순천병원과 군산의 병원이 폐쇄되었다고 볼 수 있다. 이런 점에서 선교부의 설치와 폐쇄는 외국 선교본부의 필요에 의해 진행되는 것이지 피선교지의 요구에 의해 되는 것이 아니며 따라서 민족사적인 관점의 중요성이 확인된다.

마지막으로 남장로교의 문화유산계승과 관련한 두 가지 제안이다. 하나는 남장로교 선교사들이 남긴 긍정적인 기독교 정신유산을 발전 계승하는 것이고 다른 하나는 세계문화유산 등재와 관련한 제안이다.

첫째는 필자가 보기에 남장로교가 남긴 가장 큰 긍정적인 유산은 병원과 학교건물과 같은 외형적인 유산보다는 남장로교 선교사들이 그들의 희생과 업적을 자랑하거나 세습하지 않고 그들의 업적을 한국교회(총회)에 공적 자산으로 인계한 공공의식이다. 이러한 자세는 한국교회의 능력 있는 목회자와 평신도 일부가 선교사의 유산(교회, 병원, 학교 등)을 사유화하거나 세습하는 것과는 전혀 다른 모습을 보여주었다. 이러한 귀한 유산을 남긴 남장로교 선교사 중 목포선교부와 인연이 있는 두 사람은 서의필 선교사와 서서평 선교사이다. 서의필 선교사는 그의 동생이 한국전쟁에 참전하여 희생하였음에도 불구하고 이를 자랑하지 않았고 더구나 북한을 원수로 저주하지 않고 오히려 한국의 민주주의와 남북한의 평화통일을 위해 평생을 조용히 헌신하였다. 또 그는 한남대학교 설립 7인 위원 중 한 사람임에도 불구하고 그 공로를 한 사람을 중심으로 우상 숭배 시 하는 것을 원하지 않았다. 이러한 정신을 바탕으로 그는 '한국의 그리스도인 벗(Christian Friends of Korea: CFK)'이라는 기독교복지재단을 설립하여 남북한의 화해를 위해 평생을 기도하고 노력하였다.61) 또 서서평 선교사는 서의필 선교사처럼 사회구원을 개인구원 만큼 중요시하였다. 그는 평생을 한국의 빈민과 약자인 가난한 여성들의 열악한 사회 환경개선들을 위해 헌신하였다. 그는 성공을 추구하지 않고 오직 한국의 약자를 섬기기 위해 남장로교 선교사 중에서 가장 검소하게 일생을 살았다. 이 두 선교사의 삶은 한국 사회와 교회를 위하여 남장로교 선교사가 남긴 귀한 정신적 유산이다.

둘째는 세계문화유산 등재와 관련한 제안이다. 다행히 100년 된 목포선교부의 유형문화재인 건축 유산 일부가 보존되어 있고 우승완 교수팀의 노력으로 기초연구가 잘 진행되고 있다. 등재에 부족한 유형 유산은 무형유산의 발굴로 보완할 수 있을 것이다. 대표적인 것이 세계적인 신학자로 알려진 전남의 목포가 낳은 서남동 목사의 생애와 기록물들이다. 또 전북의 세계적인 신학자 김용복 목사와 광주의 최홍정 목사 그리고 맨발의 성자 이현필과 이세종 선생 및 강순명 목사 등 호남이 낳은 세계적인 기독교 영성 사상가들이 있다. 이들의 기록물들을 호남의 기독교사상 아카이브로 구축하여 세계 무형문화유산으로 등재할 필요가 있다. 또 목포를 거쳐 간 평신도 간호선교사 서서평의 흔적(목포-광주-서울-군산-광주-목포-제주-광주-전주)을 '한국의 마더 테레사, 서서평 순례길'로 조성할 수 있을 것이다. 서서평 선교사의 경우는 유럽의 문화유산 심사위원들에게 공감받을 수 있는 인물이다. 대표적인 사례가 2015년 10월에 한독 친선 국회의원회 소속 독일의 좌우 연방 국회의원 10여 명이 버스를 대절하여 서서평의 흔적을 보기 위해 한일장신대학을 방문한 점에서 확인된다.62) 수도권의 대형 기독교 종합대학도 아니고 최소한 지역의 국립대학도 아닌 시골 무명의 작은 한일장신대학교를 유럽의 연방 국회의원들이 귀중한 짧은 한국 방문 기간의 하루를 할애하여 단체로 방문한 것은 200년 한국교회사에서 이때가 유일하다. 이점을 적극적으로 고려해 보기를 제안한다.

---

61) 김남순·이기석, 앞의 책, 452~464쪽.
62) 『한일장신대-독일연방의회 의원단 초청간담회 자료집』, 2015.10.28.

제2부

전북 지역 연구 현황과 과제

4장 | 전주선교지부의 연구 현황과 과제
_이재근

5장 | 군산선교부의 연구 현황과 과제
_임희모

4장

전주선교지부의 연구 현황과 과제

이재근

I. 들어가는 말

미국 남장로회(PCUS/American Southern Presbyterian Church)선교회는 1892년 10월과 11월 입국 이후에 다른 3개 장로회 선교회들(미국 북장로회, 호주 장로회, 캐나다 장로회 선교회)과의 여러 차례에 걸친 협약하에 호남 지역을 선교지로 '독점' 할당받았다. 당시 호남은 금강 이남을 뜻했으므로, 초기에는 전라남북도 전역과 금강 이남의 충청남도 지역을 선교구역으로 삼았다. 1945년 해방 이전에 전주(1896), 군산(1896), 목포(1898), 광주(1904), 순천(1913)에 차례로 선교지부(mission station)가 설치되었다. 공주 이남 충청남도 지역(오천, 보령, 남포, 홍산, 비인, 서천, 한산, 임천)에 대한 선교는 군산선교지부가 맡았다. 충남 지역에는 해방 후 1956년에야 남장로회 대학(대전장로회대학, 현 한남대)을 대전에 세우기로 결의함으로써, 대학을 중심으로 대전선교지부가 설립되었다.[1]

현재 남장로회의 호남 선교, 그리고 이들에 의해 탄생하고 성장한 호남 지역 기독교에 대한 연구가 활발하게 진행되고 있다.[2] 지역 선교역사 및 지역 교회사에 대한 연구가 일천하던 1980년대부터 연구와 집필 성과를 남긴 차종순, 김수진, 한인수가 호남 기독교 연구의 선구자로 불릴 만하다. 1990년대에 오종풍, 주명준, 노영상, 안경로 등은 첫 세 선구자들을 계승하여 호남 지역 기독교 선교의 여러 양상을 소개했다.

21세기에 새로운 연구자들이 대거 등장하면서, 호남 기독교 연구가 활발해졌다. 이 활성화의 원인으로는 한남대학교 인돈학술원, 국립순천대학교 인문학술원 등 남장로회와 연결되어 있거나 호남 지역에 위치한 연구기관들을 중심으로, 선교사 사전, 선교사 인명 편람, 선교사 문헌 등이 편찬되고, 이들이 주최하거나 협찬하여 여러 학술대회가 개최된 것과 관련이 있다. 호남 지역 장로교단 목회자를 양성하는 신학대학인 광신대학교(예장 합동)와 호남신학대학교(예장 통합)가 광주에, 한일장신대학교(예장 통합)가 전주 근교에 위치하고 있어서, 이들 학교를 통해 꾸준히 호남 기독교를 연구한 학위 논문이 생산되는 것도 활성화의 한 원인이다. 이들 호남의 신학대학 외에도, 호남지역, 또는 타지역에 위치한 종합대학 및 신학대학 소속 연구자들이 역사학, 종교학, 지리학, 인류학, 건축학. 문헌학 등의 방법론으로 선교사들과 호남 기독교의 여러 특징을 연구했다. 그 결과, 서울, 경기, 인천 등 수도권 지역, 해방 이전 한국 기독교 성장의 중심지였던 평양을 비롯한 서북 지역, 인력과 재정이 훨씬 풍성했던 북장로회 선교사 및 북감리회 선교사를 중심으로 수행되던 연구 편향이 상당히 극복되었다.[3]

---

1) 송현강, 『미국 남장로교의 한국 선교』, 한국기독교역사연구소, 2018, 67~105쪽.
2) 남장로회 호남 선교와 지역 기독교 연구 현황에 대해 더 자세한 내용은 강성호의 최근 연구 결과를 참고하라. 강성호, 「미국 남장로회의 호남선교: 연구동향을 중심으로」, 『한국기독교와 역사』 49, 2018, 75~100쪽. 같은 논문이 다음 책에도 실렸다. 강성호, 「미국 남장로회의 호남선교: 연구동향을 중심으로」, 국립순천대학교 인문학술원 종교역사문화센터 편, 『전남동부 기독교 선교와 한국사회』, 도서출판 선인, 2019, 15~37쪽.

특히 국립순천대학교 인문학연구소(2018년부터 인문학술원)는 한국연구재단 대학중점연구소 사업에 선정된 지난 2017년부터 4년간 매년 전남동부 지역 기독교선교와 교회 관련 학술대회를 주최했다. 이 학술대회에서 발표된 연구 논문들은 개정 작업을 거쳐 논문모음집 네 권으로 출간되었다.[4] 주로 순천을 중심으로 전남동부 지역 기독교 문화유산에 대한 연구를 진행해 온 인문학술원은 2024년 1월 26일과 6월 21일에는 "유네스코 세계문화유산 등재 추진 호남 기독교 문화유산 학술대회: 호남선교부 연구 현황과 과제를 중심으로"라는 주제하에 두 차례 학술대회를 주최함으로써, 연구 범위와 주제를 호남 지역 전체로 확장했다.

본 논문은 남장로회 소속 첫 선교지부인 전주선교지부에 대한 연구 현황을 정리하고, 추가 관심과 연구가 필요한 과제가 무엇인지도 살펴보려 한다. 우선 전주선교지부에서 활동한 '인물' 연구 현황을 미국인 선교사와 한국인 기독교인으로 나누어 살피고, 이어서 전주선교지부에 속한 '기관,' 즉 선교지부, 교회, 학교, 병원 등에 대해 다룬다. 세 번째로, 전주선교지부의 개인과 기관이 관여한 민족운동과 사회운동 등, '운동'을 다루는 연구성과를 정리한다. 마지막으로, 전주선교지부를 통해 오늘에까지 전수된 건물, 묘지, 기념관 등의 문화 유적과 '유산'에 대한 연구 성과를 살펴본다. 나가는 말에서는, 앞으로 추가 연구와 교정이 필요한 과제를 제안하고자 한다.

---

3) 중복을 피하기 위해 본 논문의 머리말에는 연구물들의 서지사항을 따로 싣지 않는다. 자세한 서지사항은 강성호의 논문을 참고하라.
4) 국립순천대학교 인문학술원 종교역사문화센터 편, 『전남동부 기독교 선교와 한국사회』, 도서출판 선인, 2019; 국립순천대학교 인문학술원 종교역사문화센터 편, 『전남동부지역 기독교 인물과 선교활동』, 도서출판 선인, 2021; 국립순천대학교 인문학술원 종교역사문화센터 편, 『전남동부지역 기독교 기관과 지역사회』, 도서출판 선인, 2021; 국립순천대학교 인문학술원 종교역사문화센터 편, 『전남 동부 기독교 문화유산과 지역사회』, 도서출판 선인, 2024.

II. 전주선교지부 '인물' 연구 현황과 과제: 선교사와 한국인

1. 남장로회 전주선교지부 초기 설립 역사: 전주서문교회, 예수병원, 신흥학교·기전여학교

남장로회 소속으로 한국에 처음 들어온 선교사 7인을 일컬어 흔히 '7인의 개척선교사'(the Pioneer Band of Seven)라 부른다. 1892년 10월 17일에 리니 데이비스, 11월 4일에 나머지 선교사 6명(윌리엄 레이놀즈 부부, 윌리엄 전킨 부부, 루이스 테이트, 매티 테이트)이 서울에 도착했다. 이들은 8년 전부터 한국 선교에 착수한 북장로회 선교사들의 도움을 받아 한국에 정착하면서, 11월 23일에 남장로회 한국선교회(American Southern Presbyterian Korea Mission)를 공식 결성했다. 남성 선교사 레이놀즈가 초대 회장, 테이트가 초대 회계, 전킨이 초대 서기를 맡았다. 두 달 뒤 1893년 1월 28일에는 북장로회와 협의한 후 남장로회의 선교구역으로 호남을 맡기로 합의했다. 이후 북장로회, 남장로회, 호주장로회, 캐나다장로회, 북감리회, 남감리회가 가입한 한국복음주의선교회연합공의회에서 1909년까지 선교지 분할에 대한 세부 조정이 이루어지지만, 남장로회가 호남을 맡는다는 1893년의 합의에는 변화가 없었다.

이렇게 호남을 선교지로 정한 선교사들이 선교지부를 개설할 첫 도시로 선택한 곳은 전주였다. '전라도'라는 행정 지명이 전주와 나주의 머리글자를 합해서 만들어진 데서 알 수 있듯, 한반도 역사에서 오랫동안 호남의 중심도시 기능을 맡았고, 더구나 조선왕조의 발상지인 전주를 첫 선교지부 건설지로 선택한 것은 당연한 수순이었다. 1892년 12월 말에 북장로회 선교사 새뮤얼 마펫과 남장로회 대표 레이놀즈의 첫 남부 여행(공주-전주)에서부터 시작해서, 세 남성 선교사들과 한국인 전도자 정해원의 연이은 답사와 개척 준비가 이어졌다. 1894년 2월 13일에 서울에서 열린 남장로회 2차

연례회의에서 테이트 남매가 전주의 첫 상주 선교사로 결정되었다. 테이트 남매는 그해 3월에 전주로 내려가서 1년 전 정해원이 구입해 놓은 은송리 초가집에서 전도활동을 개시했다. 그러나 남매의 건강 문제에 더하여, 결정적으로 2월부터 정읍 고부에서 발발한 동학농민운동 여파로 남매는 5월에 귀성해야 했다.

남매가 다시 전주로 내려간 것은 1895년 성탄절 직전이었다. 이로써 내한 3년 2개월이 지난 후에야 본격적으로 호남 지역 선교가 시작되었다. 1년 반 남짓 지나 1897년 7월 17일에 예배당으로 사용하던 테이트의 집에서 한국인 첫 5명이 세례를 받고, 8월 1일에는 레이놀즈의 집에서 성찬식이 집행되었다. 집례자는 한 달 전에 전주에 도착한 레이놀즈였다. 이렇게 해서 전주의 첫 교회, 즉 전주(서문)교회는 단순한 기도소를 넘어 정식교회가 되었다. 은송리 초가집을 기반으로 시작된 전주선교지부는 이어서 테이트와 레이놀즈가 외관은 한옥 기와집, 문, 창문, 바닥은 서양식으로 지은 반양식(半洋式) 집을 지어 입주하면서, 초가 예배당, 반양옥 집 두 채와 진료소, 추가로 작은 초가집 다섯 채를 가진 선교구내(mission compound)가 되었다. 남장로회는 16세기 종교개혁 전통을 계승한 미국 주류 교단의 일원이었으므로, 이들의 선교정책은 전도, 즉 영혼구원 외에는 선교활동에 포함시켜서는 안 된다는 분리주의적인 믿음선교회와 달랐다. 선교는 영혼(전도)과 몸(의료)과 정신(교육)을 모두 포괄하는 활동이어야 했으므로, 전주선교지부의 교회, 병원, 학교는 이 삼각 선교의 증거였다.

테이트 남매가 전주에 정착한 이듬해 1896년 11월에 윌리엄 해리슨이 부임했다. 해리슨의 주업은 목사였지만, 선교에 도움이 될 의료실습을 미국에서 받은 상태였다. 따라서 그는 부임 후 전주의 첫 의료선교사로 활동했다. 그러나 1년 후 매티 잉골드가 정식 의사로 전주에 오면서, 차후에 예수병원으로 발전할 의료사역의 기틀이 마련되기 시작했다. 한편, 7인의 개척자 중 한 사람으로 전킨 부부와 함께 군산선교지부 개척에 참여한 리니 데이비스는 1898년에 해리슨과 결혼함으로써 해리슨 가문의 일원이 되었고, 동시에 해리슨도 7인의 개척자와 동일한 위상을 얻게 된다.

전주선교지부는 1898년에 일시적인 위기에 봉착했다. 이완용은 그해에 전북관찰사로 부임하면서, 조선왕조 발상지 완산 성역화를 빌미로 선교지부 이전을 요구했다. 레이놀즈는 선교회 대표로 조선 정부와 협상을 벌여서, 조선정부가 보상금을 지급하는 조건으로 화산으로 선교기지를 옮기기로 합의했다. 이렇게 옮겨간 화산 선교지부 공사가 1901년부터 시작되어, 1902년 10월에 잉골드의 기와지붕 진료소가 지어진 것을 시작으로, 나머지 필수 건물들이 지어졌다. 미혼이었던 잉골드는 1892년부터 13년 동안 미혼으로 사역하고 있던 43살의 테이트와 38세이던 1905년에 결혼하여 매티 잉골드 테이트가 되었다. 해리슨과 마찬가지로, 잉골드도 결혼을 통해 7인 개척자들의 가족 일원으로 편입되었다.[5]

전주서문교회와 예수병원이 전주선교지부의 전도와 의료를 담당한 기관이라면, 교육을 책임진 기관은 신흥학교와 기전여학교였다. 전주 선교사들이 교육에 처음 관심을 갖게 된 것은 1897년부터 세례교인을 가짐으로써 정식 교회가 된 전주서문교회에 출석하는 교인들의 자녀들 때문이었다. 1896년 11월에 전주에 부임한 해리슨은 남자 아이들을 위해 1901년부터 학교를 시작했다. 1904년에는 군산에서 건강이 악화된 전킨이 전주로 전임되면서, 건강 부담이 덜한 남학교를 맡았다. 1907년에는 존 니스벳이 교육 전담 사역자로 부임하면서, 학교 사업이 일대전환을 맞았다. 1908년 12월에 고등과(중등과정)가 설치되었고, '신흥'(新興)이라는 정식 한국교명도 탄생했다. 1909년 6월 15일에 보통과 5명의 첫 졸업식이 열렸다. 니스벳 이후 핀리 에버솔이 1930년까지, 윌리엄 린튼이 1937년에 신사참배 문제로 폐교할 때까지 교장직을 맡았다.

---

5) 송현강, 『미국 남장로교의 한국 선교』, 67~69쪽.

여학교는 1902년에 매티 테이트가 교인들의 여자 아이 12명을 대상으로 시작했다. 전킨이 전주로 이동한 1904년에는 전킨 부인이 교장이 되었는데, 4년 뒤 1908년 1월에 전킨이 병으로 순직하자 '전위렴(윌리엄 전킨)을 기념하다'는 의미의 '기전'(紀全)으로 교명을 변경했다. 붉은 벽돌로 200명을 수용할 수 있는 2층 교사를 신축하고 고등과를 설치한 1909년에 기전 초기 역사의 중요 전환점이었다. 전킨 부인 이후 넬리 랭킨, 새디 버클랜드, 수잔 콜튼이 연이어 교장을 맡아 1937년에 신사참배 거부로 폐교될 때까지 학교를 경영했다.6)

2. 전주선교지부 '인물' 연구 현황: 선교사

전주선교지부 초기 역사에는 7인의 개척선교사 모두가 밀접히 관련되어 있다. 전주의 첫 선교사들인 테이트 남매는 서문교회 첫 담임이자, 여학교 첫 교장이었다. 레이놀즈 부부도 성경 번역사업에 참여하느라 주로 서울에 있었고, 나중에는 평양에서 전임교수 사역을 하게 되지만, 전주선교지부 소속으로 전주서문교회와 남녀학교 사역에 참여했다. 전킨은 군산선교지부 개척자였지만, 과로로 몸이 상한 후 전주로 전임되어 서문교회와 기전여학교 사역에 관여했다. 리니 데이비스도 전킨과 함께 군산을 개척하지만, 해리슨과 결혼한 후에는 전주에서 활동했다. 잉골드는 남장로회 첫 여성 의사이자 전주예수병원의 설립자로서, 전주선교지부의 실질적 개척자 테이트와 결혼했다. 이렇게 테이트 가문은 전주선교지부 초기의 거의 모든 것에 관여했다. 따라서 이들 9인 선교사(개척자 7인+해리슨, 잉골드)에 대한 연구가 전주선교지부 선교사 연구의 출발점이자 중심이다.

7인 개척자 중에서도 남장로회를 대표하는 중심인물로 인식된 이는 레이

---

6) 송현강, 『미국 남장로교의 한국 선교』, 109~113쪽.

놀즈7)였다. 남장로회 한국선교회를 출발하는 1892년 11월 23일의 첫 회의에서 회장으로 선출된 데다, 북장로회와 남장로회 선교사들이 모여 1893년 1월에 장로회선교회공의회를 처음 결성했을 때에도 쟁쟁한 북장로회 선배들을 제치고 초대회장에 뽑혔다. 전주와 군산에서 대부분 시간을 보낸 테이트와 전킨과는 달리, 성경번역과 신학교 교수활동을 위해 서울과 평양에서 보낸 시간이 더 많은 전국구 인사였다. 따라서 남장로회 어느 선교사보다 레이놀즈에 대한 연구 성과가 많은 편이다.

이런 지명도에도 불구하고, 레이놀즈에 대한 학위논문은 1999년에야 처음 나왔다.8) 레이놀즈보다 유진 벨과 클레멘트 오웬에 대한 연구가 앞서는데, 이는 호남기독교 연구 개척자 중 하나인 차종순이 광주 호남신학대학에 근무하면서 광주 선교사들을 우선 연구했기 때문이다.9) 2007년과 2008년에는 박사학위 논문도 둘 나왔는데, 각각 레이놀즈의 생애와 신학을 전기적으로 다룬 논문이고, 한국선교 상황 발전에 레이놀즈가 끼친 영향에 집중한 논문이다.10)

레이놀즈에 대한 학계의 전문적이고 창의적인 연구 성과는 2010년에 대거 등장했다. 한남대 인돈학술원이 2008년부터 매년 개최한 학술세미나의

---

7) William D. Reynold에 대한 이름 표기가 다양하다. 원래 Reynolds에서 y가 묵음이라, 레놀즈, 혹은 레널즈로 표기해야 하지만, 초기부터 레이놀즈로 익숙해져 있어서, 여전히 레이놀즈로 표기되는 경우가 가장 많다. 따라서 레이놀즈, 레널즈, 레놀즈의 표기된 연구물을 모두 검색해야 하고, 한국식 이름 이눌서로 표기된 사례도 찾아야 한다.
8) 김대성, 「이눌서(W. D. Reynolds, 李訥瑞)의 선교활동에 관한 연구」, 장로회신학대학교 석사학위논문, 1999.
9) 차종순, 「배유지 목사」, 『신학이해』 11, 1993; 차종순, 「오기원(Clement C. C.): 광주의 첫 순교자」, 『신학이해』 12, 1994.
10) 김인수, 「레널즈(W. D. Reynolds)가 한국장로교 선교 상황의 발전과 변화에 미친 영향 연구」, 호남신학대학교 대학원 박사학위논문, 2009; 조용호, 「미 남장로교 선교사 윌리엄 D. 레이놀즈의 생애와 신학연구」, 연세대학교 대학원 박사학위논문, 2007. 김인수의 논문은 단행본으로도 출간되었다. 김인수, 『레널즈(W. D. Reynolds)가 한국장로교 선교 상황의 발전과 변화에 끼친 영향 연구』, 한들, 2012.

주제로 레이놀즈가 선정되면서, 이 세미나에서 발표한 논문들이 수정을 거쳐 학술지에 발표되었다. 여기서 레이놀즈의 신학,11) 목회,12) 남장로회 배경과 성경번역 사업13)이 소개되었다.

레이놀즈의 생애에 대한 전기 작품도 새로 등장했다. 이재근은 2020년부터 남장로회 개척 선교사 7인과 그들 가족들의 생애와 선교를 전기적으로 재구성하는 논문들을 매년 작성했는데, 그 첫 번째 대상이 레이놀즈였다.14) 송현강은 한국교회총연합 산하 문화유산연구소가 문화체육관광부의 지원을 받아 '기독교 종교문화자원 보존과 활용에 관한 연구사업'의 일환으로 펴낸 《한국교회 선교사 전기 시리즈》 중 하나로 2022년에 레이놀즈 전기15)를 썼다. 이 책의 출간으로 레이놀즈의 생애에 대중이 쉽게 접근할 수 있는 길이 열렸다. 레이놀즈가 평양장로회 조직신학 교수이자 한글성경 번역자로서 한국교회의 신학에 기여한 바가 컸기에, 천사무엘에 이어, 그의 신학을 조명하는 글은 최근까지도 지속적으로 발표되었다.16)

전국구 지명도에서는 레이놀즈에 뒤지지만, 전주와 전북 동남부 지역 순회 전도에 전적으로 집중한 테이트는 전북 교회에 끼친 영향에서는 레이놀

---

11) 천사무엘, 「레이놀즈의 신학: 칼뱅주의와 성서관을 중심으로」, 『한국기독교와 역사』 33, 2010, 57~80쪽.
12) 송현강, 「레이놀즈의 목회 사역」, 『한국기독교와 역사』 33, 2010, 35~56쪽.
13) 류대영, 「윌리엄 레이놀즈의 남장로교 배경과 성경번역 사업」, 『한국기독교와 역사』 33, 2010, 5~34쪽.
14) 이재근, 「호남 기독교의 "7인의 개척자들"(1): 미국 남장로회 윌리엄 레널즈 가문의 한국 선교」, 『광신논단』 30, 2020, 113~140쪽.
15) 송현강, 『윌리엄 레이놀즈의 한국 선교: 다섯 달 하고도 보름 되었소』, 한국교회총연합, 2022.
16) 권상덕, 「레이놀즈와 깔뱅의 성서관 비교 연구」, 『기독교문화연구』 15, 2010, 197~221쪽; 김창중, 「이눌서(W. D. Reynolds)의 성경관」, 『개혁논총』 60, 2022, 263~294쪽; 이상웅, 「이눌서 선교사(William D. Reynolds, 1867-1951)의 생애와 신론 연구」, 『개혁논총』 64, 2023, 157~201쪽; 이상웅, 『(한국 장로교회 최초의 조직신학 교수) 윌리엄 레이놀즈의 생애와 조직신학』, 세움북스, 2023; 이상웅, 「평양 장로회신학교의 설립과 조직신학 교육 과정」, 『신학지남』 91:1, 2024, 71~98쪽.

즈보다 우위에 있다. 그는 전주선교지부의 '아버지' 같은 존재였다. 그러나 조용한 지역 밀착 유형의 인물은 연구자의 주목을 받기 어렵다. 따라서 테이트에 대한 세 논문은 모두 그의 생애와 순회 사역의 단순한 일상성에 집중한다.[17]

군산선교지부를 개척했으나, 건강 문제로 전주로 옮긴 후 오래지 않아 1908년에 사망한 전킨은 남장로회 남성 개척 선교사 중 가장 일찍 세상을 떠났다. 그러나 군산선교지부를 대표한 인물이었으므로, 그에 대한 글이 적지는 않다. 선교사 생애 모음집 등에 단편적으로 실린 것을 제외하고는, 전킨의 한국 활동에 가장 먼저 학문적 관심을 가진 연구자는 2003년 석사와 2012년 박사 학위 논문으로 전킨을 다룬 이남식이다.[18] 학술논문으로는 남장로회 '7인의 개척선교사' 연구 논문 시리즈의 일환으로 전킨 가문을 다룬 이재근의 2021년 전기 논문이 있다.[19] 한국교회총연합회가 2022년에 이어 연이어 펴낸 《한국교회 선교사 전기 시리즈》 2차분 중 하나로 송현강은 레이놀즈에 이어 이번에는 전킨 전기를 썼다.[20] 한편, 연세대학교 연합신학대학원이 기획한 《내한선교사편지번역총서》의 제4권으로 전킨 부부의 선교 편지가 번역 출판되었는데, 전킨 연구자가 유용하게 사용할 수 있는 사료다.[21]

윌리엄 해리슨은 리니 데이비스와 결혼해서 '7인의 개척선교사' 중 한 사

---

[17] 류대영, 「미국 남장로교 선교사 테이트(Lewis Boyd Tate) 가족의 한국 선교」, 『한국기독교와 역사』 37, 2012. 5~35쪽; 하익환, 「테이트(Lew Boyd Tate) 선교사의 호남사역 특징에 대한 연구」, 전주대학교 대학원 석사학위논문, 2015; 이재근, 「호남 기독교의 "7인의 개척자들"(3): 루이스 테이트 가족의 호남 선교」, 『광신논단』 32, 2022, 201~232쪽.
[18] 이남식, 「전킨(W. M. Junkin)의 全北地方 宣敎」, 전주대학교 대학원 석사학위논문, 2003; 이남식, 「남장로교 선교사 윌리엄 M. 전킨의 한국 선교 활동 연구」, 전주대학교 대학원 박사학위논문, 2012.
[19] 이재근, 「호남 기독교의 "7인의 개척자들"(2): 미국 남장로회 윌리엄 전킨 부부의 한국 선교」, 『광신논단』 31, 2021, 75~104쪽.
[20] 송현강, 『남부 신사 윌리엄 전킨의 한국 선교』, 한국교회총연합, 2023.
[21] 윌리엄 전킨, 메리 전킨, 『윌리엄 전킨과 메리 전킨 부부 선교사 편지』, 보고사, 2022.

람의 가족이 되었다. 이로써 개척자 가문에 편입되었지만, 사실상 해리슨은 전주를 포함한 전북 지역에서 테이트 못지않은 중심인물이었다.[22] 해리슨에 대한 연구는 송현강과 이재근이 진행했다. 전자가 해리슨에 오롯이 집중했다면, 후자는 첫 아내 리니 데이비스와 사별 후 맞은 두 번째 아내 마거릿 에드먼즈를 엮어서 해리슨 가문 전체를 다루었다.[23] 개척 선교사 3인과 해리슨 외에 연구자들에게 관심을 받은 초기 남성 선교사로는 루터 맥커첸과 윌리엄 클라크가 있다. 맥커첸은 전주선교지부 소속으로, 주로 무주, 진안, 장수, 금산 등 전북 동북부 거친 산악 오지를 맡아 활동했다. 그에 대해서는 전병윤의 석사학위 논문과 이진구의 연구논문이 한 편씩 있다.[24] 전주선교지부 소속으로, 맥커첸과 분담하여 전북 동부 순회선교사로 활동하다가 서울 조선예수교서회로 이동하여 문서선교사가 된 독특한 이력의 윌리엄 클라크를 다루는 송현강의 논문도 있다.[25]

  2세대 선교사 중에는 윌리엄 린튼(인돈)에 대한 관심이 독보적이다. 그는 1912년에 교육 전문 선교사로 한국에 도착해서, 처음에는 군산에서 영명학교를 맡아 활동했지만, 1926년부터 1940년까지는 전주에서 신흥학교를 책임졌다. 해방 후 그는 신흥학교 교장직에 복귀했고, 아내 샬럿 벨 린튼(인사례)은 기전여학교 교장이 되었다. 한국전쟁 후 1956년부터는 대전장로교대학(한남대) 초대교장이 되기 위해 대전으로 떠났으므로, 전주선교지부는 그의 세 임지 중 두 번째에 해당한다. 린튼은 영명학교, 신흥학교, 한남대라는 남장로회 대표 학교들을 관리한 교육 수장이라는 점에서도 주목

---

22) 송현강, 「윌리엄 해리슨(W. B. Harrison)의 한국선교」, 『한국기독교와 역사』 37, 2012.
23) 이재근, 「호남 기독교의 "7인의 개척자들"(4): 리니 데이비스, 윌리엄 해리슨, 마거릿 에드먼즈의 호남 선교」, 『광신논단』 33, 2023, 161~185쪽.
24) 전병윤, 「마로덕 선교사의 무주지역 활동에 대한 연구」, 한남대학교 대학원 석사학위논문, 2005; 이진구, 「미국 남장로회 선교사 루터 맥커첸(Luther Oliver McCutchen)의 한국선교」, 『한국기독교와 역사』 37, 2012, 65~92쪽.
25) 송현강, 「윌리엄 클라크의 호남 선교와 문서 사역」, 『한국기독교와 역사』 39, 2013, 5~31쪽.

을 받았고, 오웬과 함께 전남 선교의 개척자였던 벨의 사위가 되어 4대로 이어지는 저명한 벨-린튼 선교사 가문의 시조여서도 관심의 대상이었다.

린튼에 대해 가장 먼저 주목한 이들은 한남대학교 관련 인사들이었다. 이 대학 출신의 기독교인으로 여러 분야를 전공한 학자들이 공저로 낸 전기가 있다.[26] 한남대학교 기독교학과 교수로 인돈학술원 원장을 맡았던 최영근도 린튼에 대한 논문과 단행본을 발간했다.[27] 광주의 유진 벨을 처음 소개했던 차종순도 그와 연결된 린튼 가문을 2003년에 다룬 바 있다.[28] 린튼의 자녀와 손자들이 개척한 북한선교 기관인 유진벨 재단을 연구한 논문도 있다.[29] 해방 전에 순천과 평양에서 성장기를 보낸 후, 해방 후 1947년에 입국하여 전주예수병원에서 1969년까지 활약하며 전주예수병원의 교육 중심 의료센터로의 획기적 발전을 주도한 폴 쉴드 크레인에 대한 연구도 있다.[30]

비교적 최근에 연구자들의 주목을 받은 전주선교지부 여성 선교사로는 개척자 리니 데이비스와 매티 잉골드가 대표적이다. 한국인 외교관 이채연과 아내와 함께 입국하느라 7인의 개척자 중 다른 6명보다 보름 일찍 입국함으로써 한국 땅을 밟은 첫 미국 남장로교인이 된 데이비스에 대해서는 송현강, 임희모, 이재근의 세 논문이 있다. 송현강의 논문은 데이비스를 포함하여, 선교 초기 19세기에 한국에 온 남장로회 초기 여성 선교사들 모두

---

26) 오승재, 김조년, 채진홍, 『인돈평전』, 한남대출판부, 2003.
27) 최영근, 「미국 남장로교 선교사 인돈(William A. Linton)의 교육선교」, 『한국교회사학지』 40, 2015, 125~168쪽; 최영근, 「일제강점기 미국 남장로회 교육선교에 관한 연구: 군산과 전주스테이션의 인돈(William A. Linton)을 중심으로, 1912-1940」, 『대학과 선교』 50, 2021, 93~129쪽; 최영근, 『인돈의 생애와 기독교 정신: 미국 남장로회 선교사 윌리엄 A. 린튼(William A. Linton) 전기』, 한국교회총연합, 2022.
28) 차종순, 「린턴-4대에 걸친 한국사랑」, 『한국사 시민강좌』 34, 2004, 93~105쪽.
29) 박윤애, 「린튼(Linton) 가(家)의 사역을 통해 본 북한 선교 고찰」, 아세아연합신학대학교 대학원 석사학위논문, 2007.
30) 송현강, 「남장로교 선교사 폴 크레인(Paul Shields Crane)의 선교 활동」, 『기독교문화연구』 24, 2021, 53~79쪽.

를 개별적으로 살펴보는데, 특히 주목받기 어려운 선교사 아내도 모두 다룬다. 이 중 전주의 초기 여성 선교사들로는 루이스 테이트의 누나 매티 테이트, 레이놀즈의 아내 팻시 볼링, 전킨의 아내 메리 레이번, 잉골드 의사가 있다. 임희모는 여성 선교사의 선구자로서의 데이비스의 위상에 초점을 맞춘다. 이재근은 독자적 선교사로서의 데이비스에 이어, 결혼 후 속하게 된 해리슨 가문의 선교유산을 전기 형태로 살펴본다.[31]

전주의 여성 선교사에 대한 연구로는 잉골드에 대한 것이 가장 많다. 예수병원의 설립자인 데다, 특히 여성 의사여서 여성학계와 의학계에서도 관심을 기울이기 때문이다. 결혼으로 테이트 선교사 가문의 일원이 되었으므로, 테이트를 다루는 연구자들의 글에는 잉골드가 반드시 등장한다. 잉골드만 독자적으로 다룬 논문도 적지 않다. 최금희는 의사로서의 잉골드의 뛰어난 능력에도 불구하고, 여성 선교사를 의사결정 상황에서 배제하는 남장로교의 남성중심 정책, 의료활동을 전도의 수단 정도로 여기는 이원론적 사고 때문에 잉골드의 사역이 위축되었다고 아쉬움을 표한다.[32] 생애와 사역 전반을 다루는 학위논문도 있고,[33] 의사였음에도, 한국 어린이 신앙교육을 위해 『예수교초학문답』을 편찬할 만큼 신앙교육자로서의 자질도 특별했던 잉골드의 교회관과 신앙관을 살펴보는 학위 논문도 있다.[34] 잉골

---

31) 송현강, 「19세기 내한 남장로교 여성 선교사 연구」, 『남도문화연구』 42, 2021, 137~166쪽; 임희모, 「미국 남장로교의 첫 한국 입국 선교사 리니 데이비스 해리슨 부인(Mrs. Linnie F. Davis Harrison)의 선교 활동 연구」, 『선교와 신학』 55, 2021, 255~287쪽; 이재근, 「호남 기독교의 "7인의 개척자들"(4): 리니 데이비스, 윌리엄 해리슨, 마거릿 에드먼즈의 호남 선교」, 『광신논단』 33, 2023, 161~185쪽.
32) 최금희, 「전라도 지방 최초의 여성 의료선교사 마티 잉골드 연구-기여와 한계: 문화적 배경과 장로회 선교부의 해외선교정책을 중심으로」, 『선교신학』 17, 2008, 137~158쪽.
33) 김천식, 「전주예수병원 설립자 마티 잉골드의 의료선교활동에 대한 연구」, 전주대학교 대학원 석사학위논문, 2008; 김천식, 「마티 잉골드의 宣敎活動에 관한 硏究」, 전주대학교 대학원 박사학위논문, 2012.
34) 하금식, 「마티 잉골드의 『예수교초학문답』에 관한 역사적 신학적 고찰」, 개신대학원대학교 박사학위논문, 2014.

가 남긴 글을 토대로 20세기 초 전주의 세시풍속의 양태를 관찰한 풍속학자 송영애의 지역학 연구도 있다.35) 최근에는 순환적 IDBD(Identification, Discovery-contexual Analysis, Biblical & Theological Reflection, Design-strategies for mission) 선교실천 모델이라는 선교학 방법론으로 잉골드의 선교를 살펴본 연구도 등장했다.36) 한편, 예수병원은 잉골드의 일기를 번역 출간하여 설립자에 대한 연구자들의 관심을 유도한다.37)

이외에, 1907년에 교육전문 여선교사로 전주에 와서 기전여학교 교장으로 활동하다가 1911년에 맹장염으로 사망한 넬리 랭킨의 편지를 분석하여 미시사, 생활사의 관점으로 분석한 김명숙의 논문이 있다.38) 김명숙이 자신의 연구에 활용한 랭킨의 개인 편지들은 최근에 한국어로 번역되었다.39) 1929년에 간호선교사로 한국에 와서 광주기독교병원에서 활동하다가, 1940년 출국 후 해방과 함께 1948년에 다시 내한하여 이번에는 전주예수병원 간호부장으로 간호학교를 설립한 마거릿 프리처드에 대한 연구도 최근에 발표되었다.40) 한편, 원래는 남감리교 선교사로 1902년에 한국에 왔지만, 6년 후에 남장로회 루터 매커첸(Luther Oliver McCutchen, 마로덕)과 결혼한 후 1909년부터 전주를 중심으로 활동한 조세파인 매커첸(Josephine Hounshell McCutchen, 마요셉빈)의 활동을 연구한 임희모의 연구도 있다.41)

---

35) 송영애, 「선교사 기록에 나타난 전주의 풍속: 마티 잉골드의 자료를 중심으로」, 『전북학연구』 4, 2021, 161~198쪽.
36) 김대용, 「순환적 IDBD mission praxis 모델 적용을 통한 선교 사역 분석 및 의의: 마티 잉골드(Mattie B. Ingold) 선교사를 중심으로」, 『신학과 사회』 38:1, 2024, 267~301쪽.
37) 예수병원 편역, 『(예수병원 설립자) 마티 잉골드 일기』, 예수병원, 2018.
38) 김명숙, 「재조선 선교사 Miss Nellie B. Rankin의 전주 정착과 조선살이」, 『韓國思想과 文化』 90, 2017, 185~218쪽.
39) 넬리 랭킨, 송상훈 역, 『기전여학교 교장 랭킨 선교사 편지』, 보고사, 2022.
40) 심정하, 조혜경, 「간호선교사 변마지의 생애와 선교사역의 특징」, 『선교신학』 70, 2023, 173~196쪽.
41) 임희모, 「마요셉빈(Mrs. Josephine Hounshell McCutchen) 선교사의 사역」, 『장신논단』 50:3, 2019, 235~262쪽.

이상으로 볼 때, 전주선교지부에서 활동한 선교사들 중 남녀 구분 없이 초기 개척선교사 몇 사람에 연구가 집중되어 있음을 확인할 수 있다. 해방 전에 전주를 거친 선교사 다수와 해방 후 전주에서 활동한 이들 거의 전부가 여전히 연구자들의 관심을 받지 못하고 있다.

3. 전주선교지부 '인물' 연구 현황: 한국인

전주선교지부를 설립하고 운영한 주체는 초기 개척선교사들이다. 이들은 연례보고서와 개인보고서, 일기, 수기, 개인편지 등을 통해 오늘날까지 연구자와 독자에게 자기 목소리를 들려주기 때문에, 이들에 대한 연구가 많을 수밖에 없다. 그러나 이들과 동행하거나 혹은 이들의 앞과 뒤에서, 전도와 순회, 개척, 토지매입 및 조정, 통역, 교육, 의료, 노동, 봉사 등으로 활약한 한국 기독교인의 수는 훨씬 많았다. 그러나 목사, 조사, 전도부인, 교사, 의사, 간호사 등, 이들 한국인 대부분은 글을 남기지 않았으므로, 후대가 접근하기 쉽지 않다.

21세기 들어서, 이들 한국인 주역들에 관심을 가진 연구자들이 상당수 등장했는데, 이 중 가장 독보적인 연구자는 한인수다. 김수진, 차종순 등과 함께 호남기독교 1세대 연구자인 그는 최근까지도 자신이 운영하는 연구소(경건신학연구소)와 출판사(도서출판 경건)를 통해 호남교회를 형성한 한국인에 대한 연구를 지속하고 있다. 이 중 전주선교지부가 관할한 전주와 전북 동부 지역에 활동한 대표적인 인물로, 김인전(전주/상해), 김필수(전주/서울), 배은희(전주), 최중진(정읍), 최대진(김제/군산), 이자익(김제), 곽진근(완주/김제/정읍) 등이 있다.42) 특히 김인전(전주), 김필수(전주/서울), 배은희(전주)는 전주서문교회에서 활동한 인물로, 선교사들과도 밀접한 관

---

42) 한인수, 『호남교회 형성인물(I)』, 도서출판 경건, 2000. II권은 2005년, III권은 2010년, IV권은 2015년, V권은 2019년에 출간되었다.

계를 맺었고, 독립운동, 문서운동, 사회운동 등에서 뚜렷한 족적을 남긴 유명인사들이다.

서문교회의 두 번째 한국인 담임목사였던 김인전에 대한 첫 연구는 한인수가 진행했다.[43] 그러나 김인전은 호남 교회 목회자를 뛰어 넘는다. 목회 이전에는 충청도 서천의 한산에서 학교를 세워 민족운동에 뛰어들었고, 전주 3·1운동을 이끈 후에는 상해로 망명하여 임시정부 의정원 의장으로 활약하다 순국했기에, 2004년에는 경제김인전추모사업위원회의 의뢰로 한국근현대사 연구자 이현희가 김인전의 삶과 활동 전반을 서술하는 평전을 편찬했다.[44] 송현강은 YMCA를 이끈 기독교 민족주의자 이상재와 김인전의 관계를 고찰하는 논문을 발표했다.[45] 김인전은 전주 지역 3·1운동의 주역이었으므로, 이 주제를 다루는 글에 예외 없이 등장한다. 이와 관련된 연구 현황은 전주선교지부의 '운동' 연구 현황을 다루는 항목에서 따로 밝힐 것이다.

일제강점기 한국개신교의 대표적인 문필가로, YMCA, 조선예수교서회, 기독신보 등에서 활동했고, 조선예수교장로회의 첫 한국인 총회장을 역임한 김필수는 경기도 안성 출신이지만, 매티 테이트의 한국어교사로 처음 전주와 연결되었다. 이후 그는 해리슨과 전킨의 조사, 호남 첫 신학생에 이어, 서문교회 초대 장로, 멕커첸의 동사목사, 군산교회 위임목사, 1915년 한국인 첫 총회장에 이어, 서울로 이동하여 문필가로 활동을 이어갔다. 김필수의 생애를 전기 형태로 정리한 첫 연구자도 한인수다.[46] 한인수 외에는, 두 연구자가 김필수에 대한 글을 썼다. 이재근은 한인수의 글을 확장하여 김필수의 생애 전반을 목회자, 사회운동가, 문필가로 나누어 그의 유산을

---

43) 한인수, 『호남교회 형성인물(I)』, 9~20쪽.
44) 이현희, 『경재 김인전 목사의 나라사랑』, 동방도서, 2004.
45) 송현강, 「월남 이상재와 경재 김인전」, 『기독교문화연구』 26, 2023, 51~78쪽.
46) 한인수, 『호남교회 형성인물(I)』, 21~47쪽.

정리하는 논문을 발표했고,47) 안수강은 김필수의 성찬신학을 조명하는 연구를 수행했다.48) 안수강은 초기 한국인 목사 6명이 '하나님의 형상'에 대해 각각 어떻게 이해했는지를 파악하기 위해 그들의 설교문을 분석했는데, 김필수도 이기풍, 이만집, 원익상, 김창준, 이홍주와 함께 이 여섯 명에 속한다.49) 안수강은 일제강점기 한국인 목회자의 성화관과 국가 및 민족관을 파악하는 연구도 추가로 수행했는데, 이 연구들에도 김필수가 등장한다.50)

마지막으로, 배은희에 대한 연구가 여럿 있다. 배은희는 해방 이전에 서문교회에서 가장 오래 목회한 인물인데다, 사회운동과 빈민운동에도 참여했고, 해방 후에는 정치에도 참여한 활동가였다. 배은희에 대한 연구는 그의 자서전 『나는 왜 싸웠나』51)에서 출발한다. 이 자서전과 『전주서문교회 100년사』52)를 바탕으로 한인수는 배은희의 생애와 활동의 다양한 측면을 고찰한다.53) 한인수 외에는 이은선이 해방 후 배은희의 우익 활동에 대한 연구를 세 차례 수행했다.54)

---

47) 이재근, 「추강(秋岡) 김필수(金弼秀)의 생애와 유산: 목회자, 기독 사회운동가, 문필가」, 『한국기독교와 역사』 51, 2019, 75~112쪽.
48) 안수강, 「김필수(金弼秀) 목사의 성찬관 분석 그의 "球上無比의 紀念"(1922)을 중심으로」, 『갱신과 부흥』 24, 2019, 251~274쪽.
49) 안수강, 「『宗敎界諸名士講演集』(1922)에 나타난 '하나님의 형상'에 관한 논지 분석」, 『생명과 말씀』 35:1, 2023, 186~226쪽.
50) 안수강, 「일제 문화정치 초기 기독교 지도자들의 그리스도인들을 향한 호소문 분석: 『宗敎界諸名士講演集』(1922)을 중심으로」, 『신학과 실』 78, 2022, 787~813쪽; 안수강, 「일제 문화정치 초엽 『宗敎界諸名士講演集』(1922)에 나타난 그리스도인의 성화관(聖化觀) 분석」, 『기독교사회윤리』 52, 2022, 231~269쪽.
51) 배은희, 『나는 왜 싸웠나』, 1955.
52) 전주서문교회 100년사 편찬위원회, 『전주서문교회 100년사, 1893-1993』, 전주서문교회, 1999.
53) 한인수, 『호남교회 형성인물(I)』, 254~290쪽.
54) 이은선, 「대한독립촉성국민회와 기독교」, 『한국교회사학회지』 50, 2017, 287~325쪽; 이은선, 「독립촉성중앙협의회 지방 조직과 선전총본부의 활동」, 『한국개혁신학』 57, 2018, 233~278쪽; 이은선, 「배은희 목사의 해방 이후 정치활동 연구」, 『한국교회사학회지』 50, 2018, 319~362쪽.

여성 기독교인에 대해서는, 전주서문교회에 출석하며 기전여학교 교사로 활동하던 중에 고아원 사역을 하면서 전주선교지부와 연관을 맺은 방애인에 대한 연구도 있다. '조선의 성자'란 별명으로 불릴 만큼 특별한 삶을 살다가 24살에 단명한 방애인은 배은희가 1934년에 『조선 성자 방애인 소전』55)을 출간함으로써 전국에 알려졌다. 최근 방애인에 대한 평전이 출간되었다.56)

한편, 전주선교지부 테이트의 조사로 일한 후, 김필수, 윤식명과 함께 호남의 첫 한국인 목사 3인 중 하나로 전주선교지부 구역인 정읍에서 활동한 최중진에 대한 연구가 여럿 있다. 그는 호남의 첫 3인 목사라는 대표성을 띠지만, 동시에 선교사와 치리회에 저항하다 독립 교회를 만들어 이탈한 '자유교회 사건' 및 연이은 일본 조합교회 가입 사건 등으로 한국교회에 큰 충격을 주었다. 그에 대한 연구가 적지 않다. 한인수와 김수진은 호남기독교 역사에 대한 여러 책에서 최중진과 자유교회 사건을 부분적으로 언급한다. 그러나 한인수는 그의 생애 전반을 다루는 평전 형태의 글도 썼다.57) 소요한은 자유교회 사건을 연구했고,58) 일본 기독교 연구자들인 강신룡,59) 양현혜,60) 성주현,61) 배귀득62) 등은 최중진의 일본 조합교회 가입 사건에 집중했다. 또한 최중진이 1910년대에 천주교회, 장로교회, 자유교회, 조합

---

55) 배은희, 『조선성자 방애인 소전』, 전주유치원, 1934.
56) 이현우, 『방애인의 삶과 영성』, 한국기독교역사연구소, 2023.
57) 한인수, 「최중진 목사」, 『호남교회 형성인물(III)』, 경건, 2010, 285~311쪽.
58) 소요한, 「한국교회사에 나타난 초기 이단사상 연구」, 『한국기독교신학논총』 94, 2014, 193~217쪽.
59) 강신룡, 「한국인 기독교인들의 구미아이(組合) 교회 협력과 가입에 관한 일고찰」, 『한국기독교역사연구소소식』 22, 1996, 50~60쪽.
60) 양현혜, 「일본 기독교의 조선 전도」, 『한국기독교와 역사』 5, 1996, 184~207쪽.
61) 성주현, 「1910년대 식민지 조선의 일본조합교회 동향」, 『한국독립운동사연구』 24, 2005, 241~276쪽.
62) 裵貴得, 「1910年代, 崔重珍の自由敎会とその周辺」, 『전북사학』 40, 2012, 179~204쪽.

교회를 떠난 후 1920년대에는 정읍에서 민족운동과 사회운동, 언론운동에 적극적으로 나섰기에, 한국 근현대사 연구자들은 그의 사회운동가로서의 면모에 연구를 집중했다.63) 마지막으로, 최근에 이재근은 이 모든 다양한 면모를 아우르는 최중진의 변화를 추적하는 평전 형태의 논문을 출간했다.64)

III. 전주선교지부 '기관' 연구 현황과 과제: 선교지부, 교회, 학교, 병원

전주선교지부에 속한 기관에 대해서는 전주선교지부 자체에 대한 연구, 그리고 그 부속 기관인 서문교회, 신흥학교, 기전여학교, 예수병원에 대한 연구가 발표되었다.

1. 선교지부(선교스테이션, 선교기지, 선교구내)

선교지부(mission station)에 대한 번역어가 통일되지 않았기 때문에, 연구 현황을 찾으려면 선교부, 선교(미션)스테이션, 선교기지, 선교구내 등의 용어를 모두 활용해야 한다.65) 선교지부가 지역 핵심 도시에 자리를 잡고 주변 지역으로 서양 종교, 문명에 기초한 근대성을 전파하는 통로이자 센터가 된다는 지리학적, 지역사적 의미를 밝히는 연구가 적지 않았다. 서울

---

63) 김재영, 「1920년대 호남지방 형평사의 창립과 조직」, 『역사학연구』 26, 2006, 85~111쪽; 김재영, 「1920년대 호남지방 형평사의 활동」, 『역사학연구』 29, 2007, 237~278쪽; 조성운, 「1920년대 정읍지역의 민족운동」, 『숭실사학』 40, 2018, 215~243쪽; 박찬승, 「1920년대 정읍군의 민족운동과 사회운동」, 『한국근현대사연구』 90, 2019, 65~110쪽.
64) 이재근, 「호남 첫 목사 최중진(崔重珍, 1871-1932) 다면적 생애와 활동」, 『한국기독교와 역사』 60, 2024, 83~141쪽.
65) 본 논문의 마지막 단락에서 번역어 문제를 다룬다.

과 평양, 공주, 순천, 군산의 선교지부 등, 여러 교파 선교지부에 대한 연구가 진행되었다. 전주선교지부에 대해서는 송현숙과 원도연의 연구가 대표적이다. 지리학자 송현숙은 2005년부터 호남과 서울 등지의 선교기지 확장에 대한 연구를 진행했는데, 주로 역사가와 신학자의 영역인 선교사 및 기독교역사 연구 분야에 지리학과 인류학의 신선한 통찰을 가져다주었다.[66] 원도연은 전주선교지부가 학교, 병원, 교회, 묘역 조성을 통해 19세기 서양 근대성을 지역에 보여주는 의도적 기념물로 기능했다고 주장한다.[67] 김병희도 일제강점기에 전주와 수원에서 도로가 생겨나며 도시 경관이 변하는 모습을 살피는데, 전주의 경우, 전주선교지부의 서문교회, 신흥학교와 기전여학교, 예수병원이 도시화와 근대화를 촉진시킨 양상을 설명한다.[68] 이은선은 해방 후 복구된 전주선교지부가 전주의 근대화와 종교문화유산 발전에 끼친 영향에 주목한다.[69]

2. 전주서문교회

처음에 전주교회라 불린 전주서문교회의 역사에 대해서는 이 교회에서 100주년을 맞아 발행한 『전주서문교회 100년사, 1893-1993』이 상당히 중요

---

66) 송현숙, 「韓國 改新教의 展開過程(1893-1940년)에 관한 地理的 考察: 湖南地方을 事例로」, 『문화 역사 지리』 16.1, 2004, 63~88쪽; 송현숙, 「해방 이전 호남지방의 장로교 확산과정」, 『한국기독교와 역사』 23, 2005, 25~46쪽; 송현숙, 「섬진강 유역과 남동해안지역의 남장로교 확산경로」, 『대한지리학회 학술대회논문집』, 2012, 119~121쪽; 송현숙, 이명희, 정희선, 김희순, 「호남지방 종교지리 연구동향과 과제: 미 남장로회 선교기록물을 중심으로」, 『남도문화연구』 30, 2016, 359~395쪽.
67) 원도연, 「19세기 미션스테이션의 근대성과 기념의 문제: 전주스테이션의 사례를 중심으로」, 『지방사와 지방문화』 15:2, 2012, 35~76쪽.
68) 김병희, 「구한말~일제강점기 전주와 수원의 경관 변화: 식민지 경관 및 도로와의 관계를 중심으로」, 『역사와 교육』 21, 2015, 587~642쪽.
69) 이은선, 「해방 후 전주 스테이션과 장로교회들이 전주 발전에 미친 영향」, 『한국교회사학회지』 52, 2019, 109~148쪽.

한 사료이자 연구서 역할을 한다.70) 그보다 5년 전 1994년에 발간된 사진첩도 시각 사료로 유용하다.71)

전주서문교회 자체에 대한 연구는 많지 않지만, 이미 살펴본 대로, 전주서문교회와 관련을 맺은 선교사와 한국인 기독교인에 대한 연구는 적지 않으므로, 이들 인물에 대한 연구가 전주서문교회에 대한 연구의 일부라 할 수 있다. 추가로, 1993년에 설립 100주년을 맞은 전주서문교회가 선교지향적 목회를 통해 성장한 사례를 연구한 2010년 논문이 있다.72) 2017년에는 처음으로 고고학자가 전주선교지부와 전주서문교회, 신흥학교, 기전여학교, 전주예수병원 역사를 다루었다.73)

3. 신흥학교, 기전여학교

신흥학교와 기전여학교는 전주선교지부의 선교사들이 설립하여 운영한 미션스쿨들이다. 이들 학교에 대해서는 먼저, 남장로회 교육선교 정책과 활동 전체와 연결되어 연구되기도 했고, 둘째, 관련된 인물(선교사/한국인)에 대한 연구 속에서 소속과 배경으로 언급되기도 했다. 마지막으로, 민족운동, 특히 3·1운동과 광주학생운동 당시의 교사와 학생들의 주도와 적극적인 참여 양상을 중심으로 분석되기도 했다. 두 번째 주제는 이미 전주선교지부의 '인물' 영역에서 다루었고, 세 번째 주제는 '운동' 연구 현황을 다

---

70) 표지에는 저자를 100년사편찬위원회로 두루뭉술하게 표기하고 있지만, 편집후기에 따르면 주 집필자는 김대전 원로장로였고, 집필자 못지않게 꼼꼼했던 감수자가 한국기독교역사연구소를 만든 숙명여대 이만열 교수였다. 전주서문교회 100년사 편찬위원회, 『전주서문교회 100년사, 1893-1993』, 전주서문교회, 1999, 765~767쪽.
71) 전주서문교회백주년기념사진첩편집위원회, 『(사진으로 본)전주서문교회 100년』, 전주서문교회, 1994.
72) 신철웅, 「선교지향적 목회를 통한 건강한 교회성장 방안연구: 과천은파교회, 전주서문교회, 은혜제일교회를 중심으로」, 총신대학교 선교대학원 석사학위논문, 2010.
73) 진지훈, 「미국남장로교선교회와 전주서문교회」, 『성경과 고고학』 91, 2017, 124~149쪽.

루는 항목에서 따로 다룰 것이므로, 여기서는 첫 번째 주제의 연구 현황만을 언급한다.

남학교인 신흥학교는 올해(2024) 『신흥학교 120년사 연구』라는 새로운 학교사를 발간했다.74) 90년사를 발간한 후, 100년사를 발간하려고 하다가 여의치 못하여 올해 새로운 역사서를 발간한 것이다. 741쪽에 달하는 방대한 분량의 역사서로, 최신 연구 성과와 새로운 역사적 사실을 반영했다. 학교 자체 역사서와 민족운동 관련 연구를 제외하고, 신흥학교의 역사에 대한 가장 최근의 연구물은 이재근이 남장로회 교육선교 정책이라는 틀에서 분석한 신흥학교의 발전 과정이다.75) 이재근의 연구 이전에는 기독교학교 종교교육 실태의 사례로 신흥학교와 기전여학교를 연구한 교육학 논문이 있었고,76) 전북, 즉 군산과 전주의 네 기독교 학교에서 이루어진 근대교육에 대해 연구한 글이 있었다.77)

여학교인 기전여학교는 신흥학교보다 일찍 1982년에 『기전80년사』를 발행했다.78) 기전여학교를 남장로회 교육선교 전체의 틀에서 살펴본 논문은 위에서 언급한 이재근의 논문이 대표적이다.79) 이외의 연구는 모두 민족운동과 소속 선교사를 중심으로 다루고 있다. 한편, 신흥학교와 기전여학교만 특정하지는 않지만, 남장로회가 운영하는 미션스쿨에서 이루어진 아동교육 전반의 특징과 영향을 살펴본 김소정의 연구도 있다.80)

---

74) 신흥고등학교 역사편찬실 집필진(양건섭, 한학수, 윤성호, 김완수, 김응용), 『신흥학교 120년사 연구』, 전주신흥고등학교 역사편찬실, 2024.
75) 이재근, 「남장로교의 전주 신흥학교·기전여학교 설립과 발전(1901-1937)」, 『한국기독교와 역사』 42, 2015, 45~83쪽.
76) 박용화, 「청소년 영성발달을 위한 기독교학교 종교교육의 실태조사 연구」, 성공회대학교 신학전문대학원 박사학위논문, 2009.
77) 박나은, 「전북지역 기독교학교의 근대교육」, 전주대학교 대학원 석사학위논문, 2016.
78) 기전팔십년사편찬위원회, 『기전80년사』, 전주기전여자중고등학교, 1982.
79) 이재근, 「남장로교의 전주 신흥학교·기전여학교 설립과 발전(1901-1937)」, 『한국기독교와 역사』 42, 2015, 45~83쪽.

4. 예수병원

예수병원 설립자 잉골드에 대한 연구가 적지 않음을 이미 살펴보았다. 따라서 본 항목에서는 잉골드, 그리고 이미 언급한 간호선교사 프리처드와 관련된 연구를 제외하고, 예수병원에 대해 다루는 연구만을 정리하려 한다.

우선, 남장로회의 한국 의료선교 역사 전반을 다루는 책이 있다. 선교사 소피 몽고메리 크레인은 한국에서 이루어진 남장로회의 의료 선교 역사를 각 지역과 병원별로 간략히 다루는 역사서를 썼다.[81] 송현강은 해방 전 남장로회의 전북 지역 의료선교 역사를 다루면서, 군산예수병원과 전주예수병원의 역사를 소개한다.[82] 이외에는 연구가 없는 것으로 보아, 예수병원에 대한 연구자들의 관심은 대부분 병원에서 활동한 선교사 인력, 즉 의사(잉골드, 크레인)와 간호사(프리처드)에 집중되었음을 알 수 있다.

5. 한예정학교 및 한일장신대학교

한편, 한국에서 활동한 장로회 4개 선교회와 장로회 총회가 연합으로 운영한 평양신학교가 일제강점기 한국장로교회의 유일한 공식 신학교였지만, 전도부인, 심방, 보조, 성경공부 담당 교사 등을 양성하기 위해 설립된 소규모 성경학교나 사역자 양성기관이 여러 곳에 있었다. 그중 전주에는 1923년 9월에 한예정학교(Ada Hamilton Memorial Bible School)가 여성사역자, 즉 전도부인 양성을 위해 세워졌다. 이 학교는 광주에서 같은 기능으로 세워

---

80) 김소정, 「미국 남장로교 한국 선교부의 아동선교(1892-1945)」, 한남대학교 학제신학대학원 석사학위논문, 2014.
81) 소피 몽고메리 크레인, 정병준 역, 『기억해야 할 유산: 미국 남장로회 한국 의료선교역사』, CTS기독교TV, 2011.
82) 송현강, 「미국 남장로교의 전북지역 의료선교(1896-1940)」, 『한국기독교와 역사』 35, 2011, 47~77쪽.

진 이일학교(Neel Bible School)와 1961년에 합병한 후, 각각 한 글자씩을 차용하여 한일신학원이 되었고, 오늘날의 한일장신대학교로 발전했다. 따라서 한예정학교 및 이 학교가 양성한 전도부인에 대한 연구도 전주선교지부의 '기관' 연구에 포함된다. 이 분야에 대한 대표적인 연구는 임희모가 수행했다.83) 1961년에 합병된 한일신학원의 초대 교장 코라 웨일랜드(고인애, Cora Antrim Wayland, 1920~2007)에 대한 전기도 근래에 발간되었다.84)

IV. 전주선교지부 '운동' 연구 현황과 과제: 3·1운동, 민족운동, 사회운동

전주선교지부의 한국인 기독교인은 (순천을 제외하고) 3·1운동을 주도하고 적극 참여한 군산, 광주, 목포선교지부와 마찬가지로, 민족운동에 활발하게 개입한 유산을 보유했다. 전주서문교회, 신흥학교, 기전여학교의 기독교인이 전주 3.1운동의 주역이었음을 입증하는 연구 논문이 여럿이다. 전주선교지부의 3·1운동을 평가하는 연구물 대부분은 3·1운동 100주년 어간인 2019년 전후에 발표되었다. 그러나 그 이전에 가장 먼저 이 주제를 다룬 이는 조재승이었다.85) 그는 1915년의 사립학교법 거부, 1919년 3·1운동, 1929년 광주학생운동, 1930년대 신사참배 거부 운동 등을 모두 항일민족운동의 범주에 두고, 신흥학교 학생들이 항일운동에 적극적이었음을 증명한다. 성주현은 전주 3·1운동이 천도교와 기독교 등 종교인들, 특히 신흥과 기전의 학생들이 주도하고, 비폭력 평화시위로 진행되었고, 군자금 모금 등의 후속활동 등이 이어져, 전국적인 전형을 따랐다고 주장한다.86) 이진구

---

83) 임희모, 「미국 남장로교 한국선교회의 전도부인 양성과 교육 정책 연구(1902-1925)」, 『선교신학』 71, 2023, 251~279쪽.
84) 한일장신대학교 편, 『고인애 선교사의 삶과 사역』, 한국장로교출판사, 2023.
85) 조재승, 「전주신흥학교의 항일민족운동에 관한 연구」, 전주대학교 대학원 석사학위논문, 2003.

는 전주선교지부의 기관들이 3·1운동의 거점이었음을 종합적으로 밝혀, 이들에게서 기독교민족주의의 맹아가 보인다고 평가했다.[87] 이가연은 호남 지역 세 기독교 학교 여학생들의 참여를 비교했는데, 군중동원, 태극기 제작, 격문과 선언서 인쇄 및 배포, 시위 군중 주도 등 그 적극적 양상이 유사하다는 점을 지적한다.[88] 윤상원은 각각 전북 지역의 3·1운동을 연구하면서, 이 운동 이후 전주를 비롯한 전북에 '3·1운동 세대'라는 독특한 한국인 운동가 세대가 탄생했다면서, 이 세대가 강점기와 해방 후 '민족해방운동의 저수지' 역할을 감당했다고 주장한다.[89] 신종철은 전북 지역의 3·1운동에 기독교인이 대거 참여한 양상이, 아신대학교(ACTS)가 학교 설립 정신으로 강조하는 '신학공관,' 즉 복음과 상황, 선포와 봉사, 참여와 연합을 통한 바른 기독교 세계관을 가진 신앙인 양성이라는 가치에 부합한다고 주장한다.[90]

한편, 문헌학자 이현진은 전주 3·1운동에 적극 참여한 기전여학교 학생 명단이 연구마다 서로 다르다는 사실을 지적하며, 참고 사료를 교차검증해야 한다고 지적한다.[91] 이병규는 신흥학교가 1919년 3·1운동 참여 경험을 바탕으로, 10년 뒤에 광주에서 일어난 학생운동과 이후 신사참배 반대에 연이어 참여한 양상을 밝히며 민족운동 참여의 연속성을 보여준다.[92] 장경호는 3·1운동, 광주학생운동, 신사참배 반대 이외에도, 전주의 기독교인,

---

86) 성주현, 「전주지역 3·1운동의 전개과정과 그후 동향」, 『숭실사학』 40, 2018, 187~214쪽.
87) 이진구, 「미국 남장로회 전주 선교지부와 3·1운동」, 『한국기독교와 역사』 50, 2019, 43~72쪽.
88) 이가연, 「호남지역 기독교 여학교의 3.1운동: 수피아여학교, 기전여학교, 정명여학교를 중심으로」, 『석당논총』 74, 2019, 83~109쪽.
89) 윤상원, 「전라북도 3.1운동의 전개와 '3.1운동 세대'의 탄생」, 『전북사학』 57, 2019, 5~34쪽.
90) 신종철, 「ACTS 신학공관(共觀)'에서 본 전북지역 3·1운동 연구: 전북지역 남장로교 선교 스테이션을 중심으로」, 『ACTS 신학저널』 40, 2019, 55~99쪽.
91) 이현진, 「전주 3.1운동 기록을 통해 본 사료교차검증의 필요성: 기전여학교 참여자를 중심으로」, 『디지털문화아카이브지』 4:1, 2021, 129~147쪽.
92) 이병규, 「전주 신흥학교의 광주학생운동 참여와 신사참배 거부」, 『전북사학』 62, 2021, 121~152쪽.

특히 전주서문교회 목사 배은희가 신간회에 적극 참여한 사실을 알려준다.[93] 마지막으로, 교육학자 강민지는 일제강점기에 전주에서 진행된 학생들의 항일운동 역사에 대해서, 오늘날 같은 지역 학생들이 거의 모른다는 사실을 안타까워한다.[94]

V. 전주선교지부 '유산' 연구 현황과 과제: 문화유산과 유적

인물, 기관, 운동에 이은 마지막 영역은 문화유산과 유적이다. 전주선교지부에서 활동한 인물, 이들이 소속되어 활동한 기관, 이들이 참여한 운동이 모두 오늘날까지 이어지는 유산과 유적을 만들어냈다. 과거에 있었던 역사가 오늘날에 문화유산이나 유적으로 활용되고 있는 현상을 분석하거나, 혹은 문화 및 문헌유산으로 남기는 방법에 대해 논하는 연구문헌이 적지 않다.

전주선교지부 문화유산을 학문적으로 정리한 첫 논문은 송현강이 2008년에 썼다. 충청도와 전라도에 산재해 있는 유산을 종합적으로 다루는데, 전주의 유산도 포함되어 있다.[95] 이민휘는 전주 지역에 천주교와 개신교 공히 남긴 종교문화유산이 많은데, 이 유산들의 특징을 분석한 후, 이들을 연구, 관광, 지역 문화유산으로 활용하는 방안에 대해 연구했다.[96] 올해 최신 논문을 작성한 이현경은 2022년 10월에 개관한 전주 기독교 근대역사기념

---

93) 장경호, 「신간회 전주지회의 조직과 활동」, 『전북학연구』 8, 2023, 55~80쪽.
94) 강민지, 「일제강점기 전주지역 학교의 항일운동에 대한 중·고등학생들의 인식연구」, 전주대학교 교육대학원 석사학위논문, 2018.
95) 송현강, 「충청·전라 지역 기독교 문화유산의 현황과 내력」, 『한국기독교와 역사』 29, 2008, 97~129쪽.
96) 이민휘, 「전주지역 종교문화유산 활용방안 연구: 천주교와 개신교를 중심으로」, 전남대학교 대학원 석사학위논문, 2020.

관의 콘텐츠를 활용하여 문화체험교육 프로그램으로 활성화시키는 현실적인 방안을 고민했다.[97] 호남 지역에는 초기 기독교의 특징적 유산 중 하나인 ㄱ자 모양의 교회당이 두 군데 남아 있다. 하나는 익산두동교회이고 다른 하나는 김제금산교회이다. 익산과 김제 서부는 군산 선교지부 관할이었고, 김제 동부는 전주 관할이었으므로, 김제금산교회 옛 건물은 전주선교지부의 유산으로 포함된다. 이는 건축학, 문화인류학, 역사학 등의 관심의 대상이므로, 김윤상(2018), 김형언(2019), 박진석이 각각 융합학자, 건축학자, 설교학자로서 연구결과를 남겼다.[98]

한편, 선교사들이 남긴 기록물인 문헌 사료와 영상 사료를 통해 당대 역사를 오늘날 우리에게 복원시키는 방안을 고민하는 연구들이 있다. 이들이 모두 전주선교지부만을 다루지는 않지만, 전주선교지부를 포함하여, 당대 기록물이 오늘날 어떻게 문서화되고 널리 활용될 수 있을지 전략을 고민하게 한다.[99]

---

[97] 이현경, 「전주 기독교 근대 역사 기념관 문화 체험 교육 프로그램 활용 방안」, 공주대학교 문화유산대학원 석사학위논문, 2024.

[98] 김윤상, 「김제 금산교회의 한옥건축 특성과 경역에 관한 연구」, 『한국융합학회논문지』 9.10, 2018, 229~235쪽; 김형언, 「남녀유별의 관점에서 본 'ㄱ'자형 교회의 공간구성 특성에 관한 연구: 금산교회와 두동교회의 사례를 중심으로」, 『대한건축학회연합논문집』 21:5, 2019, 125~132쪽; 박진석, 「김제 금산교회 아름다운 한옥 예배당」, 『더 프리칭』 5, 2023, 9~12쪽.

[99] 이효원, 『내한 남장로교 선교사 기록물 활용방안: 도큐멘테이션 전략의 적용』, 한국기록관리학교육원, 2013; 송현숙, 이명희, 정희선, 김희순, 「호남지방 종교지리 연구동향과 과제: 미 남장로회 선교기록물을 중심으로」, 『남도문화연구』 30, 2016, 359~395쪽; 이정욱, 「서양인 선교사가 기록한 전주: 1936년 기록영상을 중심으로」, 『공존의 인간학』 10, 2023, 91~133쪽.

VI. 나가는 말: 연구동향과 과제

이상으로 미국 남장로회 한국선교회 전주선교지부에 대한 연구 현황을 '인물,' '기관,' '운동,' '유산'의 네 개 영역으로 나누어 살펴보았다. 연구 현황 특징을 다음 네 가지로 정리할 수 있다.

첫째, 현재 활동하는 연구자들은 1980년대 연구자들, 즉 차종순, 김수진, 한인수의 개척자적 업적에 크게 빚졌다. 이들의 연구는 단편적이거나, 반복적이라는 지적을 가끔 받는다. 처음 잘못 기술한 사실관계의 오류와 편향된 해석이 많은 언론과 개교회사, 인터넷 자료에서 반복 재생산되어 오류를 확산시키는 경우도 적지 않다. 그러나 사료 접근이 어렵고, 인터넷 온라인 시스템이 존재하지 않던 상황에서 현지를 찾아다니며 모으고 정리하여 발표한 문헌들로 인해 이후 연구자들이 큰 도움을 입었다. 차종순이 주로 광주 및 전남 지역에 집중했기 때문에, 전주선교지부를 비롯한 전북 기독교의 경우, 한인수와 김수진의 개척 연구가 이후 연구자들의 기반이다. 특히 한인수의 경우, 자신이 설립한 경건신학연구소를 통해 여전히 현역으로 호남 기독교 형성에 공헌한 한국인 및 선교사들에 대한 연구를 이어가면서, 연구 결과물을 자신이 발행하는 정기간행물 「호남교회춘추」와 도서출판 경건을 통해 발행하고 있다.[100]

둘째, 2세대 연구자들의 분전이 돋보인다. 2010년대 이전까지, 전국구 연구자를 확보하고 있던 서울과 평양, 북장로회와 북감리회에 대한 연구에 비해, 호남과 남장로회에 대한 연구는 극히 부족했다. 특정 지방을 특정 교파가 독점했기 때문에, 전국적이고 초교파적인 관심을 받기 어려웠다. 그러나 송현강(한남대 인돈학술원), 임희모(한일장신대), 한규무(광주대), 최영근(한남대 인돈학술원), 송현숙(총신대), 이재근(광신대) 등, 탁월한 연구

---

100) 경건신학연구소/도서출판 경건 홈페이지.
http://pietas30.org/bbs/new.php?gr_id=z03&view=&mb_id=&page=1.

역량을 갖춘 2세대 연구자들이 방대한 양의 연구를 쏟아내면서, 이제 북장로회나 북감리교회 관련 연구물의 양과 질에 크게 근접했다.

셋째, 현재의 발전에는 연구기관들의 역할이 컸다. 특히 한남대 인돈학술원과 국립순천대학교 인문학술원 같은 지역 연구기관들의 노력이 크게 기여했다. 한남대 인돈학술원이 2008년부터 다양한 주제로 매년 개최한 인돈학술세미나를 통해 발표된 논문들은 세미나 후 수정을 거쳐 역사학, 신학, 지역학, 선교학, 문헌학, 지리학 분야의 저명 학술지들에 실렸다. 현재 남장로회와 호남의 선교지부, 선교사, 한국인 사역자 등과 관련하여, 가장 많이 참고되고 인용되는 논문 다수가 인돈학술세미나를 통해 발표되었다. 순천대 인문학술원의 경우, 비교적 최근에 전남 동부 기독교 선교를 주제로 수차례 학술대회를 개최했으나, 지역 제한이 있으므로, 본 논문의 주제인 전주선교지부와 전북 기독교에 대해서는 아직까지는 큰 기여가 없다. 그러나 인문학술원이 범위를 호남 지역으로 확장할 계획을 갖고 있으므로, 차후 공헌이 클 것이다. 한국기독교역사연구소/한국기독교역사학회, 한국교회사학회 등을 통해 발표되는 연구, 호남의 신학대학(광신대/호남신대/한일장신대)과 기독교계 대학(한남대/전주대), 국립대(전남대/순천대) 등에서 생산된 관련 학위논문의 기여도 적지 않다.

넷째, 연구 범위와 주제, 방법론이 확장되고 있다. 1980년대 이후 2000년대까지 연구 주제 대부분은 첫 개척 선교사들, 첫 한국인 목사들, 첫 교회들이었다. 2010년대 이후 2세대 선교사, 의료선교사, 교육선교사, 여성선교사, 선교지부가 위치한 전주 바깥의 지역 교회와 한국인 기독교인들, 한국사의 주요 운동들(민족운동/독립운동/사회운동) 및 사건들과의 관계, 지리학적 분석, 아카이빙 등 문헌학적 방법론, 문화유산 및 유적 보존 방안 등으로 주제와 연구방법론이 확장되었다.

앞으로 보완해야 할 과제도 더 분명히 드러났다. 역시 넷으로 나눌 수 있다. 우선, 연구 대상의 편향성이 여전하다. 1980년대부터 개척선교사들에 대한 연구가 진행되었지만, 최근까지도 여전히 7인 개척선교사와 이들의 초기 동료들에 집중한다. 이들에 대한 새로운 글은 당연히 계속 필요하다. 이전에 밝히지 못한 내용도 적지 않고, 기존 연구의 오류도 적지 않기 때문이다. 현재 각 선교지부별 초기 선교사 다수에 대한 연구논문이 전기 형태로 연구되었다. 그러나 여전히 아직 다뤄지지 않은 이들이 많다. 특히, 1920년대 이후 입국한 2세대 선교사, 장기 근무하지 못하고 떠난 선교사, 여러 지부를 옮겨 다니느라 소속이 불분명한 선교사들이 있다. 여성 선교사들의 경우, 활동이 두드러진 교육선교사와 의료선교사들에 대한 연구는 있는 편이지만, 눈에 띄지 않는 일상을 산 독신선교사에 대한 연구가 더 필요하다. 연구가 가장 부족한 영역은 결혼하여 남편 선교사를 내조하는 데 거의 모든 시간을 보낸 아내 선교사들이다. 전주뿐만 아니라, 호남 전역이 마찬가지다.

둘째, 선교지부는 선교사들의 공동체이므로, 선교지부 연구는 선교사에 집중될 수밖에 없다. 그러나 선교지부에서 이들과 함께 한 한국인 사역자들(조사, 전도부인, 지역교회 한국인 목사) 및 한국인 일꾼들(건물관리인, 요리사, 유모, 조수, 이들의 자녀들)에 대한 연구, 즉 이들이 어떤 이들인지, 어떤 역할을 맡았는지, 제국주의 및 인종주의 시대를 살던 부유한 선진국 출신의 백인들과 어떤 관계를 맺었는지 등에 대해서도 연구해야 한다.

셋째, 선교지부가 위치한 본부 도시, 예컨대, 전주, 군산, 목포, 광주, 순천 외에, 각 선교지부가 관할한 지방 시군에서 이 지역을 순회하던 선교사들의 지역별 활동, 지역교회 한국인 사역자들의 역할, 선교사와 한국인 사역자와의 상호 관계, 개별 지역교회의 역사, 지역 거주민들과의 관계 등을 주목해야 한다. 즉, 확장 선교지부(extended mission station) 개념을 염두에 두어야 한다. 전주선교지부의 경우, 전주, 완주, 익산, 금산, 김제, 무주, 진안, 장수, 정읍, 남원, 임실, 순창 등이 여기에 포함된다.

마지막으로, 용어 혼재가 여전하다. 선교사들의 소속을 구분하는 최소

행정단위이자 생활공간인 mission station에 대한 번역어가 연구물마다 제각각이다. 아래 표를 보자.

〈표 1〉 선교사들의 소속 및 거주 공간 명칭

조직		번역 사례 1	번역 사례 2	번역 사례 3
북장로회	Board (of Foreign Missions)	(해외) 선교본부	(해외) 본국선교부	(해외) 선교국
남장로회	Executive Committee (of Foreign Missions)	(해외) 선교실행위원회	(해외) 선교집행위원회	(해외) 선교특임위원회
Mission		선교회	선교부	선교
Mission Station		선교지부	스테이션	선교부
Preaching Outpost		지역 설교소	선교 전초기지	순회 설교소
Mission Compound		선교구내	선교기지	선교사 마을

선교사들의 소속은 Board/Executive Committee → Mission → Mission Station → Mission Outpost로 이어지는 상하 단계를 따른다. 본국 교단에서 선교를 관할하고 책임지는 기관이 Board(북장로회)/Executive Committee (남장로회)이고, 해외 각국에 파견된 선교사들을 아우르는 선교지 국가에 세워진 최상위조직이 Mission이다. 대개 한 나라에 하나씩 있지만, 선교지 범위가 넓었던 19~20세기 중국에는 한 교파의 Mission이 여럿 있기도 했다. 한 선교지 국가의 선교를 총괄하는 본부인 Mission 산하에 지역별로 Mission Station이 있었고, 도시에 설립된 Mission Station의 하위 조직은 시골 Preaching Outpost가 있었다. 선교사들이 생활하고 거주하는 지역공간은 Mission Compound라 불렀는데, Mission Station과 같은 공간인 경우가 많지만, 전자는 주로 생활공간을 지칭할 때, 후자는 행정공간을 지칭할 때 사용된다.

모든 영어 단어를 일관되게 한국어로 번역한다는 원칙,[101] 크기와 상하 위상별로 식별 가능한 용어를 사용한다는 원칙,[102] 한국의 선교단체들이

---

101) 따라서 station을 영어 발음 그대로 '스테이션'이라고 표기하지 않는다.

일관되게 자신들을 '선교회'[103]라고 부른다는 통일성의 원칙을 고려할 때, 필자는 도표의 '번역사례 1'이 가장 좋다고 생각한다. 따라서 필자의 논문은 "**미국 남장로회 해외선교실행위원회**(PCUS Executive Committee of Foreign Missions)가 한국에 파견한 **미국 남장로회 한국선교회**(American Southern Presbyterian Korea Mission)에 속한 다섯 개 지부 중 하나인 **전주선교지부**(Jeonju Mission Station)에 대한 연구 현황"을 연구한 것이다.

---

102) 따라서 "선교본부(집행위원회)-선교회-선교지부" 순서를 따른다.
103) (합동)총회해외선교회(GMS), 한국해외선교회(GMF), 대학생선교회(CCC), 한국기독학생회(IVF), 대학생성경읽기선교회(ESF), 성경번역선교회(GBT), 중국내지선교회(CIM) 등.

5장

군산선교부의 연구 현황과 과제

임희모

I. 서론

　미국 남장로교 총회의 해외선교실행위원회(이하 실행위)가 한국에 파송한 개척선교단 7인 중 1명은 1892년 10월 17일, 6명은 11월 3일에 제물포에 도착하고 각각 다음 날 서울에 입성하였다. 이들은 도착 후 곧 11월 11일에 실행위의 직속 기구로 한국의 선교회(이하 한국선교회)를 조직하고 실행위에 보고하였다. 한국선교회는 미국 북장로교 선교회와 호주장로교 선교회와 더불어 1893년 1월 28일에 장로교선교회공의회를 조직하였다. 이 공의회는 호남지역(충남, 전북, 전남, 제주도 포함)을 한국선교회에 할당하는 선교지 분할을 체결하였다. 이후 한국선교회는 전라북도에 1896년 군산선교부와 전주선교부를 각각 세우고, 전라남도에는 1898년에 목포선교부, 1904년에 광주선교부 및 1913년에 순천선교부를 세웠다.

　1892~1987년간에 447명의 한국선교회 소속 선교사들이 호남지역에서 활

동하였으나 출신지가 확인된 선교사는 396명이다.[1] 상기 5개 선교부 선교사들이 1940년 11월과 1942년 6월 초에 일제의 압박과 미국 정부의 요청으로 모두 철수한 이후 다른 4개 선교부들은 1947년 이후 재개설되었다. 그러나 군산선교부는 다시 개설되지 못하였다. 이로 인하여 군산선교부 소속 선교사의 수는 다른 선교부 소속 선교사의 수에 비하여 적은 47명이다.[2]

본 글은 이들 47명의 선교사들이 소속된 군산선교부에 대한 연구 현황을 조사하여 분석하고 과제를 도출하는 것이다. 이를 위하여 본 글은 우선 군산선교부 선교사들이 활동한 선교 사역과 여기에 동역한 지도자급 한국인들을 파악하려 한다. 이들은 크게 3분야 즉 복음전도 사역, 병원 사역 및 교육 사역 등을 행하였다. 그런데 이들의 사역이 진행됨으로써 일어난 결과 혹은 영향, 예컨대 3.5만세운동도 역시 파악되어야 할 것이다.

여기 연구방법은 본 필자가 우선 군산선교부 선교사들의 활동을 연구하면서 이에 대하여 이미 연구된 자료들을 각주로 처리하는 방식으로 접근하려 한다. 연구가 아직 되어있지 부분 혹은 항목에 대해서는 본 필지기 원자료 혹은 1차 자료를 각주로 매길 것이다. 여기에서 언급한 이미 연구된 자료들이란 각주가 매겨진 자료들로서 기본적으로 객관적, 비판적, 학문적 관점으로 분석된 연구 논문, 학술 저서 및 보고서 등을 포함한다. 그러나 신문이나 잡지 기사의 경우 선교사 자신이 활동하던 시기의 기사는 참고문서의 성격을 지닌 것으로 각주로 활용될 수 있다. 학위논문의 경우 비판적 분석 과정을 거친 박사학위논문 외에 희귀하고 값진 연구물로 인정되는 석사학위논문도 각주에 포함시킬 것이다.

---

1) 인돈학술원 편, 『미국남장로회 내한선교사 편람(1892-1987)』, 한남대학교 출판부, 2008, 3쪽.
2) 상기 자료의 112~114쪽은 군산선교부에서 활동한 선교사들의 총수를 52명으로 나열하였으나 몇몇의 이름이 누락되었거나 오류로 첨가되어 있어서 본 필자가 일일이 확인하고 47명으로 조정하였다.

II. 한국선교회의 선교사 활동 전반에 대한 연구물

1. 선교사 인명록: 편람, 총람, 사전

선교사 연구에 있어서 기초자료를 제공하는 선교사 인명록이 중요하다. 이들의 출판된 연대 순서 즉 연대기 순으로 나열하면, 먼저 1987년에 출간된 한국 주재 개신교 선교사 자료집3)이 있다. 이 인명록은 앞부분에 40개 선교회(남장로교선교회: SP 포함)가 파송한 선교사들의 영문 이름과 선교회 이름, 사역 지역과 기간 등이 간략하게 나열되었고, 책의 뒷부분에 이들의 한글이름이 붙어있다. 한편 1994년에 한국인들에 의한 내한 선교사 총람이 출간되었다.4) 이 자료집은 선교사들의 활동과 주요 저서와 논문 등을 포함하고 있다.

미국 남장로교 선교사들에 대한 자료집은 2개가 있다. 하나는 한국선교회의 선교 25주년이 지난 시점인 1919년에 니스벳 부인(Mrs. Anabel Major Nisbet)이 남장로교의 한국선교 역사를 정리하고 부록에 1892년부터 1919년 간에 활동한 선교사들의 첫입국과 출국 상태를 덧붙였다.5) 책 출판 원고를 제출한 니스벳 부인이 한국에 머무르고 있는 시점(1919년)에서 미국에서 비공식적 위원회가 조직되어 이 책의 내용 일부(부록 포함)를 수정한 것으로 보인다. 1892~1919년간 108명의 선교사가 한국으로 파송되어 9명이 순직하였고 27명이 단기선교 등 이유로 미국으로 귀국하였다. 한편, 인돈학

---

3) Allen D. Clark, *Protestant Missionaries in Korea: 1893-1983*, The Christian Literature Society of Korea, 1896.
4) 김승태·박혜진 엮음, 『내한 선교사 총람 1884-1984』, 한국기독교역사연구소, 1994.
5) Mrs. Anabel Major Nisbet, *Day in and Day out in Korea*, Presbyterian Committee of Publication, 1919. 특히 여기에서 논의하는 부록은 191~193쪽. 이 책의 한글번역본은 애너벨 메이저 니스벳 지음, 한인수 옮김, 『호남 선교 초기 역사: 1892-1919』, 도서출판 경건, 1998, 213~216쪽. 이 부록에 나열된 첫 인물이 Alexander로서 그의 한국입국 년도가 1902년인데 1903년으로 오기되어 있다. 이 오기가 유일한 오기로 보인다.

술원이 2007년에 남장로교 내한선교사 편람을 편찬하였다. 이 책은 477명에 이르는 한국선교회 소속 선교사들에 대한 간단한 약력을 소개한다.6) 이 편람은 우선 내한선교사 명단을 만들고 이들의 유형별 활동 현황 즉 선교부별, 활동시기별, 선교유형별로 분류하였고, 뒷부분에서 선교사별 약력을 소개하였으나 오류가 적지 않다. 2020년에 미국장로교 한국선교회(1983년에 남·북 장로교회가 통합되었음)가 『미국장로교 내한선교사 총람(1884-2020)』을 편찬하였다.7) 이 총람은 1884년부터 2020년까지 한국에 파송된 약 1,000명의 장로교 선교사들의 개인별 신상명세, 활동내용, 활동지역 및 영역 등을 서술하였고, 후반부에 내한연도별 순서로 선교사들을 나열하였다. 이 자료 역시 미국 중심의 자료로서 임명년도를 내한년도로, 그리고 사임년도를 이한년도로 기록하고 있다. 이를 유념하여 한국의 연구자들은 이들의 한국 입국년도와 이한년도를 다시 확인할 필요가 있다. 이 외에도 1884~1910년간에 내한한 4개 장로교(NP북장, SP남장, AP호장, CP캐장) 선교사 중 중요한 기록을 남긴 169명의 활동을 분류하고 신학을 성리한 글도 있다.8)

2022년에 내한선교사사전 편찬위원회가 한국주재 내한 선교사들을 조사하고 연구하여 내한선교사사전을 편찬하였다.9) 이 저작물은 1985년까지 내한한 43개 선교회의 선교사 3,179명 중 활동한 자료를 남긴 2,749명을 수

---

6) 인돈학술원 편, 『미국남장로회 내한선교사 편람(1892-1987)』, 한남대학교 출판부, 2008, 112~114쪽. 군산선교부에서 활동한 선교사들의 몇몇 이름이 누락되었고, 반대로 활동하지 않은 선교사들이 포함되는 등 오류와 오기가 있어서 본 필자가 일일이 확인하여 47명으로 조정하였다.
7) 미국장로교 한국선교회(임춘식) 편, 『미국장로교 내한선교사 총람 (1884-2020)』, 미국장로교 한국선교회, 2020.
8) 임희모, 「내한 [장로교] 선교사의 사역과 신학」, 『한국교회 생명선교신학과 통전선교전략』, 도서출판 케노시스, 2013, 12~57쪽.
9) 내한선교사사전 편찬위원회 편, 『내한선교사 사전』(*Biographical Dictionary of Christian Foreign Missionaries in Korea*), 한국기독교역사연구소, 2022.

록하였다. 여기에는 각 선교사의 활동을 서술하고 사진과 함께 주요저술과 참고문헌 등을 붙여놓았다. 부부 선교사의 경우 남편 중심의 서술을 함으로써 부인들의 기록 분량은 상대적으로 적다. 이 사전은 어느 선교사건 기본적인 내용 이외에 참고 자료를 덧붙여 놓았다. 이로 인하여 연구자들은 이 자료를 기초로 더 많은 자료를 수집하여 더 깊은 연구를 이어갈 수 있을 것으로 추측된다.

이 사전이 취급하는 교단 별 선교사 수에 있어서 미국 남장로교 선교사 수가 많은 순으로 2위로서 448명이 기록되었다. 이는 미국 북장로교 선교사 수 454명에 비하여 6명이 적다. 그러나 북장로교 선교사 수가 남장로교의 수보다 훨씬 많은 것이 사실이다.10) 이를 감안할 때 북장로교 선교사 연구자들이 이 인명사전에 기입할 선교사를 너무 엄격하게 선별하였거나 혹은 자료수집의 소홀에 기인한 것으로 보인다.

2. 한국선교회의 활동에 대한 미국인들의 저작물

미국 남장로교의 한국선교에 대한 미국인들의 저작물은 체스터 총무(Samuel H. Chester),11) 니스벨 부인(Mrs. A. M. Nisbet),12) 브라운 선교사(George

---

10) 1884년 9월 20일부터 1934년 8월 2일까지 활동한 미국 북장로교의 한국주재 선교사 수는 295명이다. Harry A. Rhodes(Editor), *History of the Korea Mission, PCUSA*, Vol.1 (1884~1934), 대한예수교장로회총회교육부, 1984, 625~672쪽. 참고로 남장로교 한국주재 선교사 수(안식선교사와 협력선교사 포함)는 1934년 현재 86명이었다(1934년 SPMK 연례회의록, IV). 그런데 남장의 1919년 통계(Mrs. A. M. Nisbet, *Day in and Day out in Korea*, 191-193)에 의하면 1892~1919년간에 출국·출입하여 활동한 선교사 총수는 108명이었다. 이중 사망자 9명과 철수한 자 27명 등 36명, 즉 총인원의 1/3이 빠진 72명이 1919년에 활동하였다. 이러한 비율(1/3)을 감안할 때 1934년의 경우 86명이 현존하여 활동하고 43명은 순직하거나 이한하여 1892~1934년간의 선교사 총수는 129명으로 추산된다. 여기 두 선교회 간의 수치의 차이는 (북장 295명 - 남장 129명) 166명으로 크게 나타난다. 이러한 차이에도 불구하고, 내한선교사사전은 북장과 남장의 선교사 수를 거의 같게 기술하고 있다.

11) Samuel H. Chester, *Lights and Shadows of Mission Work in the Far East*, The

Thompson Brown), 그리고 크레인 부인(Mrs. Sophie Montgomery Crane)의 책이 있다. 체스터 총무는 1897년에 중국과 한국 및 일본에 있는 남장로교 선교 현장을 답사하고 현장 상황과 정책 등 선교보고서를 제출하였다. 그는 각 나라별 선교사 연봉 책정, 재산권 문제 및 자립정책 등을 비교하였다. 니스벳 부인 선교사는 1919년까지의 남장로교 초기 선교 전반에 걸쳐 서술하였다.

상기 브라운 선교사는 1962년까지 남장로교 선교 역사를 정리하였다.[13] 그는 1963년에 통과된 그의 학위논문 중에서 주요부분을 편집하여 1962년에 출판하였다. 이 책의 부록에 1961년까지 임명된 선교사 명단 첨부되어 있는데 이는 한국인 독자들에게 역사적 오류에 빠지게 한다. 선교사 파송에 있어서 실행위가 우선 선교사 임명과 임지를 결정하지만 대개 6개월 혹은 3년의 준비기간을 거친 후 임명된 선교사가 한국에 입국하기 때문에 임명날짜와 입국날짜에 차이가 난다는 사실을 연구자들은 확인해야 한다. 한편 브라운은 학위논문에서 자세하게 역사적 내용들을 서술하고 있지만, 책 출판에 앞서 그 내용들에 대하여 논리적 검열과정을 거친 것으로 보인다. 예를 들면, 논문은 코잇(R. T. Coit) 선교사의 말을 빌려 테이트 선교사가 1898년에 순천 장터에서 복음을 전하였다고 기술하지만, 이 책은 테이트라는 이름을 적시하지 않았다. 왜냐하면 역사적 논리를 통해 볼 때, 전북의 전주선교부 소속의 테이트가 당시 전남의 동부 오지인 순천에 들러야 할 이유가 없고 또한 그는 전주에서 저택 2채를 건축하느라 바쁜 상황에서 순

Presbyterian Committee of Publications, 1899.
12) Anabel Major Nisbet, *Day in and Day out in Korea*; 에너벨 메이저 니스벳 지음, 한인수 옮김, 『호남 선교 초기 역사: 1892-1919』, 경건, 1998.
13) George Thompson Brown, *Mission to Korea*, Board of World Missions, Presbyterian Church U.S. 1962; 조지 톰슨 브라운 지음, 천사무엘·김균태·오승재 옮김, 『미국 남장로교 한국 선교 역사(1892-1962)』, 동연, 2010. 이 번역본은 브라운 원본의 연보를 제외하고 번역되었다.

천 전도여행을 할 여력이 없다는 것을 브라운은 이미 알았던 것으로 추측된다.14)

한국선교회의 의료선교 역사에 대하여 크레인 부인(Mrs. Sophie Montgomery Crane)이 간략하게 정리하였다. 그녀는 원래 1881~1983년까지 실행위가 의료선교를 행한 세계 9개국의 의료선교 역사를 서술하였다. 그런데 번역자 정병준이 한국 부분만을 별책으로 출판하였다.15) 이 번역본은 1894~1983년까지 한국에서 활동한 의료선교사들을 다루고 있으나 군산선교부의 경우 1894~1940년까지 기록하였다.16)

3. 한국인들에 의한 교과서적 저작물과 자료들

남장로교 한국선교회의 호남선교 25주년(1917년)과 40주년(1932년)을 각각 기록한 자료집이 있다. 한국인들이 자료집을 정리하였으나, 한국선교회는 이를 사료로 인정하지 않았다.17) 1970년대 말에 이르러 한국인들에 의

---

14) 임희모, 「미국 남장로교 한국선교회의 순천선교부 개설 배경 연구: 1892-1912년 중심」, 『장신논단』 53-1, 2021.3, 247~276쪽.
15) Sophie Montgomery Crane, *A Legacy Remembered*, 정병준 옮김, 『기억해야 할 유산: 미국남장로회 한국 의료선교 역사』, CTS, 2011, 75~83쪽, 277~285쪽.
16) 이외에 남장로교 선교사인 Martha Huntley, *To Start a Work: The Foundations of Protestant Mission in Korea(1884-1919)*, Publishing House of PCK, 1987가 있으나 한국선교회 소속 선교사들에 대한 인용은 많지 않다. 이 책은 한글로 번역되어, 마르다 헌트리 지음·차종순 옮김, 『새로운 시작을 위하여: 한국초기교회역사: 1884년부터 1919년 삼일운동까지』, 쿰란출판사, 2009로 출판되었다. 그런데 오역이 눈에 띄는데 이 중 하나는 서서평(쉐핑) 선교사가 "1912에 발병한 스프루로 인하여 ... 내내 고통을 겪었다."(826쪽)는 것이다. 영어 원문은 "Elise Shepping suffered terribly from sprue most of her missionary career which began in 1912."(p.476)이다. 서서평은 1912년에 한국에 입국하여 광주에서 선교사역을 시작하여 1914년에 군산으로 전임되어 활동하던 1915년에 스프루(만성장흡수부전증)에 감염되어 선교사역 내내 심하게 고통을 겪었다. 당시 의사선교사들은 스프루의 실체를 알지 못하여 한국음식을 먹음으로써 발생한 맹장염 정도로 진단하였다. *The Missionary Survey*, Oct. 1915, p. 752.
17) 전라북로회 기념식 준비위원회 리승두·리자익·홍종필, 『전라도선교 25주년 기념』, 1~29쪽;

한 교과서적 저작물이 생산되었다. 김수진과 한인수는 상기 브라운의 책과 미국의 선교기관지에 실린 선교사들의 서신(보고서)과 한국교회가 생산한 장로회 사기(상권)18) 등을 활용하여 공저의 책을 출판하였다.19) 호남기독교 전반에 걸쳐 나름대로 선교적 관점을 제공하는 이 책은 한국의 일반역사 연구자들에게는 귀중한 원천 자료 역할을 하였다. 군산선교부의 경우 개설과정과 복음전도에 비중을 두었으나 교육선교와 병원선교에 대해서는 다소 소홀히 다루고 있다. 이 책의 부록에 달린 선교사 입국 연보는 브라운의 영문판 자료와 거의 동일하다. 이는 임명 날짜와 한국 입국 날짜가 다름에 따라 한국 입국 날짜 기준으로 서술해야 할 것이다.

또한 김수진은 한국선교회의 호남선교100주년이 되는 1990년대에 2권의 책을 출판했다. 하나는 1992년에 출간된 『호남선교 100년과 그 사역자들』인데, 그는 약간의 각주를 넣어 자료의 신빙성을 보이면서 군산선교부와 관련 사항으로 157~172쪽에서 박연세 목사를 서술한다.20) 다른 하나는 1998년에 출판된 『호남 기독교 100년사: 전북편』이다. 어기에서 그는 군산지방의 교회들과 전킨(전위렴) 선교사가 세운 7개 교회들과 2개의 학교를 서술하고, 또한 부위렴 선교사가 부분적으로 관계한 부안지방과 익산지방의 3~4개 교회들의 성장을 기록한다.

1998년에 주명준 교수는 전주나 군산 선교의 배경사로 천주교의 전래와 개신교의 전래 및 미국 남장로교의 한국선교회 등을 나열한다. 이후 그는 전주 기독교에 이어 군산 지방의 기독교 전래를 서술하고, 군산선교부와 관련된 익산지역의 기독교 전래와 학교교육을 서술한다.21) 그는 적절하게

『전라도 선교 40쥬년 략력』, 1~24쪽.
18) 편저자 차재명, 『조선예수교장로회사기(상)』, 한국기독교사연구소, 2018.
19) 김수진·한인수, 『한국기독교회사: 호남편』, 범론사, 1980.
20) 김수진, 『호남선교 100년과 그 사역자들』, 고려글방, 1992, 157~172쪽.
21) 주명준, 『전북의 기독교 전래』, 전주대학교 출판부, 1998, 119~178쪽, 205~222쪽, 281~288쪽.

각주를 붙여 글의 신뢰성을 확보하고 있다. 한편, 한남대학교가 개교 60주년을 맞아 한국선교회의 몇몇 선교사들을 가볍게 서술했다. 군산선교부에서 활동한 선교사로 윌리엄 전킨 선교사와 인돈(William A. Linton) 선교사의 생애와 삶을 다루고 있다.22)

송현강은 그동안 남장로교 선교사들에 관하여 수많은 논문들을 생산하였다. 이러한 자료들 중 일부를 선별하여 2018년에 교과서적으로 요약하거나 변형하여 책으로 출판하였다.23) 책의 첫 부분에서 송현강은 남장로교의 출범, 신학적 특성, 그리고 1902년 현재 남장로교의 해외선교 상황을 기술하고, 책의 끝 부분에서 해방 후 신설된 대전선교부와 한남대학교 설립을 서술함으로써 다른 교과서적 책들과 차별화하고 있다.

한국선교회의 특정 선교사 혹은 군산선교부 등에 대한 논문이나 글을 쓸 때에 이러한 교과서적 자료들을 앞과 뒤로 엮어서 잘 배치하고 논리화시키면 좋은 글이 될 수 있을지도 모른다. 더구나 오늘날 내러티브 방식의 글을 선호하는 경향이 연구 경향의 한구석을 차지하는 상황에서 더욱 그렇다. 그러나 여기에서 한걸음 더 나가 새로운 자료를 수집하고 분석하여 글을 쓸 필요가 있다. 이들 자료와 서술에 대한 정확성과 사실성 등을 확인하고 인용함으로써 오류나 오기의 재생산 혹은 한계를 넘어설 수 있을 것이다.

---

22) 한남대학교 교목실 엮음, 『미국남장로교 선교사 열전』, 동연, 2016, 43~64쪽, 133~ 162쪽.
23) 송현강, 『미국 남장로교의 한국선교』, 한국기독교역사연구소, 2018.

Ⅲ. 군산선교부 개설과 복음전도 선교사들[24]

1. 남성 복음전도 선교사

1) 의료선교사 드루와 복음전도 선교사 전킨의 군산선교부 초기 활동

1894년 3월 30일에 선교사 레이놀즈와 드루가 처음으로 군산에 도착하였다. 특히 의료선교사 드루는 한국의 봄에 완전히 매료되었다. 군산을 시작으로 서남해안을 6주간 레이놀즈와 탐사했던 드루는 5월 4일 서울 도착 직후 작성한 첫 편지에서 다음의 내용을 담은 장문의 선교단상을 기록했다.

> "봄의 옷을 입은 이 지역은 극단적인 아름다움을 드러낸다. (제대로 발육하지 못한 소나무들과 키 작은 나무들만 있었지만) 숲이 죽 펼쳐지지 않아서 미국인의 눈을 만족시키기에는 무엇인가 부족한 모습을 드러낸다. 그러나 결코 뇌리에서 하나라도 지워지지 않을 산들이 가끔씩 나타난다. 이 산들의 이곳저곳의 산자락을 아름다운 야생화들이 분홍색깔, 혹은 파랑 혹은 노란색으로 덮고 있다. 그리고 지도를 보면서 우리가 기대하는 것보다 그 수나 크기에 있어서 훨씬 더 많고 더 큰 섬들이 많다. 그런데 이들의 풍경의 아름다움을 일본의 그 내륙 호수도 결코 능가할 수 없다. 거의 모든 섬에는 높은 언덕이나 산이 있고, 한없이 많은 동그란 돌들과 환상적인 바위들이 있고, 양 쪽에는 에메랄드 색깔의 초록의 밀밭과 보리밭이 펼쳐지고, 조약돌과 모래로 작은 띠를 이룬 해안가, 그 주위를 감싸며 푸른색 혹은 맑은 물로 채워져 지표 아래 3-4미터 물속에서 유영하는 물고기를 볼 수도 있다."[25]

---

24) 김수진, 「호남지방 교회의 역사」, 『한국기독교와 역사』 제3호, 1994, 103~144쪽, 군산선교부 관련 서술은 112~115쪽; 김태웅, 「군산부 주민의 이동사정과 계층분화」, 김종수·김민영 공저, 『새만금도시 군산의 역사와 삶』, 선인, 2012, 85~139쪽; 이재운·정석동, 「군산선교부에 대한 연구」, 『역사와 실학』 55, 2014, 275~325쪽; 방연상·송정연, 「기독교가 군산지역에 미친 사회적 영향: 남장로교 선교사 편지를 중심으로」, 『인문과학』 제111집, 2017.12, 63~85쪽.

25) A. D. Drew, "An Interesting Mission Field," *The Missionary*, July 1894, p.287.

드루는 군산과 주변 풍경에 완전히 매혹되었다. 그에게 한국의 이러한 자연경관, 즉 바다와 섬과 산과 들판의 풍경이 이상적인 휴양지로 보였다. 탐사여행 후 드루는 서울 전킨의 사랑방 교회에서 의료지원을 하였다. 1894년 만주 일본군 사이에 발생한 콜레라가 의주와 평양을 통해 1895년에 서울에서 유행하였다. 이에 대한 치료를 주로 미국 의사선교사들이 담당하였는데[26] 드루도 여기에 참가하여 명성이 높았다. 그는 1895년 봄과 가을에 전킨과 함께 군산에 내려와 협력적 복음전도를 하였다.[27] 이듬해 4월 6일 전킨 목사는 그의 집 사랑채 교회에서 송영도, 김봉래, 차일선 등 3인을 원입교인 문답 시험에 합격시켰고, 7월에는 송영도와 김봉래가 세례문답을 통과하여 이들에게 세례를 베풀고 성찬식을 거행하였다. 이로 인하여 군산 전킨의 집 교회가 호남 최초의 교회 즉 군산교회로 출범했고, 10월에는 송영도의 딸에게 유아세례를 베풀었다.

그러나 당시 군산의 교통조건(제물포-군산 간 증기선의 잦은 중단)과 식량조달의 어려움, 주거시설의 악조건(출입문 1개와 작은 봉창 1개가 달린 초가흙벽집 대개 8x8피트=2.4mx2.4m 넓이), 천정이 낮은 초가집 방에서 밥(식사)을 만들어 먹어야 하는 미국 가정의 음식문화의 한국적 적응 문제, 여름 장마철 진흙길을 걸어야 하는 도로 사정 등으로 전킨과 드루 가정은 '영웅적 고난'(heroic suffering)[28]을 살아야 했다. 한국선교회의 제5차 연례회의(11월 3~6일, 서울)는 이러한 악조건 상황의 군산 대신에 나주에 선교부를 세운다고 결정하였다. 이에 전킨 부인도 군산선교부가 아마도 목포

---

26) O. R. Avison, "Cholera in Seoul," *Korea Repository*, Sept. 1895, 339~344쪽.
27) 이남식, 「남장로교 선교사 윌리엄 M. 전킨의 한국선교 활동 연구」, 전주대학교 대학원 박사학위논문, 2012; 전병호, 『호남최초의 교회설립자 이야기 전킨 선교사』, 군산시기독교연합회 전킨기념사업회, 2018; Edward Junkin, 라성남 옮김, 『나의 아버지 전킨 선교사』, 누림과 나눔, 2019; 정석동, 「20세기 초 전북노회의 설립과 교세확장」, 『전북사학』 Vol 51, 2017, 147~182쪽.
28) *Korea Repository*, Nov. 1896, p.457.

위쪽에 있는 어떤 도시[나주]로 이전할 것이라고 지인들에게 편지를 썼다.[29] 회의가 끝나고, 선교사들 6인(전킨과 드루 불참)이 군산을 거쳐 11~12월에 나주와 광주 등을 탐방하였다. 그러나 극도의 보수성을 지닌 나주주민들이 선교사들을 거부함으로써 나주에 선교부를 세울 수 없게 됨으로써 군산선교부는 존속되었고, 나주 대신에 목포에 선교부가 세워졌다.

이러한 상황에서 1897년 10월 실행위 총무 체스터 박사가 군산 연례회의에 참석하여 드루의 집에서 잠을 잤고 데이비스의 거실에서 열린 회의에 참석하였다. 이때 한국선교회의 회장 전킨은 병이 깊어 가까이에 있는 데이비스의 집 거실의 회의에도 참석하지 못하였다. 이 현장에서 체스터 총무는 많은 한국인들이 드루를 방문하여 치료받고 복음을 수용하는 것을 목격함으로써 그의 의료시술 선교가 복음전도에 얼마나 크게 효과를 미치는가를 확인했다.[30]

2) 남성 복음전도 선교사(8명)

〈도표 1〉 군산선교부의 남성 복음선교사

번호	이름	내한-이한	도착/부임	1차전임	2차전임	비고
1	Rev.W.M. Junkin	1892-1908	서울1892	군산1896	전주1904	질병 순직
2	Rev.W. B. Harrison	1896-1928	서울1896	전주1896	군산1904	3차: 목포1908, 4차: 군산1915
3	Rev. W. F. Bull	1899-1940	군산1899			귀국, 1941사망
4	Rev. A. M. Earle	1904-1912	군산1904			
5	Rev. J. MacEachern	1912-1929	군산1912			
6	Rev. J. K. Parker	1912-1914	군산1912			단기선교사
7	Rev. J. B. Vail	1930-1937	군산1930			군산 동북지역
8	Rev. J. E. Talmage	1937-1940	군산1937			귀국

---

29) Mrs. Mary [Leyburn] Junkin, Letter; *My dear loved ones*, Korea, Nov, 25. 1896.
30) Samuel H. Chester, *Lights and Shadows of Mission Work in the Far East*, pp. 117~119.

군산교회를 세우고 복음을 전한 전킨은, 1898년 10월 선교회 연례회의 결정에 의하여, 구암 언덕에 집을 지어 1899년 12월에 이사하였다. 이로 인하여 이전에 세워진 군산교회의 교인들이 흩어졌다. 그 일부가 전킨을 따라 구암으로 옮겨 구암교회(궁말교회)를 세웠다. 이러한 상황에서 흩어진 일부 교인들이 김제에 송지동교회, 남전리교회, 만자산(지경)교회, 그리고 군산에 개복교회를 세웠다. 한편 불(부위렴, 1899~1940; William F. Bull, 1876~1941)[31] 선교사가 1899년에 군산에 도착하였다. 그는 햄든-시드니 대학과 버지니아 유니언신학교를 졸업하고 축구선수로 두각을 드러냈으나 목사 선교사로 한국에 입국하였고, 이듬해에 군산에 도착한 엘비(Elizabeth Augusta Alby)와 결혼하여 1940년까지 군산붙박이로 선교하였다. 1904년에는 해리슨(하위렴, 1904~1908; 1915~1928, William Butler Harrison, 1866~1928) 선교사가 군산에 부임하였다. 그는 1896~1898년까지 군산에서 활동한 데이비스(Linnie F. Davis, 1862~1903)와 1898년에 결혼하였는데 1903년 부인의 사별 후 1904년에 군산으로 옮겼다. 1908년 안식년 휴가에 해리슨은 1903년 한국 최초의 간호학교를 서울에 세운 북감리교 간호선교사 에드먼즈(Margaret Jane Edmunds)와 결혼하여 목포에서 근무하다가, 1915년에 다시 군산으로 전입하였다. 탈메이지 선교사는 복음전도 선교사로 1937년 군산에 도착하여 어학훈련과 군산병원 운영을 돕고 여자성경반에서 가르치고 1940년에 영명학교 교장으로 활동하였다.[32]

전북대리회 시기 1908년 전북의 7개 지방을 각각 담당한 선교사는 다음과 같다.[33] 전주지방: 이눌서, 옥구지방: 어아력, 임피지방: 부위렴, 금산지

---

31) 윌리엄 불 선교사 부부 지음, 송상훈 옮김, 『윌리엄 불 선교사 부부 편지I: 1906-1938』, 보고사, 2023; 윌리엄 불 선교사 부부 지음, 송상훈 옮김, 『윌리엄 불 선교사 부부 편지 II: 1939-1941』, 보고사, 2023.
32) John V. N. Talmage/ John E. Talmage 지음, 정경미 옮김, 『오정골에 밀알을 뿌린 타마자 타요한』, 한남대학교 인돈학술원, 2015, 259~180쪽, 303~316(쪽).
33) 전북노회 회의록 편집위원회(위원장: 임태경), 『전북노회 회의록』 제1권(제1회-36회),

방: 마로덕, 홍덕·남원지방: 유서백, 진안지방: 김필수, 태인지방: 최중진 등이다. 여기에서 군산선교부 소속 선교사인 어아력(Rev. A. M. Earle)의 담당지역은 옥구 서편으로 [북쪽은 충남] 비인과 [남쪽은 전북] 웅포, 김제 서편과 만경, 부안의 동서북 지역이고, 부위렴(Rev. W. F. Bull) 선교사의 담당지역은 [전북] 임피, [충남 서천군] 한산, [충남 부여군] 임천, [충남 부여군] 홍산과 익산 서북편, 함열, 용안과 은진(충남 논산 지역의 옛 지명)의 서편 등이다.

어아력 선교사와 후임자인 멕애천 선교사는 위에서 언급한 대로 군산북부와 충청도 서쪽지역에서 순회전도 선교사로 활동하였다. 단기선교사인 파커는 주로 어학공부를 하였다. 베일 선교사는 어학공부를 하면서 영명학교의 교사와 교장으로 활동하였고, 군산동북지역을 순회전도 하였다. 탈메이즈는 어학공부(1937~38)와 충청구역과 병원경영(1938~39)에 참여하였다.

〈도표 2〉 지역별 담당 복음전도 선교사들의 활동 통계(1917)[34]

선교사	부위렴	하위렴	매요한
권서 및전도인	1	2	1
남조사	1	3	1
서리집사·사무원	10	25	18
미조직교회	8	17	23
예배드리는집	7	16	19
주일학교	9	15	21
주일학교교사	14	10	13
주일학교학생	107	521	273
사경회참석자	55	50	40
세례인수	142	287	267
유아세례	11	63	40

대한예수교장로회 전북노회, 2000, 13~14쪽.
34) 「조선예수교장로회 전라노회 제7회 총계표」, 『전북노회 회의록』, 403~405쪽.

학습인	35	92	63
교인합계	261	659	511
예배비용	36,05	48,38	102,83
조사월급	8,00	127,10	109,85
재정합계	76,01	703,22	475,27

상기 도표 2(1917년)에 서술된 부위렴 선교사는 군산, 옥구, 김제, 익산, 부안 등 군산선교부의 남부지역을 순회 복음전도를 했고 또한 금강을 건너 서천, 부여, 당진 등 충청지역35)에서 개척사역을 하였다. 1915년부터 다시 가세한 하위렴(Rev. W. B. Harrison) 선교사는 주로 임피, 함열, 용안, 익산, 김제, 임천, 홍산 등 군산 동부지역을 맡았다. 매요한 선교사는 군산 북부지역(충남지역)인 서천, 한산, 비인, 남포, 홍산 등에서 순회 복음전도를 했다.

3) 군산 지역의 조직교회들(1917년 현재)

도표3은 당시 군산선교부 내의 조직교회 9개를 나열하고 있다. 개복동교회,36) 구암교회, 만자산교회, 남전교회,37) 송지동교회, 김제 대창교회38) 등은 널리 알려졌다.39) 당시 김제 후독교회(복죽교회?)와 대창교회를 갓 장립 받은 이재언 목사가 부위렴의 동사목사로 활동하였다. 서천 한산 종동교회는 현재 종지교회(기독교장로회)로 존속하고 있다. 당시 선교사들의 영향

---

35) 충청지역에서 행한 한국선교회의 사역은 다음을 참고하라. 송현강, 「충남지방 장로교의 전래와 수용」, 『한국기독교와 역사』 제17호, 한국기독교역사연구소, 2002, 29~66쪽; 송현강, 『대전·충남지역 교회사 연구』, 한국기독교역사연구소, 2004, 108~148쪽.
36) 개복교회 역사편찬위원회, 『군산개복교회 110년사』, 쿰란출판사, 2004.
37) 박종삼, 『남전교회 100년사』, 남전교회100년사 편찬위원회, 2003.
38) 대창교회역사편찬위원회(김수진), 『대창교회 100년사』, 대창교회역사편찬위원회, 2003.
39) 주명준, 『전북의 기독교 전래』, 205~222.쪽
40) 전북노회 회의록 편집위원회, 『전북노회 회의록』 제1권(제1~36회), 393~402쪽.

<도표 3> 조직교회 현황40)

	조직교회 이름	한국인 목사	선교사 목사	장로	서리 집사	주일학교 교사	주일학 교학생	세례자 수	교인 합계	재정합계
1	군산 개복동	1		2	2	13	230	150	330	2666,08
2	옥구 구암			3	7	15	250	67	350	2676,07
3	옥구 만자산/지경			1	-	-	200	90	256	58,78
4	익산 신덕리/ 남전/남차문		1	2	4	8	120	80	165	284.70
5	김제 송지동			2	2	4	50	46	105	327,98
6	서천 종동/종지		1	1	1	2	40	40	97	157,00
7	익산 동연		1	1	2	4	15	44	135	169,90
8	김제 대장/대창		1	3	5	8	60	62	97	75,28
9	김제후독/복죽?			1	-	2	20	48	23	78,70
10	이원필 지방			-	6	4	115	82	129	111,80
11	이재언 지방			-	2	-	-	7	7	10.80

력이 주도적이었으나 이들 9개 조직교회의 대표들은 주로 장로들이었지만 사찰위원으로 각 당회의 회복을 점검하고 노회의 업무에 참여하였다.

전라북도에는 전주선교부와 군산선교부 등 2개 선교부가 공식적으로 존재하였으나 한국장로교회의 치리구조에는 전북노회 1개가 존재했다. 이로 인하여 2개 선교부의 지역 경계가 명확하지 않았다.41) 예를 들면 김제지방 초기 선교의 경우 군산의 전킨과 전주의 테이트가 나란히 선교를 하였고, 부안지방에서도 군산선교부와 전주선교부의 갈래치기가 혼란스러웠다.

---

41) 1917년 전북노회와 전남노회의 분립, 1922년 전남노회로부터 순천노회의 분립, 그리고 1930년 전남노회로부터 제주노회가 분립하였다.

2. 여성 복음전도 선교사

〈도표 4〉 여성복음선교사

	이름	내한-이한	도착·부임	1차전임	2차전임	비고
1	Miss L. F. Davis	1892-1903	서울1892	군산1896	전주1898	질병 순직
2	Mrs. Earle	1905-1912	군산1905			
3	A. M. Bedinger	1910-1914	군산1910			1916 사망
4	Mrs. MacEachern	1912-1929	군산1912			
5	Mrs. Parker	1912-1914	군산1912			단기선교
6	W. B. Greene	1919-1940	군산1919			귀국
7	Mrs. Vail	1930-1938	군산1930			10월 별세
8	Mrs. Talmage	1937-1940	군산1937			귀국

리니 데이비스의 복음전도와 순직은 기억할 만하다.[42] 데이비스(1896~1898; Linnie F. Davis, 1862~1903)는 서울에서 활동하는 선교사들의 거주지인 정동을 떠나 서대문 한인촌에서 거주하며 어린이들과 여러 계층의 여인들을 차별 없이 만나 서로 존중하며 한국어를 배우고 복음을 전하였다. 이로 인하여 데이비스는 어린이들과 여성들을 기독교인으로 만들어 레이놀즈의 예배처인 인성부재로 안내하였다. 1896년 10월 군산으로 발령을 받은 그녀는 군산관아가 쓰던 허름한 집을 구입했고, 드루가 이를 위생적인 집으로 탈바꿈시켜 안락한 생활공간을 마련하였다. 군산과 구암에서 어린이들과 여성들을 대상으로 5개 성경반을 만들고 복음을 가르쳤다. 4년 늦게 한국에 도착한 해리슨은 데이비스를 자주 방문하였고 1896년 11월 군산에서 그녀에게 구애하여 이들은 1898년 6월 결혼하였다(Mrs. W. B. Harrison). 이후 이들은 1899년 안식년을 맞아 미국으로 귀환하였다. 이들은 한국 복귀

---

42) 임희모,「미국남장로교의 첫 한국 입국 선교사 리니 데이비스 해리슨 부인(Mrs. Linnie F. Davis Harrison)의 선교 활동 연구」, 287쪽; 임희모,「미국남장로교 한국선교회의 전도부인 양성과 교육 정책」,『선교신학』Vol.71, 2023, 251~279쪽.

후 복음전도 선교사로 전주에서 복음을 전하고 정읍 매계 교인들에게 기본 교리를 교육한 후 학습과 세례를 베풀었다. 1901년 그녀는 신흥학교 초기에 중심 교사로 활동하였다. 그러나 발진티푸스 환자를 심방하다가 감염되어 1903년에 순직하였다. 드루는 평소 그녀를 *ne plus ultra* as missionary (어느 선교사보다도 탁월한 최고의 선교사)[43]로 탄복하였고, 또한 온유와 겸손의 미덕을 지닌 그녀로부터 감동을 받은 한국교회 지도자들은 그녀를 '가장 아름다운 선교사'[44]로 칭송했다.

상기 어아력 부인 선교사는 1907년에 내한하여 어학공부를 끝내고 여성과 어린이 사역을 하였고, 베딩거 독신여성선교사는 1910년에 내한하여 한국어 공부와 어린이 및 여성사역을 하였다. 맥이천(매요한) 부인 선교사는 1921년에 결혼하여 어학공부 후 남편과 함께 군산서북부 순회전도를 하였고, 여성교육과 전도, 그리고 멜볼딘 여학교에서 성경교사로 활동하였다. 파커 부인선교사는 단기선교사로서 어학공부와 복음전도를 하였다.

그리인(구리인) 독신여성선교사는 아그네스 스캇 대하, 워싱턴 대학 및 신학교를 졸업하고 1919년에 내한하여 어학공부, 여성 성경교육과 전도 사역, 군산과 충남서남부 여성 전도사역, 1933년에는 군산병원 운영에 참여, 이후 군산에서 여성 성경교육을 하였다. 해방 이후 1949년부터 전주에서 여성 복음전도와 한예정여자성경학교의 교사 및 교장을 역임하였다. 베일 부인선교사는 1930년 내한하여 어학공부와 여성 복음전도 사역을 하였고, 탈메이지 부인 선교사는 1937년에 내한하여 어학공부를 하였고 1948년에 한국에 재입국하여 목포, 대전, 전주, 서울에서 복음전도 사역을 하였다.

---

43) 임희모, 「미국남장로교의 첫 한국입국 선교사 데이비스 해리슨 부인의 선교 활동 연구」, 255~287쪽.
44) 「데비스 녀사의 기념문」, 전라북로회 기념식 준비위원회 이승두·리자익·홍종필, 『전라도선교 25주년 기념』, 20쪽.

3. 군산선교부의 지도자들과 1939년 군산노회 조직

전킨 선교사의 한국어 어학선생으로 활동한 장인택 조사는 평택 출신의 재산가로서 서울을 왕래하면서 초기 선교사들과 만났다. 전킨을 따라 군산으로 내려와 조사로 활동하였고, 특히 1898년 구암교회 건축에 기여하였다. 그런데 그는 장로 장립을 받지 못하였다. 그의 신앙이 선교사들의 수준 혹은 정상적인 교회 생활에서 미달하거나 이탈한 것이 아닐까 추측된다.[45] 최홍서(1860~1935) 장로는 개복교회 출신으로 알려져 전북대리회 회록에 자주 등장한다.[46] 1910년 최중진 목사 제명 사건을 조사하고 수습하는 일에 이름이 올라 있는 것을 보면 선교사들 사이에서도 명망이 있었던 것으로 보인다. 오인묵 장로는 공주 출신으로 구암교회에서 장로 장립을 받았다. 그의 아들 오긍선이 1903년에 알렉산더의 재정 지원으로 미국 루이빌 의과대학에 유학을 떠나자 곧장 오인묵 가족은 구암으로 이사하였다. 이후 그는 구암교회의 복음전도 활동에 적극적으로 참여하고 활동하였다.

1939년 10월에 전북노회로부터 군산노회가 분립하였다.[47] 1939년 10월 5일 오후 7시 30분에 목사 11인과 장로 49인이 군산개복동교회에서 모여 리창규 목사(군산구암교회)를 노회장으로 선임하였다. 당시 군산선교부의 선교사들은 분립된 새로운 군산노회의 회원 명단에 누구도 이름을 올리지 못하였다. 법적이건 형식적이건 이로 인하여 군산선교부는 군산노회에 대한 공식적인 연고를 갖지 못하였다. 1937년에 신사참배 반대를 여지없이 결정한 남장로교의 선교사들은 신사참배를 가결한 한국교회와 단호하게 절연함으로써 공식적 관계를 맺을 수 없었다. 1940년 선교사들의 철수 이후 일부 군산선교부의 자산들이 매각되고 화재로 소실되었다.

---

45) 『전북로회 제27회 회의록』, 20~21쪽.
46) 한인수, 「최홍서」, 『호남교회춘추』, 1995.봄, 10~22쪽.
47) 『조선예수교장로회 군산로회 제1회 회의록』, 3~5쪽.

해방 이후 1948년 8월 군산노회 임시노회는 남학교의 재개교를 결정하고 군산노회유지재단이 9월에 학생모집을 하고[48] 옛 영명학교 교사에서 문을 열었다. 그러나 한국선교회의 지원을 받지 못한 상태에서 군산노회 소속 교회들의 분담금 납부가 미진하여 운영에 어려움을 겪고 이 학교와 재산을 매각하였다.[49] 군산노회의 이리중앙교회를 담임하던 계일승 목사는, 1947년에 한국선교회가 그를 남장 최초의 미국유학 장학생으로 선정하였는데, 리치몬드 유니언신학교에 유학하였고 학위를 취득하였다. 그는 1959년에 장로회 총회가 예장 통합과 합동으로 분열된 이후 장로회신학교가 광나루에 새로운 캠퍼스를 조성하고 이전하면서 그는 제1대 학장으로 선임되어 예장 통합교단의 목회자 양성에 헌신하였다.

Ⅳ. 군산선교부의 의료선교 활동[50]

1. 실행위의 의료선교정책

선교회공의회의 규정에 의거하여 선교사들이 행하는 모든 활동은 복음전도 즉 영혼구원을 위한 것이었다. 이에 따라 의사선교사도 영혼을 구원하는 전도에 중점을 두었다. 체스터 박사의 실행위 보고서에 의하면[51] 의사선교사 조건은 미국 의과대학에서 최고의 훈련을 받은 후 병원에서 인턴 경험을 가진 의사를 파송하고, 의료시설은 자금 소요가 많은 병원보다는

---

48) 군산노회유지재단이 학교운영비로 년 경비 50만원을 노회의 교회들에 분담 요청하였다. 『조선예수교장로회 군산로회 제9회 회의록』, 286~287쪽.
49) 김수진, 「호남지방 교회의 역사」, 『한국기독교와 역사』 제3호, 1994.12, 140쪽.
50) Sophie M. Crane, *A Legacy Remembered*, 『기억해야 할 유산』, 75~98쪽.
51) Ibid., pp.121~133.

진료소(dispensary work)를 강조하고, 의료 대상은 우선 선교사와 가족들의 건강을 돌보도록 했고, 현지인 의사 양성 교육은 타 선교회와 협력할 것을 강조했다.[52] 이러한 원칙에 따라 한국선교회는 각 선교부에 병원을 짓고 복음전도와 치료와 위생교육 등을 행하였고, 전염병 격리병동도 세웠다. 간호선교사의 자격은 미국의 관계기관이나 학교에서 간호사자격(R.N.)을 취득한 자였다. 이들은 지역사회에서 보건과 위생교육, 영아 및 육아교육을 실시하여 삶의 질을 높이는 일에 기여하였다. 한국선교회는 원칙적으로 각 선교병원에 미국 의과대학 졸업 의사 1인과 간호사 1인을 배치하였다. 이들은 각 병원에서 필요한 한국인 보조의료인과 간호사들을 자체적으로 훈련하여 보조 인력으로 활용하였다. 한국선교회는 세브란스의학교를 인력과 재정으로 지원하여 교수요원으로 1913년 오긍선, 1917년 간호사 서서평(쉐핑), 1917년 다니엘 의료선교사 등을 파송하였다. 또한 재단 이사를 파송하였고 분담금을 지원하였다.

2. 군산선교부의 의사 선교사들의 활동

1) 1910~1920년대 한국 최고의 병원[53]

이 시기 군산선교부의 선교병원은 1인 의료선교사가 운영하는 선교병원들 중에서 최고의 실적을 기록한 병원이라는 명성을 얻었다.

---

52) *Minutes of Annual Meeting 1922*, p.66.
53) 이만열, 『한국기독교의료사』, 아카넷, 2003; 이규식, 「전라북도의 서양의학 도입과정」, [연구노트]『역사학』제17권 제1호, 통권 제32호, 2008.6, 111~119쪽; 송현강, 「미국 남장로교의 전북지역 의료선교(1896-1940)」, 『한국기독교와 역사』제35호, 2011.9.25, 47~77쪽; 임희모, 「미국 남장로교 한국선교회의 의료선교사 제임스 로저스(James McLean Rogers, M.D.)의 자선적 의료선교 활동 연구」, 『장신논단』 54-1, 2022.3, 165~194쪽.

〈도표 5〉 의사선교사들

번호	이름	내한-이한	도착·부임	1차전임	2차전임	비고
1	Dr. A. D. Drew	1894-1901	서울1894	군산1896		질병귀국
2	Dr. A. J. Alexander	1902-1903	군산1902			
3	Dr. T. H. Daniel	1904-1917	군산1904	전주1910	서울1916	
4	Dr. J. B. Patterson	1910-1924	군산1910			질병귀국
5	Dr. J. K. Levie	1922-1940	군산1922	광주1924	순천1925	치과의사
6	Dr. L. C. Brand	1924-1938	군산1924	전주1929	광주1931	1938순직
7	Dr. W. Hollister	1928-1937	목포1928	군산1931		
8	Dr. J. S. Wilson	1939-1940	군산1939			귀국

앞서 설명하였듯이 한국선교회 내의 최초의 의사선교사로 내한한 드루는 전킨과 함께 군산선교부를 세웠으나, 건강을 잃어 1901년에 귀국하였다. 그의 후임으로 1902년 12월 초에 한국에 입국한 알렉산더(A.J.A. Alexander)는[54] 부친의 사망으로 인한 유산 정리와 상속을 위하여 귀국해야 했다. 그러나 그는 2~3개월을 한국에서 머물면서 한국인과 선교사들의 사정을 알게 되었다.[55] 그는 의학공부를 원하는 오긍선을 면담한 후 그를 데리고 1903년 3월 10일에 켄터키 집에 도착했다. 후원자 겸 멘토로서 그는 오긍선을 공부시켰다. 그는 험난한 예비과정을 거쳐 드디어 1904년 루이빌 의과대학에 입학하여 1907년 7월 30일 졸업(의학박사, Doctor of Medicine)하고 9월 2일에 서울에 도착했고, 9월 25일부터 진료를 시작했다.

이때 군산에는 다니엘(단의사, 1904~1910, Thomas Henry Daniel, 1879~1964) 의료선교사가 1902년 버지니아 의대를 졸업하고 1904년에 도착하여 한국선교회 내에서 현미경을 최초로 도입하여 활용하는 등 의욕적으로 선교를 하였다. 그는 또한 알렉산더의 지원을 받아 온돌방도 갖춘 18병상의 현대식 병원을 1906년에 완공하였다. 이러한 병원에 오긍선이 가세하자 병

---

54) 양국주, 『알렉산더 존 애치슨 알렉산더』, Serving the People, 2023.
55) "Our Missions and Missionaries," *The Missionary*, March 1903, p.119.

원의 분위기와 실적이 확연하게 달라졌다. 우선 오긍선은 주민들의 편의를 위하여 주민들이 몰려 사는 군산항에 진료소를 개설하여 오후에 근무하였다. 물론 오전에는 구암 병원에서 진료하였다. 다니엘의 군산병원은 오긍선으로 인하여 의료 진료와 치료에 있어서 양적, 질적 성과가 크게 늘어났다. 148명의 환자들을 치료했는데, 132명이 외과환자였고, 400Km가 넘는 대구에서도 환자가 기어서 도착하여 성공적으로 치료를 받았다. 또한 한국인 의료보조인들에게 의료 교육을 시켜 병원의 질적 수준이 높아졌다.[56]

1910년에 도착한 패터슨(Jacob B. Patterson)은[57] 1924년 스프루(Sprue, 만성소화불량증) 병으로 귀국할 때까지 인술을 펼쳐 병원을 자립하게 하였으며 당시 군산병원은 1인 서양인 의사가 담당한 병원으로서 국내 최고의 실적을 내는 병원으로 명성을 떨쳤다. 그를 돕는 간호사로는 서서평과 해리슨 부인이 가담하였고 병원 자체 내에서 한국인 의료기술자와 간호사 교육을 실시하였다. 패터슨 근무 기간에 치과의사 레비(J. K. Levie)가 1년간 군산에서 활동하였고, 패터슨이 스프루로 미국으로 귀국하자 1925년 브랜드 의사(L. C. Brand, 1896~1938)가 1925~1930년간에 근무하였다. 미국의 경제공황 시기에 목포에서 군산으로 임지를 옮긴 홀리스터(William Hollister)는 1937년까지 근무하였다. 1939년에 도착한 윌슨은 근무하다가 1940년 11월 모든 선교사들이 한국을 떠날 때 그도 퇴각하였다.

2) 오긍선, 선교사인가? 한국인 의사인가?[58]

여기에서 오긍선에 대하여 논의할 필요가 있다. 충남 공주 출신인 오긍

---

56) 이들에 대한 상세한 자료와 통계는 임희모, 「미국 남장로교 의료선교사 오긍선 연구」, 372~375쪽을 보라.
57) 임희모, 「미국 남장로교 선교사 야곱 페터슨(Jacob Bruce Patterson)의 군산예수병원 의료사역 연구(1910-1925)」, 『장신논단』 Vol. 52, 2020.9, 167~194쪽.
58) 임희모, 「미국 남장로교 의료선교사 오긍선 연구」, 363~402쪽.

선은 1896년 10월 아펜젤러(H. G. Appenzeller)가 세운 배재학당에 입학하여 1900년 봄에 졸업하였다. 이후 그는 불(부위렴, William F. Bull) 선교사의 어학선생으로 활동하였다. 불은 복음을 전하는 선교사들에게 감사의 마음을 가진 오긍선을[59] 알렉산더 선교사에게 소개하였고 오긍선은 그의 어학선생 겸 안내자로서 잠시 활동하였다.

불 선교사는 오긍선 박사의 졸업과 귀국을 축하했고 실행위와 한국선교회 역시 그를 자랑스러워했다.[60] 오긍선은 군산선교부 소속으로 즉시 발령을 받아 의료사역을 시작하였다. 실행위는 그를 한국선교사로 임명하고 파송하였으나 한국선교회는 그를 선교사로 인정하지 않았다. 한국선교회는 그에게 한국인 의사보다는 훨씬 많은 봉급을 주었으나 신분적으로 선교사 대우를 하지 않았다.[61] 그러나 오긍선은 첫 3주에 400명을 수술하였다. 여기에는 주로 외과 환자들로 개복과 절단 수술, 언청이 수술과 총상 등을 치료하였고 또한 피부이식 수술과 백내장 수술도 포함하였다.[62]

오긍선의 업적은 다음과 같다.[63] 그는 호남에서 선교사로 활동한 5년간의 활동을 서술하고 있다. 그의 군산선교부 활동 시기에는 의료사역, 복음전도, 교육사역을 하였다. 그는 다니엘 선교사의 지도를 받으며 의료사역

---

59) William F. Bull, "Letter from a Korean Teacher," *The Missionary*, Dec. 1902, pp.568~569.
60) Mrs. W. F. Bull, "Our First Native Physician," *The Missionary*, Feb. 1908, pp.79~80.
61) 아이 둘을 가진 가장이었던 오긍선의 연봉은 300달러였다. 당시 한국선교회의 독신선교사의 연봉은 600달러였고, 결혼부부 선교사는 기본이 1,150달러였고, 자녀 1인당 50달러씩 추가로 지급되었다.
62) "A Letter from Dr. Oh, Korea," *The Missionary*, March 1908, p.127.
63) 해관오긍선선생기념사업회, 『한국 근대의학의 선구자 해관 오긍선』, 역사공간, 2020, 265쪽; 한인철, 「현대의학의 개척자 오긍선」, 조재국 외 지음, 『연세의 개척자들과 연세학풍』, 연세대학교 대학출판문화원, 2015, 101~129쪽; 해관오긍선선생기념사업회 편, 『해관 오긍선』, 연세대학교 출판부, 1977. 여기『해관 오긍선』책의 43~63쪽 부분은 오긍선 선생이 귀국 후 남장로교 선교사로 호남지역에서 활동한 시기의 내용을 진술한다. 그런데 상당 부분의 오류가 보이는데 예컨대, 목포를 광주로, 영흥을 정명으로 오기하고 있다.

을 시작하였다. 오긍선은 한국어와 한국문화에 익숙하지 못한 다니엘을 도와 정확한 진료와 치료가 되도록 도왔다. 마침내 다니엘의 군산병원이 수준 높은 병원으로 국내에서 알려졌는데 이에 이르도록 오긍선이 측면에서 지원하였다.

오긍선이 합류한 다니엘의 군산 병원에 변화가 일어났다. 오긍선의 존재와 실력은 군산병원의 의료시술에 변화를 일으켰다. 또한 그가 쉽게 의학용어를 이해시킴으로써 군산 병원의 의료보조인 교육에 있어서도 질적 변화가 일어났다. 선교병원에 미국인 의사선교사 공백이 일어날 때 오긍선이 이를 매워야 했는데, 1908년 11월부터 4개월(1908.11~1909.3) 동안 목포 예수병원에서 출장 사역을 해야 했다. 또한 오긍선은 1909년에 선교사들에게 한국어를 한 달간 가르쳤다. 오긍선은 병원사역 이외에 복음전도에도 노력하여 병원환자들에게 복음을 전하였다. 또한 그는 그동안 군산선교부가 운영한 영명학교에서 1908년 안락(Alexander) 소학교를 분리하고 1909년 영명중학교를 새롭게 설립하여 발전시켰다.

3) 군산선교병원의 의료선교의 공헌

한국선교회의 첫 의료선교사인 드루가 활동하면서 군산선교부의 초석이 놓였고, 이후 군산 선교병원은 한국의 지역사회와 의료계 발전에 크게 공헌하였다. 첫째, 군산선교부 소속 선교사인 불과 알렉산더는 오긍선을 발굴하고 교육시켜 세브란스 의학교의 한국인 초대교장으로 길러냈고 한국의 근대 의료교육을 견인하는 데 기여하였다.[64] 둘째, 군산선교부와 선교병원은 1910~1926년간 한국선교회의 의료선교를 이끌었고, 영혼구원과 교회 세움에 힘썼다. 셋째, 원근 각처에서 몰려든 한국인 환자들을 치료하여 건강

---

64) 오긍선의 전반적인 친일 행위는 한인철, 「현대의학의 개척자 오긍선」, 101~129쪽 특히 124~127쪽.

한 한국 사회를 만드는 데 기여했다, 넷째, 한국선교회의 의료치료와 의학교육을 이끌었고 세브란스 병원과 의학교육에 공동 참여하였다. 한국선교회는 세브란스에 이사를 파송하고 재정적 후원을 하였지만 특히 군산선교부 소속의 간호사 서서평이 1917~1919년 세브란스로 파견되었고, 1904~1910년까지 군산 소속이었던 다니엘 의사는 전주를 거쳐 1915년부터 세브란스병원에서 2년의 파견근무를 하였다.

4. 군산선교부의 간호선교사들65)

1) 간호선교사 명단

<도표 6> 간호선교사들의 활동과 이동

	이름	내한-이한	도착·부임	1차전임	2차전임	비고
1	E. E. Kestler	1905-1940	군산1905	전주1912		귀국
2	Mrs. Harrison	1903-1928	서울1903	목포1908	군산1913	남편질병 귀국
3	E. J. Shepping	1912-1934	광주1912	군산1914	서울1917	1934 순직별세
4	L. O. Lathrop	1912-1930	목포1912	군산1917		은퇴
5	A. I. Gray	1921-1926	군산1921			임기 끝남
6	Mrs. Greer Walker	1912-1935	광주1912	순천1913	군산1927	1932 결혼
7	Mrs. Woods Decamp	1937-1941	군산1937			1940결혼, 남편억류
8	Mrs. Wilson	1939-1940	군산1939			귀국

한국선교회의 첫 간호선교사로 내한한 케슬러는 1905년 12월 말 군산병원이 건축 중인 상황에서 도착하였다. 이로 인하여 그녀는 방문간호를 했고, 대기실 환자를 위하여 기도하고 이들을 돌보았다. 특히 케슬러는 한국

---

65) 임희모, 「미국남장로교 한국선교회의 간호선교사 활동 연구」, 『선교와 신학』 61집, 2023.가을호, 287~315쪽. 특히 292~294쪽; 서서평연구회, 『간호선교사 서서평(쉐핑, Elisabeth J. Shepping, R.N.)의 한국사회에 미친 영향』, 서서평연구논문10집, 2023, 45~71쪽.

의 가족 문화를 선교잡지를 통해 미국에 소개하였다.66)

광주에서 활동하던 쉐핑(서서평, Elisabeth J. Shepping) 간호선교사가 1914년에 군산으로 부임함으로써 군산 선교병원은 내실을 기하기 시작하였다. 정규간호사가 없는 3~4년간 한국인 보조간호사들이 근무한 군산병원은 서서평을 통해 내실 있게 병원간호가 이루어졌다. 그녀는 완치 후 퇴원하여 사회적 돌봄이 지속적으로 필요한 자들을 위한 구역간호를67) 강조하고 일본인과 중국화교 환자들을 위한 병동을 만들었고, 병원 내에서 필요한 간호요원들을 교육하였다. 그녀는 군산선교부에 간호학교 개설을 추진하기도 했고, 지역 여성들에게 복음전도, 전주에서 성경교육 및 멜볼딘 여학교 학생들에게 산업교육을 행하였다.68)

군산에서 서서평 간호사는 해리슨 부인(Mrs. Margaret Edmunds Harrison) 선교사와 동역하였다. 결혼 전 에드먼즈는 1903년 서울에서 한국 최초의 간호학교를 세웠는데, 해리슨(하위렴, William B. Harrison) 선교사와 1908년

---

66) Ethel Esther Kestler, "A Korean Home," *The Missionary*, March 1907, pp.136~137; "Kunsan, Korea," *The Missionary*, Oct. 1907, 67~68; "Hospital at Kunsan, Korea," *The Missionary*, Oct. 1907, pp.496~497.

67) 차성환, 「근대적인 전문 사회사업의 선구자 서서평」, 임희모 외 4인 공저, 『서서평 선교사의 통전적 선교의 다양성』, 학예사, 2015, 171~207쪽.

68) 서서평 선교사에 관하여 근거 없는 과장과 추측으로 얼룩진 책들과 기사들과 동영상들이 수많은 인터넷 매체를 통하여 떠돌고 있다. 그러나 주로 학문적 접근을 통하여 생산된 저서들과 논문들을 열거하면 다음과 같다. 자료수집 등 생애와 활동에 대한 집요한 추적으로 저술된 첫 책으로 백춘성, 『천국에서 만납시다』, 대한간호협회 출판부, 1996; 임희모, 『서서평, 예수를 살다』, 케노시스, 2015; 동저자, 『서서평 선교사의 통전적 영혼구원 선교: 20세기 선교와 21세기 한국교회의 선교신학』, 동연, 2020; 동저자, 『미국 남장로교 한국선교회의 여성·의료 선교사: 선교학 관점의 연구(1892-1940)』, 동연, 2022, 81~136쪽; 서서평연구회, 『서서평 연구논문 1-10집: 2014-2023년』. 그동안 서서평연구회가 연구한 논문들은 앞의 논문10집에 수록된 6편과 부록(1~9집의 논문색인)의 54편 등 60개가 있다. 이 외에도 본 필자 등 선교학자들이 발표한 논문들을 10편가량 계상하면 약 70편의 논문들이 생산되었을 것으로 추측된다. 이외에 임희국·박상진·채송희 편집, 『한국에 비쳐진 복음의 빛 - 루터 그리고 서서평: 종교개혁 500주년 기념 한국교회 이야기』, 기독교문사, 2017, 249~271쪽에는 주로 서서평 사진모음이 수록되어 있다.

결혼하여 목포를 거쳐 1913년 군산으로 전임되었다. 그동안 그녀는 여성을 대상으로 복음전도에 헌신하였으나 서서평은 그녀를 간호사로 복원시켜 동역하였다. 래드럽(라두리, Lillie Lou Lathrop) 간호선교사는 목포에서 군산으로 1917년에 옮겨 간호사 교육과 병원 운영을 맡았고, 1921~26년의 그레이(엄엘라, Annie I. Gray) 간호사는 여자병동 순회와 간호사 감독을 하였고, 순천에서 근무한 그리어(기안나, Anna Lou Greer) 선교사가 1927년 가을 군산으로 옮겨 한국인 간호교육과 병원운영을 맡았다. 우즈 간호사(임혜인, Elizabeth Brown Woods, 1937~1940)와 윌슨부인 간호사(Mrs. Edna Mae Newton Wilson, 1939~1940)도 군산에서 활동했다. 특히 1932년 안식년에 미국에서 워커와 결혼한 Mrs. Greer Walker는 사직을 원하였으나 당시 군산병원의 담당의사인 홀리스터가 질병 치료차 미국에 귀국하여 병원 관리에 어려움이 닥치자, 워커부인은 신혼남편을 미국에 두고 3년을 군산에서 복무하고 1935년 연례회의가 끝나자 사직하고 귀국하였다.

2) 의료선교적 특징과 공헌

한국선교회를 위하여 내한한 첫 간호선교사 캐슬러(계슬라, Ethel Esther Kestler, 1877~1953)는 군산에서 시무하다가 1912년 전주로 이적 후에 1940년까지 충실하게 근무하였다. 제2대 군산 선교병원의 정규 간호사인 서서평(쉐핑, Elisabeth J. Shepping, 1880~1934)은 조선간호부회(현재 대한간호협회의 전신)를 창립하고 10년 회장을 역임하는 등 전설적(legendary)인 업적을 한국과 한국선교회의 역사에 남겼다.[69] 해리슨부인(Mrs. Margaret Jane Edmunds Harrison, 1871~1945) 선교사는 한국에 첫 간호학교를 세우고 한국여성들을 훈련시켰다. 상기 두 명의 간호선교사들에게 각각 1969년과 2015년에 국민훈장 동백장이 추서되었다. 그리고 워커 부인 간호사는

---

[69] G. T. Brown, *Mission to Korea*, p. 121.

신혼의 남편을 홀로 두고 군산에 복귀하여 선교병원을 섬김으로써 자기희생의 정신을 살았다.

이외에도 군산 선교병원의 행정과 운영에 의사가 아닌 선교사들이 참여하였다. 특히 군산 선교병원은 1920년대에 국내 최고의 실적을 올리면서 시설을 확충하였기 때문에 행정과 관리가 필요하였다. 이를 맡아 협력한 선교사들이 필요하였는데, 인돈(W. A. Linton) 교육선교사, 그리인(W. B. Greene) 복음전도 선교사, 그리어(워커부인) 간호선교사, 탈메이지(J. E. Talmage) 복음전도 선교사 등이 협력하였다.

V. 군산선교부의 교육 선교사들

1. 한국선교회의 기본적 교육정책

한국선교회는 기본적으로 "이교도에게 복음을 전도하고 기독교인들을 교육하여 지도자로 양성한다."(Evangelize the heathen and educate the Christians)는 것이었다. 이러한 의미를 갖는 한국선교회의 기독교교육은 다른 선교회의 교육보다 다소 늦게 시작되었다. 한국선교회는 소년과 소녀들이 복음을 믿고 주일학교 과정 혹은 그 후의 매일 교육을 실시하는 소학교와 아카데미 등 학교를 개설하여 기독교인 지도자 과정을 운영하였다. 이러한 관계로 실행위는 복음전도 선교사나 의료선교사보다 맨 나중에 남·여 교육선교사를 한국에 파송하였다. 그리고 기독교교육의 기본으로 성경 교육을 강조했고 이러한 교육이 불가할 경우 학교의 문을 닫았다. 한국선교회의 각 학교들은 최소 60% 이상의 기독교인 학생들을 모집하여 교육하였다. 이러한 이유로 어느 선교회보다 신사참배 반대를 가장 강력하게 주장했고, 신사참배를 강제화하는 우상숭배적 교육은 의미가 없다고 생각하여 과감하게 학교의 문을 닫았던 것이다.

2. 군산 영명학교의 교육선교사들

1) 교육 배경

1896년에 전킨 부부와 드루 부부가 군산에 정착하면서 본격적으로 성인 남·여와 어린이 및 청소년들에게 복음을 전하기 시작하였다. 특히 1892년 10월에 다른 6인의 개척선교사보다 2주 먼저 입국한 당시 독신여성선교사 데이비스는 1893년 봄부터 어린이 교육을 서울에서 시작하였고, 서울 정신여학교에서 교사로 활동했다. 그녀는 1896년 10월에 군산으로 전입되어 곧 여성과 어린이 등 5개 학습반을 조직하여 성경을 가르쳤다.[70] 이러한 교육적 배경하에 1902년 전킨의 집 학교에서 남자학교가 개설되었고, 원래 목포에서 활동하던 독신여성선교사 스트레퍼(F. E. Straeffer)와 전킨 부인이 전킨의 사랑방에서 1903년에 여학교를 시작하였다.[71] 1904년 당시 전주선교부, 군산선교부와 목포선교부에 남자 소학교(day schools) 9개교가 있었다. 이들 남학생 중 학업성취도가 높은 학생들이 진학할 수 있는 유일한 학교로 군산 영명중학교(Academy)가 추천되었다.

2) 구체적 내용

1904년 한국선교회의 교육위원회가 연례회의에 보고한 교육 상황은 다음과 같다.[72] 전주, 군산 및 목포선교부의 13개 주일학교에서 600명의 학생

---

70) 임희모, 「미국남장로교의 첫 한국 입국 선교사 데이비스 해리슨 부인의 선교 활동 연구」, 255~287쪽; 동저자, 『미국 남장로교 한국선교회의 여성·의료 선교사: 선교학 관점의 연구』, 25-49쪽.
71) 송현강, 「한말·일제강점기 군산 영명학교·멜볼딘여학교의 설립과 운영」, 『역사학연구』 제59집, 2015.08, 133~167쪽.
72) *Minutes of the Annual Meeting of the SPMK 1904*, p. 21.

을 26명의 교사가 가르치고, 9개 소학교에 등록한 126명의 학생을 14명(7명의 선교사 포함)의 교사가 가르쳤다, 모든 학교의 수업은 경건회로 시작하여, 성경, 한문, 한국어, 수학, 지리, 역사 및 위생을 가르쳤다. 특히 1904년 해리슨 선교사는 군산에 중등학교(Academy)를 마련할 것,[73] 이에 따라 모든 남학생 중 뛰어난 자질을 가진 자들은 군산의 고등과로 보낼 것을 강조하였다.[74] 미국 루이빌 의대를 1907년에 졸업한 오긍선이 귀국하여 해리슨을 도와 영명학교는 교육체제를 갖추었다.[75]

3) 교육선교 교사들[76]

1903년 발진티푸스 질병으로 순직한 데이비스 해리슨 부인을 먼저 하나님의 품에 보낸 해리슨 선교사는[77] 1904년 영명학교 교장으로 군산에 부임하여 1908년 안식년을 보낸 이후 1909년에도 교장으로 활동하였고 곧 목포로 전출되었다. 그의 뒤를 이어 베너블 교육선교사가 1910~1915년까지, 공과대학을 졸업한 린튼은 산업교육 담당을[78] 시작으로 1913~1918년과 1922~1926년까지 교장으로 활동하였다. 그 중간에 얼 선교사가 1906년과 1908년에 교장으로, 그리고 해리슨은 1919~1921년과 1927년에도 교장으로 활동하였다. 1923년에 전주신흥학교가 지정학교가 됨으로써 영명은 보통학교로

---

73) Ibid., p.16.
74) *Minutes of the Annual Meeting of the SPMK 1907*, pp.30~31.
75) 군산제일100년사 간행위원회 편, 『군산제일100년사』, 48쪽.
76) 송현강, 「한말·일제강점기 군산 영명학교·멜볼딘여학교의 설립과 운영」, 161쪽; 군산제일100년사 간행위원회, 『군산제일100년사』, 15~157쪽.
77) 송현강, 「윌리엄 해리슨(W.B. Harrison)의 한국 선교」, 『한국기독교와 역사』 제37호, 2012.9.25, 37~64쪽.
78) 최영근, 「미국남장로교 선교사 인돈(William A. Linton)의 교육선교」, 『한국교회사학회지』 제40집, 2019, 125~168쪽; 최영근, 「일제강점기 미국 남장로회 교육선교에 관한 연구-군산과 전주스테이션의 인돈(William A. Linton)을 중심으로 1912-1940」, 『대학과 선교』 제50집(일반논문), 2021.12, 93~129쪽.

급이 떨어졌다. 불 선교사는 1928~1930년, 1937~1939년 기간의 교장으로, 베일 선교사는 1930~1936년의 교장으로, 마지막 교장은 1940년에 활동한 존 탈메이지 선교사였다. 1975년부터 군산제일고등학교로 존재하고 있다.

〈도표 7〉 남성선교사 교사 및 교장

	이름	내한-이한	도착·부임	1차 전임	2차 전임	비고
1	Rev. Junkin	1892-1908	서울1892	군산1896	전주1904	질병 순직
2	W. B. Harrison	1896-1928	서울1896	전주1896	군산1904	질병 은퇴
3	A. M. Earle	1904-1912	군산1904			
4	W. A. Venable	1908-1917	목포1908	군산1910		
5	W. A. Linton	1912-1940	군산1912	전주1924		귀국
6	W. F. Bull	1899-1940	군산1899			귀국
7	J. B. Vail	1931-1938	군산1931			
8	J. E. Talmage	1937-1940	군산1937			귀국

3. 멜볼딘 여학교(Mary Baldwin Girls School)

〈도표 8〉 여성선교사 교사와 교장

	이름	내한-이한	도착·부임	1차전임	2차전임	비고
1	Mrs. Junkin	1892-1908	서울1892	군산1896	전주1904	
2	Mrs. Bull	1900-1940	군산1900			
3	Mrs. Daniel	1904-1917	군산1904	전주1910	서울1916	
4	Mrs. Dysart Bell	1907-1940	군산1907	광주1921		1921년 Bell과 결혼
5	Mrs. Edmunds Harrison	1903-1928	서울1903	목포 1908	군산1915	1908년 해리슨과 결혼
6	Miss Bedinger	1910-1914	군산1910			
7	Miss Dupuy	1912-1940	순천1912	군산1916		
8	Mrs. Brand	1924-1938	군산1924	광주1930	전주1938	산업교육
9	Mrs. Hollister	1931-1938	목포1931	군산1937		은퇴

1899년에 목포에 도착한 스트레퍼 선교사는 1902년에 목포여학교를 세웠는데, 1903년에는 전킨부인과[79] 함께 군산여학교를 세웠다. 전킨부인은 1904년에 전주로 이거할 때까지 교장으로 활동하였다. 1905년부터 첫 안식년을 떠나기 직전인 1908년까지 교장으로 활동한 불부인(Mrs. Elizabeth Augusta Alby Bull, 1869~1957)[80] 선교사는 1909~1913년, 1918~1923년, 1925~1931년, 1934~1939년까지 교장을 역임하였다. 멜볼딘(Mary Baldwin College) 출신인 불 부인은 안식년 기간에 모교를 방문하여 학교 건축을 위한 재정 지원을 요청하였다. 이에 학생회가 매월 1천 달러씩 기금을 마련하였고, 이 기금으로 군산여학교의 교사가 건축되었다. 1909년 교명이 멜볼딘 여학교로 바뀌었다. 사실 이 학교를 세운 전킨 부인은 오거스타 여성신학교(Augusta Female Seminary) 출신인데, 이 학교가 후에 멜볼딘 대학으로 교명이 바뀌었다. 이러한 의미에서 군산여학교는 멜볼딘 동문 선교사들이 학교의 첫 시작과 성숙의 기간인 24년을 교장으로 활동하면서 이를 가꾸고 발전시켰으나 1937년에 문을 닫았다.

듬성듬성 연결되는 13년의 기간에 교장으로 활동한 선교사들은 다음과 같다. 1905~1906년에는 의사선교사 다니엘의 부인, 당시 독신여성선교사인 다이사트(Dysart)는 1908년과 1915년, 베딩거 독신여성선교사는 1911년과 1914년, 버크랜드 독신여성선교사는 1914년, 그리고 해리슨 부인은 1915년과 1924년, 그리고 1912년 순천에 도착하여 매산여학교를 설립한 두피는 1916~1917년, 1919~1922년, 1940년에 교장으로 활동하였다. 충남서부지역 복음전도에 헌신한 멕에첸 부인(Mrs. MacEachern)은 1924년 1학기에 교장으로 활동하였다.

---

79) 전킨기념사업회가 2019.5.17~6.2일까지 군산근대역사박물관에서 전킨사진전을 열었다.
80) 윌리엄 불 부부선교사 저, 『윌리엄 불 선교사 부부 편지 I(1906-1938)』; 『윌리엄 불 선교사 부부 편지 II(1939-1941)』.

4. 오긍선의 교육개혁과 안력산소학교[81]

1908년에 교육체제에 몇 가지 사회적 변화가 일어났다. 하나는 선교사들이 지역을 순회하거나 방문하여 복음을 전함에 따른 양육 차원의 작은 시골학교(country school)들이 생겼고, 또 하나는 통감부가 사립학교령을 내려 인가, 운영, 감독을 함으로써 교육을 통제하였다. 이에 전국적으로 2,200개의 학교가 생겼다. 또 하나는 복음전도의 결과로 지역마다 젊은이들이 늘어나면서 교사요원들이 생겼다. 이러한 상황에서 군산선교부가 운영한 영명학교도 학생들이 늘어났다. 이에 당대 최고의 학력으로 의료 실력을 드러낸 오긍선이 교육개혁을 통해 질적 수준을 높였다. 일찍이 서울의 배재학당을 마친 그는 1903년에 미국에 유학하여 1907년에 미국의 켄터키중앙대학교(Central University of Kentucky: CUK)의 의과대학을 졸업하였다. CUK에 입학하기 위하여 그는 먼저 대학예비학교(Center College Academy), 대학과정(Center College) 그리고 의과대학(Hospital School of Medicine)을 단 4년 만에 마친 바가 있다. 이때 그는 초인적 노력과 능력을 드러내면서 몸무게가 38Kg로 줄었다.[82]

오긍선은 군선선교부 산하 군산남학교의 초등과정을 '안락(Alexander) 소학교'로 1908년에 4년제 인가를 받아 운영은 구암교회가 맡도록 했다. 그리고 중학교 과정을 '영명중학교'로 1909년에 인가를 받아 고등과 4년제와 특별과 2년제로 운영하였다. 1911년에 7명의 특별과 졸업생을, 1913년에 4명의 고등과 졸업생을 배출했다.[83]

---

81) 임희모, 「미국 남장로교 의료선교사 오긍선 연구」, 363~402쪽, 특히 365~378쪽.
82) 위의 논문, 368~370쪽.
83) 군산제일100년사간행위원회 편, 『군산제일100년사』, 49쪽.

5. 영명학교와 멜볼딘 여학교의 자조부 산업 활동

한국선교회는 1907년부터 각 남·여학교에 자조부(Self-support Department)를 설치하여 학생들의 학업을 도왔다.84) 우선 네비우스 원칙에 따라 학생들은 학비를 지불해야 했으나 매년 학기 초 등록학생의 30% 이상이 학비조달이 어려워 중도에 학업을 포기하였다. 이를 극복하기 위한 방안으로 이 정책을 시행하였으나, 다른 요인들도 있었다. 당시 한국사회는 육체노동을 천시하여 양반이나 지식인은 노동을 하지 않았는데, 이에 대하여 사람은 노동을 통하여 자기를 실현한다는 것을 선교사들은 가르치려 했다. 또한 가난한 학부모의 경제적 어려움을 도우려는 목적이 있었고, 학생들이 졸업 후 직업을 갖도록 미리 준비하는 성격도 가졌다. 한국선교회는 이를 위하여 시설비와 운영비를 제공하였다. 각 학교가 위치한 지역적 특성에 따라 각 학교는 산업과 직업 훈련을 하였다. 쌀을 생산하는 곡창지대인 군산의 영명학교 자조부 학생들은 쌀을 담는 쌀부대, 가마니 짜기, 볏짚부대(straw rice sacks) 등을 만들어 팔아서 학비와 기숙사비 및 용돈을 벌었다.85) 이외에도 고학년 대상으로 목재부(wood-working department)를 설치하여 도구를 만들어 정확한 조립 등을 훈련하였다.86)

여학교의 경우 남학교의 자조부 활동에 비하여 특이점이 있다. 우선 남학생에 비하여 학비가 많지는 않았다. 당시 한국문화는 남아 선호의 사회라 학부모들이 남아들은 쉽게 학교를 보내지만 여아들은 대개 학교를 보내

---

84) 임희모, 「미국 남장로교 한국선교회의 산업 활동 선교 연구(1907-1937)」, 한국교회역사복원연구회, 『한국교회역사복원 논총』 Vol.2, 2021, 11~54쪽; 임희모, 「한국선교회의 광주선교부와 순천선교부의 산업 활동 선교 연구(1907-1937)」, 임희모, 『미국 남장로교 한국선교회의 여성·의료 선교사: 선교학 관점의 연구』, 225~161쪽. 여기 '산업 활동 연구' 글은 같은 내용의 글인데, 제목을 다르게 붙인 것이다.
85) 위의 책, 244~245쪽, 군산제일100년사간행위원회 편, 『군산제일100년사』, 38~39쪽.
86) John MacEachern, "Annual Report, Kunsan Station," *The Missionary Survey*, Feb. 1916, pp.129~131, 특히 p.129.

지 않았기 때문에 학교당국은 여학생의 학비는 낮게 책정하였다. 또한 자조부 참가 여학생의 신체적 건강에 유의하여 총 시간을 적게 했고, 상대적으로 휴식 시간을 많이 할애하였다. 그리고 여학생들은 대개 바느질이나 자수를 했는데, 한국선교회 특히 스와인하트 부인(Mrs. L. H. Swinehart)의 주도하에 학교에 따라 부품 혹은 품목을 분업화하여 작업하였고, 이를 최종 수거하여 미국에 수출하고 판매액을 나누었다.

멜볼딘 여학교는 두애란(Lavalette Dupuy) 교장이 순천에서 활동할 당시 순천 단추 공장을 견학했는데 이를 군산에서 적용하였다. 전통적인 단추 산업을 군산에서 일으켜, 그녀는 한국 전통의 단추를 만들어 팔고 옷이나 자수에 활용하였다. 한국선교회는 각 여학교에 따라 특화된 제품을 분업화하여 공동으로 생산하고 공동판매를 하는 전략을 운영했다.[87] 미국에 제품을 수출하여 외화를 벌어 분배하여 학생들은 학비 조달을 하였고 학교운영에 도움이 되었다.

멜볼딘 여학교는 오늘날 군산영광여자고등학교로 변하였고, 설립자와 교명이 바뀌었다. 설립자는 건학이념을 "믿음으로 행하고(信仰), 부지런히 배우며(勉學), 내 힘으로 일하자(自力)"로 정하였다.[88] 실천사항으로 여호와 경외(잠언 1:7)와 하나님께 영광(고전 10:31), 이웃 사랑 등을 강조한다.

6. 군산 3.5만세운동과 선교사들의 반응

군산 영명학교에서 발화되어 이웃학교들과 지역사회로 확산된 군산3.5만세운동의 여파는 무척 큰 것이었다. 우선 발단을 살펴보면, 일제가 한국을 식민지로 삼고 가혹하게 군대와 경찰 등을 동원하여 물리적 힘의 통치

---

[87] 임희모, 『미국 남장로교 한국선교회의 여성·의료 선교사』, 244~245쪽, 248~249쪽.
[88] 군산영광여자고등학교 홈페이지(2024년 5월 31일 방문).

에 집중하는 상황에서 한국의 지식인과 종교인들의 대표들이 모여 민족 독립에 대한 비전을 가지고 독립을 요구하는 성명서를 발표하려 하였다. 여기에서 영명학교 보통과, 고등과와 특별과를 졸업한 김병수가 1919년 당시 세브란스 의학전문학교의 졸업학기에 적을 두고 있었다. 이때 세브란스의 제약실에서 근무한 이갑성이 독립선언서에 연명한 33인 중의 1인으로 김병수와 연결되었다. 김병수는 독립선언서 95매를 가지고 2월 28일 영명학교의 교사였던 박연세에게 전달하고 몇 교사들을 만난 후 귀경하였다. 이로 인하여 군산의 활동가들이 태극기를 만들고 독립선언서 3,500장을 등사했고 이를 들고 3월 6일 군산 장날에 만세운동을 벌이기로 하였으나 3월 5일에 경찰들에게 발각되어 주동자들인 교사들이 연행되자 학생들이 이를 항의했다. 이들은 당일 곧 바로 만세운동을 결행하여 가까이에 있는 멜볼딘 여학교와 선교병원에 알렸고 학생들과 직원들이 가세하였다. 또한 군산 보통학교에도 알리자 학생들이 몰려들었고 시민들도 합세하여 독립 만세를 외쳤고 가두행진을 벌였다. 이러한 운동이 지역교회와 사회로 퍼져 일거 만세운동이 군산을 넘어 지역을 넘어 전라북도 전역으로 확산되었다. 이에 대한 진행과 확산, 지도세력, 결과와 영향 등에 관한 자세한 기록은 아래 각주89)의 글들을 참고할 필요가 있다.

여기에서는 한국선교회 특히 군산선교부 소속 선교사들의 반응을 서술하려 한다. 4가지의 사료가 발견된다. 하나는 브라운 박사가 그의 책에서 3.1운동에 대하여 군산선교부 선교사 윌리엄 불의 목격담을 서술한다.90)

---

89) 군산제일100년사간행위원회 편, 『군산제일100년사』, 71~122쪽; 송현강, 「한말·일제강점기 군산 영명학교·멜볼딘여학교의 설립과 운영」, 150~152쪽; 김수진, 『호남선교 100년과 그 사역자』, 168~172쪽; 김은주, 「군산의 3.1운동과 기독교학교의 참여」, 『신학과 사회』 제33집 3호, 2019, 35~64쪽; 김은수, 「익산남전교회 만세운동과 순교자들의 정신」, 『선교신학』 62, 2021, 11~37쪽; 동저자, 「군산 3.5만세운동과 기독교 영명학교」, 『선교신학』 71, 2023, 53~77쪽; 신종철, 「ACTS의 신학공관(共觀)에서 본 전북지역 3.21운동 연구: 전북지역 남장로교 선교스테이션을 중심으로」, 『ACTS 신학저널』 제40집, 55~99쪽.

90) G. T. Brown, *Mission to Korea*, pp.108-112; 『한국선교 이야기』, 155~159쪽; William

브라운은 3.1운동의 배경으로 일본의 압제와 윌슨의 민족자결주의의 영향을 짧게 언급하고, 서울에서 시작된 비폭력적 만세운동의 전국적 확산을 설명하고, 윌리엄 불이 목격한 군산 학생들과 교사들, 병원 직원들의 비폭력적 데모와 이들을 연행하고 고문하는 경찰들, 이들의 잔인성 등을 비교적 자세하게 서술한다.

둘째 사료는 브라운 박사가 직접적으로 언급하지 않았지만, 3월 26일 자동차 사고가 일어나 크레인(Paul S. Crane) 목사와 벨 부인(Mrs. Bull Bell)이 사망한 사건과 관련을 갖는다.[91] 이 교통사고의 먼 원인(遠因)이 3.1만세운동과 관련되는데, 내용은 다음과 같다. 만세운동을 폭력으로 잔인하게 진압한 일본식민당국과 한국주재 선교회들의 대표적 선교사들이 만나 이를 논의하고 해결하기 위한 비공식적 회의가 3차에 걸쳐 서울에서 열렸다. 1~2차에는 한국선교회의 대표는 참석하지 않았으나 3번째 회의(3월 24일)에 남장로교의 실행위 총무인 스미스 박사(Dr. Egbert Smith)가 참석하였다.[92] 그를 만나러 벨 선교사 부부(Rev. & Mrs. Eugene Bell)와 녹스 선교사 부부(Rev. & Mrs. Robert Knox) 및 폴 크레인 선교사 (당시 한국선교회 총무 겸 회계인 스와인하트(Martin L. Swinehart) 선교사가 안식년을 떠나자 그의 회계 업무를 크레인이 임시로 맡았음) 등 5인이 서울로 가서 그를 만났던 것이다. 이들은 귀향하던 중에 병점역 부근에서 기차와 충돌하여 벨 부인과 크레인 목사가 사망하였고,[93] 녹스 부인은 부상을 당하여 청력을

Ford Bull, "Some Incidents in the Independent Movement in Korea, 1919," 송상훈 옮김, 「1919년 한국에서의 독립운동에 있어서 몇 가지 사건들」, 『윌리엄 불 선교사 부부 편지 I: 1906-1938』, 37~49쪽, pp.261~273(영문).

91) G. T. Brown, *Mission to Korea*, p.112; 『한국선교 이야기』, 159쪽.
92) 한국기독교 역사연구소 편집(이만열), 『자료총서 제19집: The Korean Situation 1,2』, 한국기독교역사연구소, 1995, 27~28쪽; 김승태, 『한말 일제강점기 선교사 연구』, 한국기독교역사연구소, 2006, 267~682쪽.
93) *Minutes of the Twenty-Eighth Annual Meeting of the SPMK* (Chunju: June 19th to 26th, 1919), pp.66~71, 특히 pp.70~71.

잃었다.

셋째, 그런데 여기 회의에 참석한 스미스 총무는 어떠한 발언을 했는지 알려져 있지 않다. 그러나 그는 3~4년 후 실행위 산하 교육부가 발행한 교육자료94)에 한국선교회의 활동과 비전 및 한국의 변화에 대하여 대단히 긍정적으로 서술하였다. 일본보다 역사가 긴 한국인들이 이들의 잔인한 식민지배를 받으면서 자존심과 체면을 잃은 상황에서 그는 예수님의 복음이 한국을 위한 진정한 기쁜 소식이 된다고 강조했다. 그는 3.1만세운동을 기해 소극적 저항의 독립운동이 시작되고 있다는 것, 또한 일본인들이 가하는 박해와 고문 및 죽임에 직면하여 불굴의 용기를 지닌 영웅과 순교자들의 진정한 자질을 한국의 소녀와 소년 및 노인들도 일본인들에게 보여주었다고 서술한다.

넷째, 3.5만세운동을 목격한 후 곧 안식년을 떠난 인돈(William A. Linton) 선교사가 미국 사회에 일본의 만행을 고발하고 한국인들의 고난과 독립 의지를 증언하였다. 그는 그의 고향 아틀란타에서 열린 남장로교 평신도 선교대회에서 한국인들이 독립을 외치며 비폭력적 만세운동을 벌였다는 것, 이로 인하여 수많은 사람들이 붙잡혀 감옥에서 고난을 겪고 있다는 소식을 자세하게 미국 기독교인들에 증언하였고, 이를 아틀란타 지역신문이 자세하게 뉴스로 보도하였다.95) 이로 인하여 한국정부는 2010년에 건국훈장 애족장을 그에게 추서하였다. 이러한 애국적 증언 이외에 그가 행한 2가지 덕목도 애족장 추서의 원인이 되었다. 하나는 군산영명학교에서 행한 실업 및 산업 교육, 또 다른 하나는 1930년대 일본이 한국인들에게 강요한 신사참배로 인한 고난의 상황과 결과를 미국사회에 널리 알렸다는 것이다.

---

94) Egbert W. Smith, *Essential Facts about Our Mission Work in Korea*, Nashville(TN): Educational Department, Executive Committee of Foreign Missions, 1923, pp.1~15.
95) William A. Linton, "Atlantian Tells How Koreans Are Seeking Liberty," Article, *Newspaper in Atlanta*: May 1919, in: Letter Collection of Mr. & Mrs. William A. Linton.

VII. 결론: 연구의 질적 수준 제고 필요성과 다양한 연구물에 대한 반성적 성찰

여기에서는 연구의 질적 수준 제고의 필요성을 언급하고 군산선교부의 선교운동에 대한 연구의 미진함을 지적하고자 한다. 이를 넘어서기 위해서는 한국선교회의 5개 선교부의 활동 전체를 연구해야 함을 강조하고자 한다. 호남선교 전체에 대한 광범위하고 깊은 연구가 진행되지 않는 상황에서 일개의 군산선교부 선교활동에 대한 충분한 연구가 진행되기를 바라거나 수준 높은 연구를 기대할 수는 없는 것이기 때문이다.

1. 연구의 질적 수준 제고 필요성

첫째, 선교부 연구에 있어서 자료 활용의 문제가 크다. 선교부의 선교를 연구할 때 기본적으로 선교사 자료 혹은 선교 관련 자료를 우선적으로 혹은 한국인들이나 한국교회가 생산한 자료들과 같은 비중으로 분석해야 할 것이다. 한국인 혹은 한국교회가 생산한 자료들을 주된 자료로 활용한다고 할 때, 그 배경으로 혹은 이들 한국인들과 함께 동역관계에서 활동한 선교사에 대한 이해 및 선교사 자료에 대한 이해를 명확하게 해야 할 것이다. 다음의 예는 위의 주장을 수용해야 하는 하나의 예문이다.

> "이들을 흔히 '7인의 선발대'라 부르는데, 이들은 서울에 와서 한국어를 익히면서 전라도를 선교구역으로 할당받아 전주, 군산, 목포, 광주 및 순천에서 선교부(Station)를 개설하고 선교하였다.(각주 &: OOO, 『XXXXXXXX』(********, ++++), ##쪽).

이 글은 어떤 학술지에 게재된 논문의 서두 부분인데 크게 2가지 문제점을 드러낸다. 문제점1은 7인의 개척선교사들이 한국에 입국하여 전라도에서 5개 선교부를 세웠다는 주장이다. 그러나 이들 7인은 1896년 전북에 2개 선교부를 세웠다. 그러나 다른 선교사들이 전남지역에 1898년, 1904년, 그리고 1913년에 각각 목포, 광주, 순천선교부를 세웠다. 그러므로 이는 사실적 오류이다. 문제점2는 각주가 지시하는 ##쪽은 위의 내용과 아무런 관련이 없는 칼 귀츨라프(Karl Gützlaff)를 언급한다. 이는 각주 오류이다. 이러한 연구 상황에서 선교부 연구는 기본적으로 선교사에 대한 이해와 선교사들의 자료에 대하여 충분한 검토를 해야 하고, 동시에 한국인들의 활동을 기술한 노회록이나 개교회의 당회록 등을 분석해야 할 것이다.

둘째, 사료 확보에 문제가 있다. 한국선교회가 1897년 10월에 채택한 『헌법과 규정과 세칙』96)에 의하면 개별 선교사들과 각 선교부와 한국선교회는 당년 3월 31일까지의 활동 사항을 매년 정기적으로 보고서를 작성하여 실행위에 의무적으로 제출해야 한다. 1893년부터 실행위는 수집된 자료들을 편집하여 남장 총회에 제출했다. 여기 공적인 실행위 보고서, 각 선교사들이 가족이나 친구들에게 보낸 사적 서신들도 호남교회와 기독교를 연구하는 사람들에게는 매우 중요한 사료들이다. 그러나 이들 중 상당수의 자료들과 보고서와 서신들이 부분적으로 그리고 파편화되어 항간에 떠돌고 있다. 연구자들은 입수한 자료들만을 읽고 분석하여 글을 썼기 때문이다. 이러한 연구 상황에서 호남 교회와 기독교를 연구하는 사람들은 보다 온전하고 일관된 자료들과 보고서들을 가급적 수집하여 분석하고 해석하여 글을 쓸 필요가 있다.

셋째, 연구의 질적 제고가 필요하다. 이에 대한 언급을 할 수 있는 입장에 있는지 본 필자 역시 의심스럽다. 선교사 자료와 한국인들의 자료, 이들 자료들에 대한 확보와 활용의 문제, 그리고 해석과 조직의 문제 등이 연구

---

96) The Southern Presbyterian Mission in Korea, *Constitution, Rules and By-Laws of the SPMK*, 1897, American Presbyterian Publication Mission Press, 1898.

의 질을 높이는 데 중요할 것이다. 이러한 사안들을 원활하게 해결하고 시간을 들여 글을 쓰면 양질의 글을 생산할 수 있을 것이다. 특정 선교부나 선교사에 대한 수준 높은 글쓰기는 결국 이러한 연구 환경의 조성 여부에 달려있다.

2. 군산선교부의 선교운동의 절정기와 연구물들

주지하듯이 한국선교회 산하에 6개의 선교부가 존재했다. 해방 이전에는 군산, 전주, 목포, 광주 및 순천에 선교부가 있었으나, 해방 이후 군산선교부가 폐쇄되고 대신에 대전선교부가 개설되었다. 여기 6개 선교부 중에서 군산선교부는 복음전도 분야에서 드루와 전킨과 데이비스의 노력으로 1896년부터 1900년까지, 그리고 의료선교와 교육선교 분야에서 1899년 5월 군산의 개항 이후 1920년대 초반까지 다른 선교부와 확연히 다른 최고의 위상을 누렸다.

이 당시에 호남 최초로 생긴 군산교회, 교육선교 분야에서는 군산 영명학교와 멜볼딘 여학교의 교육과 3.5만세운동, 의료선교 분야에서는 1896~1910년간 드루, 알렉산더, 다니엘 의사, 여기에 더하여 오긍선 의사의 활동과 1910년 이후 패터슨(Jacob B. Patterson, 1910-1924) 의사가 활동한 1924년과 그 이후 2~3년까지, 간호선교는 서서평이 활동한 1914년부터 1917년까지 군산의 위상은 매우 높았다. 그러나 1923년 영명은 전주의 신흥에 지정학교 혹은 중심학교의 자리를 내어주었고, 선교병원은 1928년부터 순천 안력산병원의 로저스(James M. Rogers, 1917~1940)에게 정상의 자리를 내어주었다.

이 정상을 누린 시기에 활동한 선교사들에 대한 단독논문들 특히 의료분야에서 오긍선,[97] 패터슨,[98] 그리고 서서평[99] 연구가 이루어졌다. 또한 군산에서 1899~1940년까지 41년간 복음전도와 학교교육을 실시한 불(부위렴)

선교사부부의 편지가 번역되었다.100) 거국적인 3.1운동을 이어받아 군산지역에서 3.5만세운동을 주도하고 견인한 영명학교의 의거는 중요한 역사적 사건이 되었다.101) 이를 통하여 인근 지역으로 만세운동이 확산되었다. 이 외에 군산선교부를 일부 언급하면서 한국선교회의 선교부 전체를 다룬 논문들과 책들이 있으나 앞서 각주에서 기록하였기 때문에 여기에서는 생략한다.

그러나 군산선교부 소속 47명의 선교사들에 대한 연구, 이들의 선교 활동에 대한 유산을 정리할 필요가 있다.102) 이들의 활동에 대한 자세한 사항을 파악하고 기억하여 선교자산으로 남겨야 할 것이다. 그러나 앞에서 연구하였듯이 군산선교부와 소속 선교사들이 행한 선교활동을 다룬 논문이나 저술은 많지 않다. 좀 더 깊고 자세하고 전문적인 학술 연구가 필요하다.

3. 한국선교회의 6개 선교부의 선교활동 전반에 대한 연구 필요성

군산선교부 선교역사 연구의 미진함은 군산을 포함하는 더 큰 단위의 호남지역 전체 즉 5개의 선교부를 포괄하는 한국선교회의 선교 역사 연구의

---

97) 임희모, 「미국 남장로교 의료선교사 오긍선 연구」.
98) 임희모, 「미국 남장로교 선교사 야곱 페터슨의 군산예수병원 의료사역 연구」.
99) 임희모, 「서서평 선교사의 초기 사역 연구: 군산 구암예수병원 사역을 중심으로」, 『한국교회 역사복원 논총』 Vol.1, 2019, 47~83쪽; 동저자, 「서서평 선교사의 초기 사역 연구: 군산 구암예수병원 사역을 중심으로」, 『서서평 선교사의 통전적 영혼구원 선교: 20세기 선교와 21세기 한국교회의 선교신학』, 동연, 2020, 65~99쪽.
100) 윌리엄 불 선교사 부부 지음, 송상훈 옮김, 『윌리엄 불 선교사 부부 편지I: 1906-1938』; 『윌리엄 불 선교사 부부 편지II: 1939-1941』.
101) 군산제일100년사간행위원회 편, 『군산제일100년사』; 앞에서 각주 85를 통해 언급한 군산지역 독립만세운동은 특별히 기억할 필요가 있다.
102) 이를 위한 기초자료를 제공하는 선교사사전이 2022년에 출간되었다. 내한선교사사전 편찬위원회 편, 『내한선교사 사전』(Biographical Dictionary of Christian Foreign Missionaries in Korea).

부진함과도 관련된다. 호남지역 선교와 호남교회의 전체적 맥락 안에서 선교 역사 연구 문제를 살펴야 할 것이다.

한국신학도서관협의회가 1985년에 이어 1992년에도 한국의 신학대학에서 생산된 석·박사 논문을 편집하였다. 1985년 자료집에서 '한국교회'와 '교회사, 교파'라는 두 항목에서 '호남'이라는 글자가 제목에 포함된 논문을 추적하였더니 1개가 나타났다.[103] 그리고 1992년도까지 생산된 학위논문들을 같은 제목의 목록집(1945~1992)에서 검색했더니 '호남' 관련 학위논문은 더 이상 생산되지 않았다.[104] 한편, 1993년에 한국기독교회사 논저목록이[105] 출간되었는데 여기에 수록된 호남관련 저서나 논문들은 4개로 나타났다.[106] 이 목록에는 일반대학교 대학원에서 연구된 논문이 1개가 포함되었다.

1992년 남장로교 한국선교 100주년이 되는 해에 예장통합교단은 대대적으로 100주년 기념행사를 각 선교부 지역에서 행하였다. 전주지역 행사에서는 3개의 학술강연이 있었고, 광주지역 행사에서는 각주가 달리지 않은 글 2개의 강연이 있었다.[107] 목포, 순천, 대전 지역은 각각 기념사로 학술

---

103) 김영덕, 「제주도의 사신 신앙에 관한 연구」, 연세대학교, 1982; 한국신학도서관협의회, 『한국신학관계석·박사학위논문목록집(1945-1985)』, 장로회신학대학출판부, 1985(재판), 60쪽.
104) 한국신학도서관협의회 편, 『한국신학관계석·박사학위논문목록집(1945-1992)』, 나눔사, 1993.
105) 기독교사학연구소(홍치모·유기준 편), 『한국교회사 논저목록』, 형상사, 1993.
106) 김수진·한인수, 『한국기독교사: 호남편』, 대한예수교장로회총회교육부, 1979; 김행문, 「일제하 호남지방 기독교단체의 사회운동연구」, 전남대 교육대학원 석사학위논문, 1983; 김형석, 「초기 제주도 기독교인들의 민족운동」, 『성서·토지 그리고 역사』(학촌이진호교수화갑기념논문집), 한림출판사, 1992; 저자미상, 「군산영명학교청년회에서 제주도전도 記略」, 『중앙청년회보』 제2권 제4호, 1915.4.
107) 맹용길, 「미국 남장로교의 한국선교 100주년의 신학」, 『미국 남장로교 한국선교 100주년 기념대회 보고서』, 89~118쪽; 김용복, 「호남기독교의 역사적·사회적 성격」, 119~135쪽; 주명준, 「미국 남장로교 선교부의 호남선교: 초창기 선교사들의 활동을 중심으로」, 136~162쪽; 브라운(G. T. Brown), 「미국 남장로교회의 전남권 초기 선교」, 200~212쪽; 김인식, 『미국 남장로교의 한국선교』, 213~218쪽.

강연을 대체하였다. 여기에서 발표된 논문들은 호남 장로교회의 100년을 살피는 것으로 선교 신학과 선교 성격과 선교 역사 등을 정리하였다.

한국학계에 학술저널이 도입되기 시작한 1990년대에 한국기독교역사연구소가 창립되어 지역 교회의 선교역사를 정리하였는데, 호남교회의 역사가 처음으로 논문화되어 나타났다.108) 이 논문은 군산선교부 활동을 4쪽 분량에 할애했는데, 이는 전체분량의 10분의 1에 해당한다.

위에서 간략히 서술한 호남교회 선교역사에 대한 학계의 연구 동향을 종합적으로 살피면 1982년을 지나 1~2개의 학술논문이 나타났다. 이보다 2~3년 전에 김수진과 한인수는 부명광 선교사(Rev. G. T. Brown)가 1962년에 저술한 책을 기본 참고서로 활용하여 『한국기독교회사: 호남편』을 발간하였다. 이를 발판으로 삼아, 가뭄에 콩 나듯이 하나 둘 남장의 선교역사 논문들이 생산되었다. 남장의 한국선교 100주년이 되는 1992년부터 남장의 논문들이 쌓이기 시작하였다. 한 세대가 지난 2018년에 이르러 강성호는 호남지역 선교역사에 대한 연구 현황을 분석하였고,109) 그동안 적체된 남장 선교역사 연구에 대한 논문들이 수없이 발표되었다.

4. 한국선교회의 기독교 문화유산: 유네스코 세계문화유산 등재 추진을 위한 논의

국립순천대학교 인문학술원은 2024년 1월 26일에 한국선교회의 기독교 문화유산의 유네스코 세계문화유산 등재 추진을 위한 학술대회를 열었다. 이 대회에서 6개 선교부의 글이 발표되었으나 여기에서는 4개 선교부의 연

---

108) 김수진, 「호남지방 교회의 역사-호남지방 선교 초기부터 해방 전후까지」, 『한국 기독교와 역사』 제3호, 1994.12, 103~144쪽.
109) 강성호, 「미국 남장로회의 호남선교: 연구동향을 중심으로」, 『한국기독교와 역사』 제49호, 2018.9.25, 75~100쪽.

구 현황과 과제를 소개한다.110) 이러한 학술대회가 열리기 이전인 2015년에 한국기독교문화유산보존협회(사)가 한국문화재보존관리와 보호활동 및 기독교문화유산과 기독교건축문화유산 보존과 활용 등을 논의하는 학술심포지엄을 서울에서 열었다.111)

이러한 분위기에서 전라남도는 보다 구체적으로 전라남도의 선교유적의 가치를 재발견하고 이들을 세계유산으로 추진하기 위한 학술대회를 2회 연달아 개최하였다. 첫 번 대회는 2016년 11월에 한국선교유적연구회(사)가 2016년 11월에 국제학술대회로 열었다. 세계유산제도와 아시아 유산제도 및 한국의 제도 등이 비교되었고, 전라남도, 여수 선교유적, 순천 선교부, 목포의 기독교 및 지리산 선교사 유적 등이 발표되었다.112) 둘째 학술대회는 호남지역 기독교선교와 민족운동, 전남 선교유산의 가치, 손양원 목사의 교회사적 의의, 한국 성결교회 문준경 순교자, 이수정의 성경번역, 전남 기독교 순교사 등 다양한 주제가 발표되었고 논찬이 이어졌다.113)

---

110) 강성호, 「순천선교부 연구현황과 과제」, 국립순천대학교 인문학술원, 『유네스코 세계문화유산 등재 추진 호남 기독교 문화유산 학술대회: 호남 선교부 연구현황과 과제를 중심으로』, 순천대, 2024년 1월 26일, 1~14쪽; 한규무, 「미국남장로회 광주선교부 연구현황과 과제」, 49~85쪽; 송현강, 「미국남장로회 대전선교부 연구현황과 과제」, 87~99쪽; 김승대, 「미국남장로회 전주선교부 연구현황과 과제」, 101~121쪽.
111) 이은선, 「기독교 문화재 보존의 가치성」, (사)한국기독교문화유산보존협회, 『한국기독교문화재연구소 학술심포지엄 자료집』, 2015년 6월 5일, 33~48쪽; 김정선, 「기독교 건축문화유산의 보존과 활용방안」, 49~65쪽.
112) 최혜영, 「전라남도 기독교 선교역사」, (사)한국선교유적연구회, 『전라남도 선교유적 세계유산(잠정목록) 추진을 위한 국제학술회의-전라남도 선교유적의 가치 재발견』, 2016.11.24~26, 134~141쪽; 박찬, 「여수의 선교유적」, 151~163쪽; 우승완·이석배, 「미국남장로회 순천선교부 선교마을의 역사적 의의」, 180~190쪽; 김지민, 「목포의 기독교 전래와 그 유적」, 206~217쪽; 남호현, 「지리산 선교사 유적의 근대문화 문화재적 가치」, 232~241쪽.
113) 이덕주, 「호남지역 기독교 선교와 민족운동 유산」, (사)한국선교유적연구회, 『전라남도 선교유산의 세계유산추진을 위한 학술회의II - 전라남도 기독교 선교역사와 유산』, 순천만국가정원 대회의실, 2017년 4월 7일, 1~38쪽; 서만철, 「전남 선교유산의 세계 유산적 가치와 향후 과제」, 39~56쪽; 김승태, 「손양원 목사의 신앙세계와 한국교회사적 의의」, 57~76쪽; 주승민, 「한국전쟁과 한국 성결교회 그리고 순교자 문준경」, 77~99쪽;

5. 결론

본 글은 군산선교부 소속 선교사들의 선교 활동과 이들의 지도를 받아 형성된 초기 호남교회의 복음전도 활동을 연구하였다. 이러한 연구는 한국 선교회 소속 6개 선교부 각각과 6개 전체에 대한 선교활동을 구체적으로 비교하여 연구함으로써 좀 더 다양하고 풍성한 결과를 맺을 수 있을 것이다. 그리고 이러한 선교활동 연구는 선교사들이 가졌던 정신적 가치와 선교건축물 등이 지닌 역사적 문화재적 가치를 선교 유산으로 후세에 남기고 있다. 이로 인하여 선교사들과 한국인들의 실천적 삶은 한국은 물론 전 세계에 기독교의 정신문화적 가치와 또한 보존적 가치를 드러낸다. 이러한 가시적이고 물질적인 선교유산 이외에 남장 한국선교회의 선교활동과 더불어 형성된 역사적 한국교회와 호남교회 및 교회지도자들에 대한 연구와 평가도 진행되어야 한다. 이를 위하여 한국교회와 호남교회는 먼저 자기검열을 통해 민족사에서 저지른 흑역사를 반성하고[114] 우선적으로 새로운 주체적 선교 정체성을 확립할 필요가 있다.

이러한 과정을 통해 한국교회와 호남교회는 한민족과 세계 모든 민족을 위한 평화와 생명의 대잔치를 벌이기 위하여 하나님 나라의 샬롬을 추구하

김효시, 「한국 최대 순교지의 역사-영광지역을 중심으로」, 101~113쪽; 김성은, 「이수정의 성경번역과 근대 동아시아」, 115~129쪽; 최혜영, 「로마제국과 우리나라의 순교자 비교」, 131~143쪽.

114) 가나안 기독교인으로 산다는 청년이 한국기독교가 저지른 12가지 제목의 흑역사를 실증적 사료를 분석하여 고발한다. 첫째, 일제 식민지 상황에서, 한국기독교의 제도화를 이루었고, 침략전쟁을 지원하였고, 반민특위를 와해시켰고, 미완의 과거사 청산으로 비극을 맞았다는 것, 둘째, 한국기독교의 왜곡된 정치참여의 모습들로, 민간인 학살 가담, 부정선거 협력, 독재정권 부역, 반공주의에 매료됨, 불의로 재물을 취한 한국기독교로 변하였다는 것, 셋째, 한국기독교의 사회적 추문으로, 부동산에 저당 잡힌 기독교, 무례한 기독교, 잔혹한 기독교기업들의 발흥 등으로 타락했다는 것이다. 강성호, 『한국 기독교의 흑역사: 열두 가지 주제로 보는 한국개신교의 스캔들』, 도서출판 짓다, 2016.

는 선교 여정을 떠나야 할 것이다. 지구시장화의 심화와 제4차 산업혁명과 과학기술혁명의 시대에 소외되고 짓밟힌 인간들을 위하여, 그리고 여기에 지구적·우주적 생명 생태계의 위기가 가중되는 상황에서 병들고 고통 받는 인류를 위하여 한국교회는 세계의 교회공동체와 함께 하나님의 생명공동체들의 공생과 상생의 생명발현을 위한 대잔치를 벌여야 할 것이다.115) 이를 위하여 한국교회는 주체적 생명체들의 새로운 시민운동을 일으키고 상생적 봉사와 섬김을 활성화시켜야 할 것이다, 생명체들의 주체적 삶의 구원 이야기들은 대개 예술과 문화와 종교를 통하여 구체화되고 확산된다.

  오늘날 화해와 평화를 실현하는 생명살림의 시민운동은 거창한 사람들이 모여 거창한 제목을 내걸고 거창하게 시작할 필요는 없다. 여기에는 주체적 삶을 사는 다양한 사람들이 자신들의 삶의 이야기를 나누고 듣고 경청하고 이웃들과 나누는 일이 중요하다. 여기에 한국교회와 기독교는 생명체들의 주체적 삶을 글로 쓰고, 그림으로 나타내고, 노래를 부르고, 몸과 행위로 드러내면서 세계 시민사회들과 신적 구원 경험을 나누어야 할 것이다. 하나님의 구원 경험을 매개하는 일상적 삶의 생명 이야기들은 정의로운 상생적 봉사와 섬김을 통하여 화해와 평화의 생명잔치를 만들고 나누고 이를 확산시킨다.

---

115) 김용복, 「생명운동, 시민운동의 새로운 지평 모색」, 김용복 외 지음, 『예언자 신학자 김용복의 생명 사상과 삶』, 동연, 2023, 558~578쪽, 특히 573~577쪽.

제3부

대전과 제주 지역 연구 현황과 과제

6장 | 대전선교부의 연구 현황과 과제
_송현강

7장 | 제주도 개신교 선교활동의 연구 현황과 과제
_조성윤

6장

대전선교부의 연구 현황과 과제

송현강

I. 연구 현황

1. 대전 기독교 전래와 확산

대전지역의 기독교는 1904년 설치된 미감리회 공주선교부 소속 선교사들의 선교 활동이 점차 당시 회덕군의 경내로 확산되면서 시작되었다. 1907년경 유성의 원골에는 이곳의 토착 세력들이 주도한 신앙공동체가 형성되었다. 그리고 1908년에는 회덕군 외남면 대동리에도 기독교 지향적인 집단이 나타났다. 대동리의 교회가 대전 지역의 중심 교회로 부상하게 된 것은 1914년 무렵이다. 대전이 신흥도시로 성장하면서 새로이 이사 온 사람들이 그 교회에 활기를 불어넣었기 때문이다. 그리고 1917년 현재 대전면 내에는 211명의 기독교인이 존재하고 있었다. 그런데 흥미로운 것은 당시 대전군의 교회들은 주로 신도심인 대전면과 유천면, 유성면에 분포하고 있었고, 회덕으로는 진출하지 않았다는 사실이다. 회덕에 교회가 들어선 것은 한국전쟁 이후의 일이다.

대전의 성결교회는 1920년 5월에 조직되었다. 그 교회는 대전 지역에서 활발한 종교 활동을 펼친 결과 1920년대 후반에는 100여 명, 1930년대에는 500여 명으로 교인 수가 늘었다. 1938년에는 대전장로회회가 생겨났고, 일제강점기 침례교는 이곳에 선교거점 만을 운영했던 것으로 보인다. 해방 이후 이들 4개 교파는 1960년까지 대전에 모두 59개의 새로운 교회들을 세웠다. 기독교인도 폭발적으로 늘어나 대전은 일약 한국 주류 기독교의 중심지로 부상하였다. 그 교파들이 대전에 세운 기독교대학들이 그 사실을 웅변한다.

대전의 교인들은 바로 이웃하고 있는 회덕 고읍의 주민들이 갖고 있던 삶의 방식과는 다른 유형의 삶을 사는 사람들이었다. 향촌사회가 아닌 도시에서, 위정척사와 만세운동의 대상인 일본인들과 함께 살고, 농업이 아닌 상공업에 종사하면서 성리학의 신념체계를 떠나 기독교를 신봉한다는 점에서 그들의 생활태도는 좀 유별난 것이었다. 그런데 머지 않아서 대전의 영역은 더욱 넓어지고 대전 사람들의 이러한 생활방식은 회덕을 압도하게 되었고, 기독교는 그러한 삶의 유형과 비교적 잘 어울리는 매력을 지니고 있었다.

또 이 새로운 종교는 대전 근대사의 진행과 긴밀하게 연결되어 있다. 1920년대 대동예배당은 대전청년운동의 산실이었다. 대전교회의 야학과 배영학원 그리고 원골교회의 매일학교는 대전 사람들 중 일부가 근대성을 수용하는 한 방식이었다.

일제강점기 대전성결교회 교인들의 종교 행위는 이전까지 대전 사람들이 전혀 경험하지 못했던 너무나 독특한 종교 행위였다. 그러나 19세기 미국 주류 개신교의 종교적 강조점을 계승한 이러한 신앙 형태는 대전의 기독교인들에게 각인되었고 나아가 한국전쟁 이후 더욱 증폭되어 대전 기독교의 지배적인 가치관으로 자리 잡게 된다. 근대 도시 대전에서 벌어지고 있었던 이와 같이 새로운 종교적 실험은 매우 이질적인 활동이었음에도 불구하고 사람들을 빨아들이는 힘을 갖고 있었던 것 같다.[1]

해방 이후 5년 동안 대전지역에는 모두 20개의 개신교 교회가 새로 설립되었다. 월남 개신교인들의 지역 교회 가담 때문이었다. 그리고 한국전쟁 발발 이후 5년 동안 이번에는 41개가 새로 생겨났다. 전쟁이라는 비상한 상황에서 일어난 몹시 특별한 사건이었다. 이것 역시 피난민들의 종교적 선택의 결과였다. 그런데 다시 5년이 지난 1960년 대전지역에는 모두 32개의 교회가 새롭게 추가되었다. 월남 개신교인들의 종교가 지역의 토착민들과 새로운 이주민들에게 수용되기 시작하면서 나타난 새로운 현상이었다.

종교적인 영역을 제외해 놓고 볼 때 대전지역 개신교의 매력은, 미국 선교사들에 의해 집중적으로 설립된 교육·사회사업기관들인 것 같다. 당시 그들이 운영했던 교육·사회사업기관은 분단과 전쟁으로 야기된 지역사회의 절박한 요구에 가장 잘 부응하는 것이었다. 국가의 영세한 교육정책과 복지정책의 부재 상황 속에서 당시 지역교회가 보여주었던 두 부문에 대한 신속·과감한 투자와 지속적인 운영은 지역민들로 하여금 교회의 역할을 더욱 돋보이게 만들었던 것이다.

이 시기 대전지역 개신교가 지니고 있던 특징들은 다음과 같다. 첫째, 당시 대전지역 개신교 안에서 가장 강력한 발언권을 갖고 있던 집단은 월남 목회자들이었다. 그들은 북한교회에서 축적된 경험과 신학적인 지식을 갖고서 대전지역 개신교의 새로운 주역으로 등장했다. 둘째, 친미반공체제의 형성기였던 미군정기 동안 대전지역의 개신교 교회들은 우익의 중요한 구성원이었다. 그리고 전쟁이 끝난 후 대전지역 개신교의 반공주의적 태도는 한층 심화되었다. 종교 영역의 순수성을 내세워 이러한 이데올로기적 행동

---

1) 송현강, 「대전지역의 기독교 전래와 영향」, 『대전문화』 37, 2006, 89~102쪽.

들을 제어할 만한 역량을 갖춘 집단은 최소한 대전지역 개신교 교회 내부에 존재하지 않는다. 셋째, 대전 상주 선교사들의 활동은 대전지역 개신교 교회들의 물적 토대를 강화하는 계기가 되었다. 1950년대 대전지역 개신교의 급격한 성장은 그에 선행하는 경제적 조건이 어느 정도 갖추어져 있었기 때문에 가능한 것이었다. 그러나 이것은 또한 선교사들에 대한 지역교회의 재정적 종속성이라는 새로운 문제를 야기시켰다. 넷째, 한국전쟁 직후 대전지역 개신교 교회들에 불어 닥친 부흥회의 열기는 그 교인들의 종교적 정체성을 환기시키는 계기가 되었던 것 같다. 전쟁이라는 극한의 상황에서 대규모로 이동하여 대전에 정착했던 월남 교인들과, 역시 그 어간에 대전으로 이주하여 교회에 가입했을 새로운 교인들, 그리고 소수의 토착 교인들을 진정 새로운 종교적 존재로 변신시킨 것은 바로 부흥회였다. 부흥회는 대전지역 개신교인들이 소유하고 있던 여러 가지 이질적인 요소를 융합시키는 힘을 갖고 있었던 것으로 보인다.[2]

2. 남장로회의 고등교육

1892년부터 90여 년간 한국의 호남과 충청 지역에 선교사를 파송한 미국 남장로회는 남북전쟁을 전후한 시기에 주로 노예문제를 둘러싼 갈등의 과정을 겪으며 형성된 교단으로서 미국 남부지역의 장로회인들을 그 배경으로 하고 있다는 특징을 갖는다. 미국 남장로회는 그 산하에 다수의 신학교와 대학을 운영하고 있었는데, 한국에 온 남장로회 선교사들 가운데 상당수는 바로 그 학교의 졸업생들이다. 남장로회 선교사들을 배출했던 소규모의 교단 대학들은 아직 세속화 과정을 크게 겪지 않은 채, 경건한 종교적 분위기를 유지하고 있었다. 그들 선교사들의 대학 시절은 미국 남부 주류

---

2) 송현강, 「대전지역 개신교의 형성과 그 성격(1945-1960)」, 『호서사학』 49, 2008, 171~212쪽.

기독교인으로서의 정체성을 강화시켰을 뿐만이 아니라 졸업 이후 그들의 발걸음을 신학교로 인도하는 계기가 되었다. 이런 대학의 기독교적 환경은 학생들로 하여금 하나님 앞에서 자신들의 믿음을 항상 돌이켜 보도록 만들었다. 남장로회 선교사들은 그 대학들에 강한 자부심을 갖고 있었다. 한남대학의 시작은 알게 모르게 바로 그 선교사들이 학창시절 경험했던 캠퍼스 즉 기독교적 냄새가 물씬 풍겨나는 소규모의 문리과 대학/학부 교양 대학의 모습이 투영되어 있다. 그리고 선교사들의 그러한 대학 설립 비전은 시간이 흐른 후 린튼을 통해 구체화되었다.

일제강점기 남장로회한국선교부의 고등교육사업은 연합기독교대학 참여를 통해 이루어졌다. 처음에는 그들 단독의 대학 설립을 추진했지만 역부족이었던 것 같다. 그 후 남장로회선교부는 차례로 평양신학교와 연합기독교대학 그리고 연합의학교 운영에 동참하였다. 남장로회의 선교 구역이었던 호남-충청지역에서 중등학교를 마친 학생들은 다시 선교부의 소개와 지원(支援)을 받아서 그 대학들에 진학할 수 있었다. 일제강점기 미국남장로회한국선교부는 평양과 서울에 있던 위의 세 대학에 이사와 교수를 파송하는 한편 적지 않은 액수의 재정을 분담했다. 평양신학교의 레이놀즈와 연합기독교대학의 파커, 그리고 세브란스의 오긍선(의학부)과 쉐핑(간호학부)은 각각 그 대학의 상주 남장로회 대리인으로 활동하며 그 기관의 운영에 실질적으로 참여했다.

해방 이후 미국남장로회해외선교본부는 아예 한국에 단독의 대학을 세우기로 마음을 먹고 선교사들을 재입국시켰다. 사실 한남대학의 설립은 두 갈래로 진행되었다. 먼저 대전에 새로운 스테이션 건설 작업이 추진되었다. 기존의 군산스테이션을 폐쇄하는 대신 대전에 스테이션을 신설하기로 한 것이다. 신학교와 외국인학교를 세우기 위함이었다. 새로운 대학의 위치 선정 문제는 1948년부터 큰 논란의 대상이 되었다. 유동적인 상황이 얼마 동안 계속되었다. 결국 대전스테이션 개설을 위해 1949년 가을 집중적으로 토지 매입이 이루어진 오정리 선교지구가 1954년의 선교부 연례회의에서 한남대학의 설립 장소로 최종 결정되었다. 선교부는 린튼을 대학 책임자로 결정하고 그로 하여금 대학위원회를 구성하도록 하는 한편 예산을 집중 배정하여 대전스테이션의 건설과 대학캠퍼스 건설을 함께 진행하였다. 그때 선교사들은 한남대학을 가리켜 자신들이 한국인들에게 제공했던 교육 프로그램의 극치라고 묘사했다.[3]

3. 대전선교부 설립과 운영

대전선교부는 남장로회가 여섯 번째로 설치한 선교거점이다. 지난 1892년 한국 선교를 시작한 미국 남장로회는 한말·일제강점기 동안 전주·군산·목포·광주와 순천 등 다섯 군데에 각각 선교부를 개설하고 그곳을 중심으로 선교 활동을 벌였다. 여기서 '선교부'(스테이션 station)란 선교 대상 지역의 중심 도시에 형성된 선교사들의 생활공간을 의미하는 것으로 그 안에는 선교사들의 주거시설과 아울러 병원과 남녀중등학교 그리고 교회가 함께 들어있는 것이 일반적이었다. 즉 전주선교부의 선교 구내(mission compound)에는 여러 채의 선교사 주택과 아울러 예수병원과 신흥-기전학교 그리고 개울 건너 전주서문교회가 각각 세워져 있었다. 스테이션은 선교사들의 주거와 전도, 의료, 교육의 기능이 하나의 유기적인 조합을 이루는 복합선교지구였던 것이다.

그리고 이러한 스테이션 중심 선교 전략은 남장로회뿐만이 아니라 19세기 후반 구미 선교사들의 일반적인 선교패턴이기도 했다. 1932년 현재 미국 북장로회(서울·평양·청주·대구·안동 외)와 북감리회(서울·해주·공주·원주 외), 남감리회(개성·춘천·철원 외) 그리고 호주(부산진·진주·마산 외)와

---

[3] 송현강, 「미남장로회의 한국 선교와 한남대학의 설립」, 『고고와 민속』 11, 2008, 82~96쪽.

캐나다장로회(원산·함흥·성진 외) 등 6개의 주한 개신교 선교부가 설치·운영하고 있던 선교부는 전국적으로 모두 34곳에 달했다. 선교부는 선교가 진행되는 최일선의 현장으로서, 해당 지역 복음 전파의 전진기지로 기능하였던 것이다.

1941년 태평양전쟁을 전후해 선교현장에서 철수했던 남장로회 선교사들은 1946년 조사단(Survey Committee)을 파견하면서 한국 선교를 재개했다. 그리고 그들은 해방 이후의 달라진 한국 상황에 적응하면서 새로운 선교전략을 수립하게 되는데, 그 가운데 하나가 바로 대전선교부의 설치였다.

대전선교부는 남장로회 선교사들에게 두 가지 의미를 갖는다. 하나는 1893년 북장로회와의 협정으로 인해 한말·일제강점기 주로 호남지역에서 활동했던 남장로회 선교사들이 이제 대전을 비롯한 충청지역으로 선교영역을 확대한다는 의미가 있고, 또 하나는 다른 선교부들의 구애(拘碍)를 받지 않는 독자적인 고등교육 프로그램을 운영하게 되었다는 것이다. 일제강점기 미국 남장로회는 고등교육-신학교육-선교사 자녀 교육에 있어 북장로회 등 다른 선교부들과 합동으로 연합기독교대학(Union Christian College, 숭실)-평양신학교(Pyengyang Theological Seminary)-평양외국인학교(Pyengyang Foreign School)의 유지·경영에 참가했었다. 호남 지역의 교회들에서 배출한 인재들에게 수준 높은 교육기회를 제공하여 한국인 지도력을 확보하려는 의도였다. 하지만 해방 이후 남장로회 선교사들은 이제 별도의 대학과 신학교-외국인학교 설립을 추진하였던 것이다. 대전선교부는 그래서 남장로회 교육센터로서의 특별한 역할을 수행하게 되었다.

이 글은 지난 1956년 1월 대전시 오정동에 공식 설치되어 그 후 30여 년간 장로회의 대전노회·충남노회 그리고 기독교연합봉사회와 관련을 맺으며 남장로회의 대전·충남지역 선교기지로 기능했을 뿐만 아니라 한남대학(대전기독학관-대전대학-숭전대 대전캠퍼스)과 대전외국인학교 그리고 대전고등성경학교(대전신학대학)의 설립과 운영에 깊숙이 참여했던 대전선교

부의 역사를 소개하고 있다.[4]

4. 대전의 선교사들

개신교의 선교 목적으로 대전을 처음 방문한 서양인은 공주에 주재하고 있던 미국 북감리회 선교사 앨리스 샤프(Alice H. Sharp, 사애리시)였다. 대전의 첫 교회인 대전제일감리회회의 설립에 관여한 것으로 보인다. 일제강점기에는 성결교의 타일(Edward Thiele, 지일우)과 헤인스(Paul E. Haines, 허인수)가 대전 상주 선교사로 활동하였다.

해방 이후 전쟁을 거치면서 대전은 한국 선교의 가장 매력적인 도시로 떠올랐다. 서양 선교사들은 이제 한국 선교의 중심축을 대전에 두고 이동해 오기 시작했다. 먼저 감리회 선교사들은 1952년부터 대전의 목동과 대흥동에 각각 선교센터를 두고 대전·충남 선교에 적극 나서는 한편 목원대학과 배재대학 그리고 대전사회관을 잇달아 설치·운영하였다. 스톡스(Charles D. Stokes, 도익서), 하워드(Annie C. Howard, 허길래), 레어드(Esther J. Laird, 라애시덕) 그리고 기독교연합봉사회의 쇼윙거(Dean L. Schowengerdt, 서인근)는 대전에서 활동한 대표적인 감리회 선교사들이었다.

남장로회 선교사들은 1949년부터 대전 오정동 땅을 집중 매입한 후 1950년대에 대전신학대학의 전신인 대전고등성경학원과 한남대학 그리고 대전외국인학교를 차례로 설립하였다. 보이어(Elmer P. Boyer, 보이열)와 크림(Keith. R. Crim, 김기수)·린튼(William A. Linton, 인돈)·존 탈메이지(John E. Talmage, 타요한) 그리고 그로셀(Frank J. Groschelle, 고세열)과 스테딩(Alma D. Steading, 서옥수)이 그 역할을 맡았다. 그들이 만든 오정동의 대전

---

4) 송현강, 「대전스테이션 연구」, 『고고와 민속』 14, 2011, 75~93쪽.

선교부는 해방 이후 남한에 조성된 가장 규모가 큰 선교 타운이었다.

북장로회 선교사들은 중리동의 기독교연합봉사회 설립과 운영을 주도하였다. 그들의 농민학원·시범농장·수족절단자사업은 분단과 전쟁으로 야기된 지역사회의 절박한 요구에 가장 잘 부응하는 것이었다. 조지 애덤스(James E. Adams, 안의와)와 루츠(Dexter N. Lutz, 유소), 킹스베리(Paul A. Kingsbury, 김승배)와 토레이(Reuben A. Torrey, 토리)가 그 일을 맡았다. 중리동에는 그들의 사업장과 아울러 여러 채의 선교 주택이 마련되어 있었다.

애버내티(John A. Abernathy, 나요한)와 도웰(Ted Dowell, 도월태), 개미지(Albert W. Gammage, 지대명)와 윌콕스(R. Max Wilcox, 우락수), 베이커(Frank Baker) 등은 대전에서 활동한 남침례회 선교사들이었다. 그들은 목동에 침례신학대학을 개교한 후 대전을 중심으로 선교하였다. 또 남침례회 선교사들은 남장로회 선교사들과 함께 오정동 스테이션에 살면서 대전외국인학교 운영을 위해 협력하였다.

해방·분단·전쟁·재건으로 이어지는 격동의 시기에 대전의 선교사들은 집중적으로 교육·사회사업 기관들을 설립하여 국가의 영세한 교육·복지정책의 부재 상황을 완화하는 데 기여하였다. 또 대전의 선교사들은 그 일을 위하여 서로 연대하였다. 오정동 선교부의 조성과 기독교연합봉사회 및 대전외국인학교의 운영 등에서 그런 모습을 잘 확인할 수 있다.[5]

5. 대전선교부 유적

해방 이후 한국전쟁을 거치면서 인구 증가와 도시화가 신속하게 진행되고 있던 대전의 새로운 가능성에 주목한 집단은 바로 선교사들이었다. 해

---

5) 송현강, 「대전의 선교사들」, 『고고와 민속』 15, 2012, 101~116쪽.

방 이전까지 호남 선교에 집중했던 미국 남장로회는 1949년 대전에 새로운 선교부를 설치하기로 하고 대덕군 회덕면 오정리(현 대전광역시 대덕구 오정동) 일대의 땅을 집중적으로 매입하였다. 전쟁으로 일시 중단되었던 그 사업은 1954년 대전에 선교부와 아울러 대학(한남대)을 세우는 것으로 급진전되었다. 그 결과 1955년 오정리 선교 지구에 선교사 주택 3채를 비롯하여 대학 본관 건축공사가 시작되었다.

이때 조성된 '오정동 선교사촌'(대전광역시 대덕구 오정동 133번지, 대전문화재자료 44호)은 현재 한남대학이 관리하고 있는데, 그 안의 주택 세 채는 모두 똑같이 한국식 팔작기와지붕에 서양식 조적조의 단층 'ㄷ'자형으로 지어졌다. 들어가면서 첫 번째 집이 남장로회 선교사 린튼이 살았던 '린튼하우스'이다. 1912년 22살의 젊은 나이로 목포에 도착한 린튼은 그 후 48년 동안 전주신흥학교와 한남대를 중심으로 남장로회의 교육선교사업에 헌신했다. 그는 레이놀즈에 이어 남장로회 한국선교부를 대표하는 인물이었다. '서머빌하우스'로 부르는 두 번째 집은 1954년 내한하여 1994년까지 주로 한남대 교수로 사역했던 서머빌(John N. Somerville, 서의필) 선교사가 살았다. 서머빌은 안동 권씨 족보 연구로 1974년 미국 하버드대학에서 박사학위를 받은 한국학 전문가였다. 서머빌하우스는 현재 한남대 인돈학술원으로 사용되고 있다. 나머지 한 채인 '크림하우스'는 1952년 남장로회 선교사로 파송되어 1966년까지 한남대와 장신대에서 가르쳤던 유명한 구약학자 크림의 집이다. 미국 브릿지워터 대학과 버지니아 유니온신학교를 나온 그는, 미국으로 돌아가 존낙스 출판사 편집장, 미국성서공회 굿뉴스바이블 번역위원, 컴먼웰스 대학교 교수, 웨스트민스터 출판사 편집장 등으로 활약하면서 미국 성서학 분야에서 매우 활발하게 활동했다.

또 1956년 5월 1일 착공하여 1957년 9월 30일 준공된 한남대 '인돈기념관'(본관)은, 미국 앨라배마 버밍햄의 건축가 데이비스(C. S. Davis)의 설계로 지어진, 지하 1층 지상 3층의 라멘조(철근이나 철골이 뼈대가 되는 구조) 슬래브 지붕 건물이다. 특히 붉은 벽돌의 외벽면에 십자가 무늬를 부조 형식으로 처리함으로써 건물의 종교적 의미를 강조하고 있다.6)

6. 기독교연합봉사회 활동

1945년 이후 1950년대까지의 한국사회는 남북분단과 전쟁으로 구호를 필요로 하는 사람들이 대거 발생하고 있던 시기였다. 이 상황에서 기독교 배경을 가진외국원조 단체들이 내한하고, 일제말 한국을 떠났던 선교사들도 다시 내한하여선교활동을 재개하였다. 선교사들은 새로운 선교과제를 찾는 과정에서 선교부간연합사업을 구상했는데, 그것이 기독교연합봉사회(Union Christian Service Center)의 설립으로 구체화되었다. 1948년 교파를 초월해 모인 선교사들은 사회사업과농촌사업의 필요성에 대해 의견을 나누었다. 이 회의의 결과로서 1949년 충청남도 대덕군 회덕에 기독교연합봉사회가 설립되었다. 이 사업에 북장로회 선교부, 감리회선교부, 구세군, 캐나다연합교회선교부, 남장로회선교부가 참여하였다. 다양한 교파의 선교부가 회덕에 기독교연합봉사회를 세우기로 한 것은 이 지역이 남한의 어느 지역보다도 한국인들에게 선교사들의 일치된 모습과 연합사업을 가장 잘 보여 줄 수 있다고 생각했기 때문이었다. 원래 대전 지역은 감리회와 장로회의 선교지역 분할협정 시 감리회 선교지역이 된 곳이었는데, 여러 교파의 선교부가 참여하는 기독교연합봉사회가 설립되면 연합사업의 모습을 잘 보여 줄 수 있는 지역이 될 것으로 보였다. 기독교연합봉사회는 교회와 민족의 분열이 가시화되고 있던 시기의 연합사업이라는 점에서 큰 의의를 가진다. 기독교연합봉사회 헌장(1950년)은 "예수 그리스도의 교훈을 한국국민 일상생활에 적용할 것을 실지로 보이며, 이 봉사사업에 지도자가 될 기독교 남,

---

6) 송현강 외, 『믿음의 흔적을 찾아-한국의 기독교 유적』, 한국기독교역사연구소, 2011.

여 신자를 훈련함"을 목적으로 하고 농촌사업과 구호 및 보건사업을 구체적인 사업으로 삼았다. 이 사업들은 1952년 가을 이후 농업 및 구호사업 전문가가 기독교연합봉사회 사업에 가담함으로써 가시화되었다. 수족 절단자 재활 사업은 세계기독교봉사회의 토레이가, 농촌 지도자 훈련은 배민수가 책임을 맡았다. 감리회선교사 쇼윙거는 시범농장 사업을 담당했으며, 고아원은 구세군에서 맡았다. 1955년까지는 결핵요양원과 영아원 사업이 추가되었다. 기독교연합봉사회는 농촌사업과 구호사업 등 다양한 사업을 계획했으나 자금의 부족으로 농촌 관련 프로그램에 치중하였다. 기독교연합봉사회 부지에서 활동하는 구호단체들은 스스로 또는 연합봉사회의 모금으로 건축비나 운영자금을 마련했다. 기독교연합봉사회와 그 안에서 활동하는 단체들의 관계는 기본적으로는 전자가 사업 부지를 제공하고 후자가 이사회에 사업을 보고하는 관계였다. 기독교연합봉사회는, 이미 한국선교 경험을 가진 여러 교파의 선교회가 한국에서 공동 설립한 기구라는 점에서 외국에 본부를 두고 한국에 파견되어 활동한 응급구호 중심의 외원단체들과는 성격이 달랐다. 재한 선교부들이 새로 설립한 단체이면서도 농촌사업의 인력 및 재정에서 북장로회 평양선교부와 연관된 점에서 이 사업은 일제시기 한국교회 농촌사업과 역사적 연관을 가지는 사업이라고 할 수 있다.[7]

  1949년 10월 창립된 기독교연합봉사회에서는 사업의 일환으로 1950년 4월 대전 인근에 복음농민학교를 설립하고 시범농장을 설치했다. 그리고 피난민들에게 농지를 대여하고 교육을 실시함으로써 자영농 창출 및 지도자 양성을 도모했다. 하지만 6·25가 일어나 이 사업은 중단되었다가 1950년 10월에 재개되었다. 이 같은 활동은 1930년대 후반에 중단된 기독교농촌운동의 명맥을 다시 잇는 것이었다. 1954년 9월에는 기독교농민학원이 설립

---

  7) 김흥수, 「기독교연합봉사회: 1950년대의 기독교 연합사업 연구」, 『한국기독교와 역사』 33, 2010, 81~108쪽.

되었다. 이는 농민학교를 계승한 것이지만 그 체제나 내용은 전혀 새로운 것이었다. 농민학원의 원장은 일제하 장로교 농촌운동의 중심인물이었던 배민수가 맡았으며 그는 재정조달까지도 책임졌다. 농민학원의 초기 사업으로는 단기강습과정인 전국농촌교역자수양회(1954년 9월)와 농촌지도자강습회(1954년 12월) 개최를 들 수 있다. 1956년 3월부터는 장기강습과정(8개월)이 시작되었다. 대상은 중졸 이상의 학력을 가진 23세 이상의 기독교인이었다. 지역과 교파의 제한은 없었으며, 이론수업·실습수업과 함께 종교교육을 중시했다. 학생들은 매월 연구활동과 봉사활동도 병행했고, 그 내용을 농민생활에 실었다. 또 농민학원에서는 각지 졸업생들을 방문·지도하며 사후관리했고 그 내용도 농민생활에 실렸다. 이 같은 연합봉사회와 농민학원의 설립과 운영은 일제하 연합조직인 농촌사업협동위원회 및 장로회 고등농사학원의 그것과 맥락을 같이하고 있다.8)

의수족 재활사업은 1953년 토레이를 중심으로 시작하였다. 토레이는 수족절단자로서 6·25전쟁으로 인해 손발을 잃은 한국인들을 안타까워하며 한국에 와서 많은 수족절단자들에게 의수족을 해주고 직업교육을 시켜 사회로 돌아갈 수 있게 해주었다. 1961년 사업이 종료될 때까지 그가 세운 직업교도원을 통해 2,000여 명이 의수족을 받았고, 매년 100여 명이 직업교육을 받았다.9)

---

8) 한규무, 「기독교연합봉사회의 농민학원 설립과 운영」, 『한국기독교와 역사』 33, 2010, 109~132쪽.
9) 윤은석, 「기독교연합봉사회의 수족절단자 재활사업 연구: 사회봉사와 신앙의 관점에서」, 『신학저널』 47, 2021, 9~41쪽.

II. 대전선교부 향후 연구 과제

1. 주류 개신교 선교회-선교부에 대한 포괄적 이해

한말·일제강점기 서구 선교사들에 의해 집중적으로 조성된 전국 주요 도시의 선교부는 해당 지역 복음화의 전진 기지였다. 한국 기독교 유적지 가운데 가장 큰 비중을 차지하는 것도 역시 각 지역의 선교부 유적이다. 한국 선교를 주도했던 장로회·감리회 등 주류 교단 선교부는 예외 없이 선교 거점 도시에 대규모의 선교부를 설치하고 그곳을 중심으로 활동하였다. 그 선교구내에는 거액의 자금을 들여 지은 여러 채의 서양식 주택과 남녀 중등학교, 병원, 선교사묘지, 선교부 직할 교회가 세워져 있었고, 그 건물들의 일부가 현전하고 있는 것이다.

이를 좀더 자세히 들여다보면, 서울에는 1887년 북장로회의 서울(정동)선교부가 문을 열었다. 서울선교부는 새문안교회, 경신학교, 정신학교, 제중원을 각각 설립·운영하였다. 그리고 덕수궁 옆의 그 선교기지에 협소함을 느낀 북장로회는, 1902년 연지동에 2만 평의 새로운 보금자리를 마련하였다. 지금 서울 종로5가의 기독교 기관 밀집 지역은 바로 북장로회 연지동선교부에서 비롯된 것이다. 북감리회 역시 1897년 서울 정동에 선교부를 설치하여 정동제일교회와 시병원, 배재학당과 이화학당을 시작하였다. 육영공원이 바로 그 곁에 있었었기에 북감리회 서울선교부 구내는 가히 근대 교육의 요람이라는 칭호가 어색하지 않다. 이어서 남감리회 역시 1896년 사직동에 선교부를 조성하였다. 배화여학교는 바로 남감리회 서울선교부의 작품이다.

북감리회는 1892년 평양선교부를 열어 그 안에 남산현교회·광성-정의학교·기홀병원을 시작하였다. 또 1905년에는 영변에도 선교부를 두고 숭덕학교와 제중의원을 중심으로 평안북도 선교에 나섰다. 북장로회는 1893년 평양(장대현교회·숭실-숭의학교·평양제중원·숭실대·평양외국인학교·평양맹학교), 1899년 선천(선천제일교회·신성 보성학교·미동병원), 1909년 강계(영실학교와 계례지병원)에 잇달아 선교부를 열어 평안도를 일약 장로교 최고의 선교 지역으로 만들었다.

황해도는 1906년 북장로회 재령선교부(명신학교와 안악읍교회·은율읍교회)와 1909년 북감리회 해주선교부(구세병원)가 조성되었고, 함경도에는 1900년 남감리회 원산선교부(루씨여학교)와 1898년 캐나다장로회 원산선교부(보광학교)가 나란히 서게 되었고, 이어서 1901년부터는 성진선교부(보신학교·제동병원), 1904년 함흥선교부(영생학교), 1912년 회령선교부(제혜병원) 등 캐나다 장로회의 선교 거점이 잇달아 마련되었다.

경기도에는 1891년 북감리회 제물포선교부(내리교회·영화학교)와 1899년 남감리회 개성선교부(개성남부교회·한영 호수돈학교·남성병원)가 있었고, 강원도에는 1908년 남감리회 춘천선교부(춘천중앙교회·춘천예수교병원·배영학원)와 철원선교부(1920년/철원제일교회) 그리고 1911년의 북감리회 원주선교부(원주제일교회·서미감병원·의정여학교)가 건설되었다.

충청도에는 북감리회의 1903년 공주선교부(공주제일교회·영명학교·공주시약소)와 북장로회의 1905년 청주선교부(청주제일교회·소민병원·청남학교)가 눈에 띈다. 이어서 경상도는 1897년의 북장로교 대구선교부(대구제일교회·동산병원·계성-신명학교)와 1909년의 안동선교부(안동교회·계명학교·성소병원)가 있었고, 호주장로회 선교사들은 경상남도 부산진(1891년/부산진교회·일신여학교), 진주(1905년/진주교회·광림 시원학교·배돈병원), 마산(1911년/마산포교회·창신-의신학교), 통영(1913년/충무교회·진명학교·건강관리소), 거창(1913년/거창교회·명덕학교)에 선교부를 두고 운영하였다. 호남(대전) 지역은 생략하기로 한다.

Mission Stations and Places of Interest in Korea

1934년 지역선교부 지도

특정 선교부의 활동 또는 특정 지역의 기독교 유적을 공부하기 위해서는, 그에 앞서 해당 주제에 대한 보다 거시적인 차원의 전국적이면서도 포괄적인 선이해 동반이 요청된다. 즉 호남의 기독교 현상을 분석하기 위해서는 영남과 관서와 중부-충청 지역에 대한 선행 연구 내용 습득이 필요하다. 그래야만 상호 비교를 통해 지역성에 매몰되지 않고 흔들림없이 연구의 중심을 잡을 수 있다. 지역 선교부는 호남에만 존재했던 것이 아니기 때문이다. 그렇지 않으면 유아독존의 자기중심주의적인 배타성에 빠져 전체적인 설득력을 상실하게 될 것이다. 주한 선교사들은 '복음주의선교부연합공의회'를 구성하여 선교회 간 긴밀한 소통을 유지하면서, 선교 동력과 자원을 낭비하지 않고 전체 한국교회의 완성도를 높여 갔다. 그러므로 지역 기독교를 연구하기 위해서는 보다 넓은 차원의 6개 주류 개신교 선교회와 그들의 지역 선교부 운영에 대한 촘촘한 이해의 기반이 마련되어야 한다. 일제강점기 북장로교 선교회 운영 지역선교부의 부동산 총액 규모는 현재 가치 1조 원, 북감리회는 7천억 원, 남장로회는 3천억 원 정도였다. 상공업 중심 미국 북부의 경제력을 실감케 한다. 또 타 지역에서 선교부를 공부하고 있는 동업의 기관, 단체와의 교류와 소통 역시 중요한 문제이다. 호남의 선교부와 그 유적들을 공부·활용하기는 하되, 이는 한반도에 널리 퍼져 있던 개별 선교부들의 역사 가운데 일부에 해당하며, 궁극적으로는 그 전체적인 퍼즐을 완성해야 한다는 넉넉하고 원만한 연구 태도와 자세를 또한 가져야 할 것이다. 전라도의 지역선교부 연구는 다른 곳에 비해 한걸음 앞서 있으므로 선구자로서의 부담도 있다.

2. 향촌사회 중간층과 기독교

전주선교부의 루이스 테이트(Lewis B. Tate, 최의덕)는 1895년 12월 전주에 와서 그 후로 30년 동안 전북 서남부 지역인 고부(서북)·태인(북부)·정읍·흥덕·부안(남부)·금구(남부)·임실·남원·운봉을 중심으로 활동하였다. 지금의 전라북도 김제시, 남원시, 정읍시, 고창군, 부안군, 임실군 일원에 해당된다. 그렇다면 테이트가 전한 복음을 받아들인 당시 지역민들의 사회경제적 상황은 어떠했을까. 그들 기독교 수용의 사회적 배경은 무엇이었을까. 전라도의 향촌 마을에서 서양 선교사를 반기며 그에 호응한 이들은 어떤 유형의 사람들이었을까. 전주선교부를 드나들었을 수천, 수백의 지역민들에게 관심을 가질 필요가 있다. 이제 테이트가 주로 활동했던 전북 서남부 지역의 사회적 배경과 계급 구조 그리고 경제적인 동향을 파악해 보고자 한다. 테이트가 맞닥뜨렸던 19세기 향촌 사회의 현실에 한걸음 더 다가서려는 노력이다.

18세기 무렵 고현내면을 포함한 태인현에서는 양반의 서자와 이른바 향리와 역리(驛吏)로 지칭되는 행정기관의 실무자들이 새로운 세력으로 대두하고 있었다. 고현내의 서류(庶流)들은 그동안 축적된 사회적 성장의 추세에 맞추어 과거 시험에서도 양반 못지 않은 성취를 보였다. 또 그를 바탕으로 조정의 유력 인사들과도 교류하였다. 아전이라 불리던 향리들 역시 과거에 적지 않은 합격자를 배출하면서 사회적인 위세가 크게 강화되었다. 그들의 상당수가 양반의 족보에 편입되고 있었다. 하지만 기존의 양반들은 그럼에도 불구하고 이들을 인정하지 않고 차별을 멈추지 않았다. 따라서 양반 세계에 흡수되지 못한 아전들로서는, 기존 질서에 도전하는 새로운 사회세력이 되는 길을 선택할 수밖에 없었다. 그런데다가 이러한 흐름에 가세한 제3의 세력이 또 있었다. 바로 평민들 가운데 비교적 재산이 풍족한 사람들(요호부민, 饒戶富民)로, 이임(里任, 리의 행정 책임자)이나 면임(面任, 면의 행정 책임자)과 같은 별도의 하위직을 거쳐 종래에는 양반을 자처하기 시작했다.

바로 이것이 19세기 말 테이트가 고현내면을 비롯한 태인현에 전도를 시작했을 무렵의 사회적 상황이다. 전통의 상층 양반들은 이미 그 위세를 상실한 지 꽤 오래되었고, 그들을 대체하여 나타난 새로운 집단이 향촌사회를 호령하고 있었던 것이다. 서류와 아전(향족) 그리고 부민들이었다. 이른바 '유향분기'(儒鄕分岐, 양반 사족이 상층의 유림과 하위의 향족으로 분화)는 한국 전통사회의 고도화(양반이 되고자 했던 신분 상승의 열망과 그로 인한 성리학의 가치와 문화 확산)에 따른 일종의 시대정신으로 보면 된다. 18세기 지역의 중간 계층을 형성하고 있던 이들은 양반과의 치열한 향전을 통해 결국 향촌의 주도권을 장악하고 역사의 전면에 나서게 되었다. 전라도의 초기 기독교 형성 역시 이들과 불가분의 관계에 놓여 있다. 예를 들면 테이트의 담당 구역으로서 고현내면과 바로 이웃한 남촌이변면 매계리 매계교회(1900년 시작)의 설립을 주도한 장로 황운섭은 그 마을 중간층의 계급적 위치를 갖고 있으면서 상당한 부자로 주민들에게 영향력을 행사했기 때문이다. 또 1924년 매계교회를 재건한 박봉래와 입암면 천원리 천원교회의 박영기 역시 지역의 명망있는 재력가로서 그에 기반하여 장로의 직무를 수행하였다.

1908년 김제시 성덕면 묘라리교회는 그곳의 향임 집안이었던 풍천임씨의 일원이 설립을 주도하였다. 향임은 좌수와 별감의 직분을 나타내는 용어로, 수령을 보좌하고 아전을 단속하는 위치에 있었으므로 어느 정도의 권세가 있었지만, 그렇다고 사족의 반열에 들지 못하는 중간층의 신분에 있던 사람들이었다. 그리고 1913년 7월부터 묘라리교회를 다니던 곽영욱, 정화선, 정엄규 등은 1904년 2월 자신의 동네인 만경면 외서리에 만경교회를 설립하였다. 그런데 이들은 만경의 향반 가문인 현풍곽씨와 동래정씨였다. 이는 남장로교 선교사 클레멘트 오웬(Clement C. Owen, 오기원)의 선교 구역이었던 벌교 무만동교회의 설립 경위와 유사하다. 풍수지리상 무사(武士)가 만명(萬名) 난다 하여 이름 붙여진 무만동에는 17세기 후반 광산김씨의 세거가 시작되어 점차 그 마을의 유력 문중 가운데 하나가 되었다. 무만동의 기독교 수용은 그곳의 향반 세력인 광산김씨 김재조의 집안이 주도하였다. 김재조는 부유하고 명망있는 지역유지였다. 그는 처음 자신의 집을 제공하여 무만동교회를 시작하였고, 후에 많은 헌금을 내어 예배당 건축에 앞장 섰다. 또 교회 부설 사숙(私塾)을 세워 마을의 아이들에게 근대 교육의 기회를 제공했다. 한말 기독교 수용을 주도하는 이들의 전형적인 모습이다. 묘라리교회와 만경교회가 있던 김제 서북부 지역은 군산선교부의 윌리엄 전킨(William M. Junkin, 전위렴)과 윌리엄 불(William F. Bull, 부위렴)의 선교 구역이었지만, 그 동남부인 황산면, 금산면, 봉남면 등은 바로 테이트가 일삼아 순회하던 지역이었다. 즉 테이트 역시 향촌사회 중간층의 기독교 수용이라고 하는 도도한 흐름에서 비켜갈 수 없었던 것이다. 금산면 두정리(팥정이)의 부호 조덕삼과 테이트와의 만남은 바로 이러한 상황을 웅변하는 사례가 된다.

두 곳만 더 짚고 넘어간다면, 역시 오웬의 담당 구역인 전남 순천 지역은, 전통의 지역 양반들인 조씨, 정씨, 허씨를 대신하여 19세기에 향권을 장악한 신흥세력 김씨, 윤씨, 최씨가 양사재(養士齋)를 중심으로 활동하며 기독교를 수용하였다. 또 고흥은 오웬의 전도를 받은 신우구, 목치숙, 박용섭, 박무웅, 설준승, 이춘흥 등 6인의 아전들 즉 향리 집단이 지역 교회(고흥읍교회) 설립의 전면에 나섰다. 잘 알려진 대로 향리는 조선 향촌사회에서 사족과 평민 사이에 놓인 전형적인 중간 계급이었다.

요약하면 지역 기독교를 좀더 깊이 있게 연구하기 위해서는, 선교사-선교부뿐만이 아니라 그들과 관계를 맺었던 향촌사회 구성원들의 처지를 구조적으로 파악해야 한다는 것이다. 한말의 삼남지역 향촌사회 내부에는 기독교 수용을 주도하는 인사들이 존재하고 있었으며, 그들은 출신 성분과 경제적인 역량, 지성적인 수준에서 공통적인 속성을 갖고 있었던 것으로 보인다. 즉 마을공동체 안에 지역민들의 종교적 전향(轉向)을 고무, 격려, 지원하는 배후의 인물들이 있으며, 또 지역교회의 수립은 바로 그들의 사회적 신망과 경제적 능력에 기반하고 있었다는 것이다. 기독교 전래 시기의 한국인들은 익명성이 보장된 사회에서 개인적으로 존재한 것이 아니라 인간관계 중심의 '향촌사회적 상황'에 처해 있었으므로, 그들의 기독교 수용은 개인의 정신적 각성뿐만이 아니라 마을 공동체 내부의 권위 있는 지도력의 유인(誘引)에 의해서 이루어진 측면이 있다. 그러므로 지역 기독교 연구는 선교부-선교사들에 대한 이해와 아울러 향촌사회 중간층의 존재와 동향을 파악하는 노력이 필수적으로 요청된다고 하겠다.

3. 대전선교부 연구과제

위의 두 가지 원칙을 놓고 보면 대전선교부 관련 향후 연구 과제를 마땅히 유추할 수 있다. 첫째, 남장로회 대전선교부는 해방 이후 중국과 북한의 공산화로 인해 해당 지역의 선교사들이 철수하면서 형성된 '선교 특수 상황'의 한복판에 자리하고 있었다. 물론 대전선교부는 앞서 살폈듯이 남장로회의 여섯 번째 선교기지였지만 여러 선교회와 관련을 맺으며 일종의 복합 선교 지구로서 기능하였다. 기독교연합봉사회가 그 대표적인 예이다. 해방 이후 전개된 상황으로 인해 꼭 남장로회의 전유물이 아니라는 점이다. 또 대전선교부 구내에는 남침례교 선교사들이 함께 거주하며 대전외국인학교 운영 등에 공동 참여하였다. 그러므로 대전선교부 연구는 남장로회 선교사들뿐만이 아니라 그곳에서 함께 활동했던 (남)감리회-북감리회-북장로회-구세군-남침례회 선교사들을 모두 다루어야만 소기의 목적을 달성할 수 있다. 향후 대전선교부 연구의 선결 과제는 그와 관계를 맺었던 제 교파 선교사들을 포괄하여 연구 대상을 확장하는 일이 될 것이다.

둘째, 대전선교부와 지역민과의 관계이다. 1950년대의 대전은 전통시대 노론 양반의 아성으로서의 회덕이나 일제강점기 경부선 혜택의 식민도시적인 성격과는 또다른 혼종성이 나타난다. 특히 약 5천 명에 달했던 대전 정착 월남 기독교인들은 이 도시의 종교지형을 일순 바꾸어 놓았다. 이른바 북한식 기독교의 양상이 월남민들을 통해 대전 땅에 재현되기 시작한 것이다. 또 그들은 대전선교부 선교사들과 긴밀한 관계를 맺으며 자신들의 부르주아적 반공주의의 입지를 강화해 나갔다. 대전 종교시장의 강자가 나타난 것이다. 대전선교부는 월남 기독교인들의 지역교회 주도권 장악에 물질적 토대로서의 역할과 기능을 다한 측면이 있다. 1950년대 새롭게 대전에 정착한 이들과 대전선교부와의 유기적 관계에 대한 향후 연구가 그래서 필요하다.

7장

제주도 개신교 선교활동의 연구 현황과 과제

조성윤

Ⅰ. 머리말

한국 개신교 선교의 역사를 돌아볼 때 제주는 가장 뒷자리에 머물러 있었다. 물론 가장 큰 이유는 육지에서 멀리 떨어진 섬이고, 교통 통신의 불편함을 극복하기 어려웠기 때문이었다. 그렇지만 한국의 과학기술 수준이 높아지고 교통 통신 수단이 발달한 오늘날까지도 사정은 별로 달라지지 않았다. 전국에서 개신교 신자의 비율이 가장 적고, 선교 활동도 활발하다고 보기 어렵다. 그리고 제주도에서 선교활동에 종사하는 많은 이들이 앞으로 어떤 방향으로 나아가야 선교가 확대될 수 있을지 알 수 없다고 입을 모은다.

이와 같은 상황은 하루 빨리 선교의 성과를 달성하고 싶은 이들에게는 답답하고 절망적인 상황이다. 그러나 연구자의 입장에서 보면, 한국의 다른 어떤 지역보다도 선교가 진행되지 못한 제주도 사회와 개신교단의 현실이야말로 오히려 연구하고 싶은 의욕이 솟구치는 것이 정상일 것이다. 왜 제주도는 한국의 다른 지방보다 선교가 어려울까. 무엇이 선교를 가로막고 있는 것일까. 그 원인을 찾아내고 대안과 선교의 방향을 제시하는 작업이야말로 무척 중요하다고 생각한다. 그렇게 하려면 그동안의 연구 성과를 면밀하게 검토하고 그 위에서 방향을 모색하는 작업이 이루어지는 것이 당연한 순서일 것이다. 그러나 아쉽게도 제주도 선교에 대한 그동안의 연구 성과를 정리하고, 검토하는 작업은 진행된 적이 없었다. 물론 대학원에서 학위논문을 작성할 때는 기존 연구사를 검토하도록 되어 있고, 이를 바탕으로 자신의 논의를 전개해야 했기에, 각 논문마다 제주도 선교의 역사에 관한 연구사 검토가 있었지만, 모두 부분적, 제한적인 수준에서만 이루어졌을 뿐이다.

이 발표에서는 제주 지역의 선교활동에 관한 그동안의 연구 성과를 정리하고, 앞으로의 연구 방향과 과제를 모색할 것이다. 기존 연구 성과를 검토할 때 먼저 양적인 검토를 하고, 이어서 분야를 나누어 내용을 검토하는 순서로 진행하겠다. 물론 처음 하는 작업이라 미처 포함시키지 못한 성과도 있을 수 있고, 충분히 다루지 못한 글들도 있다. 이런 한계를 감안하면서 현 단계에서의 가능한 정리와 전망을 해 볼 것이다.

II. 제주 선교활동 연구 동향의 통계 검토

제주 선교활동 연구 동향을 대략 정리하면 <표 1>과 같다. 연구동향을 먼저 시기에 따라서 1999년 이전, 2000~2009년, 2010~2019년, 2020년 이후로 나누었다. 그리고 주제에 따라서 선교의 역사, 제주 4·3사건과 개신교의 관계, 그리고 제주 선교활동의 전략과 현황의 3가지로 분류하였다. <표 2>는 이러한 연구 작업이 어떤 연구자에 의해서 이루어졌는지를 보여주는 것이다.

<표 1> 제주 선교 연구 동향 통계

시기	선교역사	제주 4·3	선교전략과현황	계	비율
1900년대	6	1	5	12	13.8
2000년대	10	1	13	24	27.6
2010년대	14	5	19	38	43.6
2020년대	3	4	6	13	14.9
계	33	11	43	87	99.9
비율	37.9	12.6	49.5	100.0	

<표 2> 제주 선교 연구 동향

시기	제주선교의 역사	제주 4·3	제주선교의 전략과 현황
1900년대	**강문호·문태선(1978)**, **제주영락교회(1987)**, 이사례(1991, 1999), 박장래(1997), 차종순(1997)	조남수(1989)	한관용(1987), 김형석(1994), 유승남(1998), 정은렬(1998), 한태희(1987)
2000년대	**대한예수교장로회제주노회(2000)**, **제주기독교100년사편찬위원회(2009)**, **박용규(2008, 2008)**, **이형우(2009), 연규홍(2008)**, **한인수(2009)**, **허정옥(2008), 홍성봉(2008)**, 이아브라함병옥(2009)	김상기(2007)	**서성환(2008), 최순신(2008)**, 고수림(2000), 서정민(2000), 김영동(2007), 김정서(2006), 박찬식(2009), 변창욱(2007), 조성윤(2005, 2007), 안국진(2007), 임학균(2000), 한국일(2007)
2010년대	**김인수, 박정환(2010)**, **박창부(2010)**, **대한예수교장로회 제주노회(2016)**, **김요나(2010), 신혜수(2017)**, 고민희(2012, 2019), 구성모(2014), 김창현(2015), 김호욱(2017), 민경운(2015), 박정환(2013, 2013), 조성윤(2011)	**윤정란(2015)**, 김평선(2010), 양봉철(2010), 최태육(2015), 김인주(2018)	강태연(2015), 고민희(2019), 김견수(2010), 김견수, 황병준(2017), 김도일(2013), 김아람(2016), 김원웅(2019), 심재국(2016), 유요한(2012), 윤명희, 김선필(2017), 윤홍근(2013), 이가영(2019), 이봉석(2013), 이재은(2011), 임학균(2011), 조성윤·김준표(2011), 조성윤(2011, 2012), 김형남, 신석하(2019)
2020년대	**김인주·송중용(2020)**, 이재호(2022)	고민희(2021), 김신약(2020, 2020), 안신(2022)	**민경운(2020), 고창진(2023)**, 고복희(2022), 임종헌(2021), 김형남(2023), 박철희(2023)

* 두꺼운 활자로 된 것은 단행본이다.

먼저 시기별로 살펴보면, 1999년까지, 즉 20세기에는 연구 성과가 매우 적다. 다만 1978년의 강문호, 문태선의 『제주선교 70년사』는 연구서는 아니지만 제주도 선교의 역사를 처음으로 체계적으로 정리한 단행본이라는 점에서 큰 의미가 있다. 그리고 이기풍 선교사의 딸 이사례가 아버지의 전기(傳記)를, 조남수 목사가 자신의 제주 4·3 당시의 활동을 증언한 기록이 있다. 1987년에 한관용의 박사학위논문이 나왔는데, 필자는 이를 직접 확인하지 못했다. 1994년의 김형석의 개신교 유적 소개 글과 1997년에 박장래와 차종순에 의해 이기풍 선교사에 대한 연구가 나왔다. 이것이 사실상 제주도 선교활동에 관한 연구의 시작이라고 할 수 있다. 따라서 이 시기까지의 제주도 선교에 관한 연구는 이기풍 목사가 선교사로 활동하던 이야기에 가장 큰 관심이 모아졌다고 하겠다.

제주 선교활동 연구는 2000년 이후에 활발해졌다. 2000년대에 23편, 2010년대에 34편이 나왔고, 2020년 이후에 12편이 나왔다. 그렇게 보면 제주도 선교 역사에 대한 연구가 본격화한 지 이제 20년이 조금 넘었을 뿐이며, 시간이 흐를수록 다양한 주제를, 그리고 깊이 있는 연구가 나오고 있다는 점이 매우 주목할 만하다.

2000년부터 2009년까지의 성과는 모두 23편으로 거의 30%를 차지한다. 그중에서 두드러진 것은 〈제주선교 100주년〉을 기념하는 의미에서 출판된 것으로 대부분 단행본이다, 이 단행본 대부분은 연구서라기보다는 선교 역사를 기록해 놓은 수준에 머물고 있다. 2010년부터 2019년까지는 단행본은 거의 보이지 않는 대신에 각 대학의 학위논문과 논문집에 실린 논문이 전 분야에 걸쳐서 풍부하게 성과가 나와서 모두 34편이고, 전체의 40%를 넘는다. 이 단계에 들어서면 비로소 선교의 역사와 전략에 대한 본격적인 논쟁이 등장하고, 깊이 있는 분석이 이루어지기 시작한다.

2020년부터 현재까지는 불과 5년밖에 되지 않지만 이미 12개의 성과가 나와 있다. 그중 2권의 단행본은 신학대학의 박사학위논문을 정리해서 책으로 출간한 것이다. 그리고 주목할 것은 제주 4·3과 제주개신교의 관련을 논의한 글이 많아지고 있다는 점이다. 이것은 1980년대 말부터 진행된 한국의 민주화 과정에서 밝혀진 국가폭력과 제주 4·3 희생자 명예회복과 관련해서 한국 개신교계가 침묵을 깨고 발언하기 시작했음을 뜻한다. 이어서 그동안 많은 목회자들과 연구자들이 공통적으로 지적해 왔던 민간신앙, 조상제사, 궨당 문화를 어떻게 이해하고 대응해야 할 것인지에 관해서도 심도 깊은 논의가 진행되고 있다는 점이다. 그런 점을 감안한다면, 일단 연구의 역사가 오래 되지는 않았지만, 제주도 선교활동에 관한 연구는 시간이 흐를수록 활발해지고 있고, 연구자들의 학문적 논의의 수준도 높아지고 있다고 생각된다.

III. 제주 선교의 역사에 관한 연구

분야별 검토는 먼저 선교활동의 역사에 관한 연구부터 시작하는데, 가장 연구가 집중된 것은 선교초기의 역사였다. 초기는 1908년부터 일제 강점기를 말한다. 제주 선교의 초기 활동을 말할 때 가장 중요한 사실은 대한예수교장로회 독노회가 제주도 선교를 결정하고 이기풍 선교사를 파견한 일이다. 이에 관해서는 그동안 『조선예수교장로회사기』 등 몇 가지 사료가 발굴되고, 이사례에 의한 전기물도 발간되면서, 풍부한 연구의 기초가 닦였다고 할 수 있다. 초기 선교활동은 이런 자료들을 토대로 연구가 진행되었다. 1978년 강문호·문태선이 저술한 『제주선교70년사』는 전반부는 독노회가 이기풍 선교사를 파견하고, 각 교회들이 만들어진 시기의 역사를 비교적 충실하게 정리하고 있다. 하지만 강문호·문태선은 제주도 출신 목회자로서 현지 사정은 밝지만, 사료를 활용하지 못한 한계가 있었다.

그 뒤 2000년대가 되면 제주선교 100주년 기념사업의 일환으로 각 교회

100년사가 편찬되거나 제주도 선교 100년사를 여러 단체의 입장에서 서술한 성과들이 쏟아져 나왔다. 연구자가 단독으로 저술한 저서도 눈에 띈다. 박용규1)와 한인수2)의 저서가 그렇다. 한인수는 복음의 불모지 제주 선교를 위하여 호남교회와 전라노회의 헌신과 노력이 지대했다는 것을 강조하고 있다.

이 글에서는 대한예수교장로회 제주노회가 기획했던『제주기독교 100년사(1908~2008)』를 주목한다. 이 책은「이기풍 목사의 생애와 사역」3)을 집필한 적이 있는 호남신학대학 총장 차종순에게 집필을 의뢰해서 만든 책인데, 2009년에 배포를 시작하자마자 도중에 배포가 중지되었다. 그리고는『제주기독교 100년사』4)라는 같은 이름으로 대한예수교장로회 제주노회가 수정본을 간행하였다. 수정본 편집자인 김인주 목사는 다음과 같이 이유를 밝혔다.

> 그동안 제주교회사 연구 혹은 서술과 관련하여 적지 않은 변화가 있었다. 본서 편찬에 영향을 준 사항들을 정리하고자 한다. 먼저 초기 역사에 대한 연구가 진전되었고, 새로운 사실들이 드러나거나 혹은 정리되어서 이를 반영하여야 했다. 이기풍 목사가 선교사로서 제주에 도착하기 이전에 이미 제주인들이 복음을 받아들였던 일이 확인되었다. 이를 고려한다면 '제주기독교 100년사(1908~2008)'라는 처음의 과제는 수정되는 것이 마땅하다. 말하자면『제주기독교 100년사』라는 표제로 본서가 간행되지만, 내용으로 볼 때는 1904년부터 2015년까지 확장되었다는 점을 독자들이 이해하기 바란다.

편집자의 설명을 받아들이면, 그동안 제주선교의 초기 역사는 주로 이기

---

1) 박용규,『제주기독교회사』, 생명의말씀사, 2008.
2) 한인수,『濟州宣敎百年史』, 경건, 2009.
3) 차종순,「이기풍 목사의 생애와 사역」,『神學理解』제15집, 1997.
4) 대한예수교장로회 제주노회,『제주기독교100년사』, 대한예수교장로회제주노회, 2016.

풍 선교사의 제주 파견과 그에 의한 선교 활동을 중심으로 설명해왔다. 하지만 제주도에는 김재원을 중심으로 한 이호리 자생적 신앙공동체(1904)와 조봉호를 중심으로 한 금성리 신앙공동체(1907)가 이미 성립되었고, 이들이 교역자 파송을 요청하여 대한예수교장로회 독노회가 열리면서 1907년 선교사 파송를 결정한 것이라는 새로운 설명이 기존의 이기풍 선교사 중심의 설명을 대신하여 등장한 것이다.

수정본이 나오는 도중에 이기풍 선교사가 1908년 제주도에 들어와서 선교를 시작하기 전에 제주도에 이미 개신교 복음을 받아들인 신자들이 있었고, 이들이 모여서 예배를 드리고 있었음을 강조하는 연구들이 등장하였다. 박정환[5]의 연구가 대표적이다. 비슷한 시기에 고민희[6]는 제주도 출신 목사 이도종의 활동을 통해서 자생적 신앙공동체를 재조명했다. 그리고 이재호[7]는 기존 연구 성과를 폭넓게 받아들여 제주에서는 자생적 신앙공동체가 먼저 성립하고, 이어서 이기풍 선교사가 활동 영역을 넓혔다고 선교 과정을 정리하였다. 대한예수교장로회 제주노회가 굳이 이미 서술을 마친 100년사 배포를 중지하고, 7년 뒤에 개정판을 내놓은 것은 제주 선교의 역사를 보는 시각과 사실에 대한 새로운 논의가 있었고, 선교사 중심이 아니라 제주 주민들의 자발적인 복음 수용을 강조하는 흐름이 생겼기 때문에 이를 반영하는 과정이었다고 생각된다.

한편 서정민[8]을 비롯한 여러 연구자들이 이기풍 목사를 국내 선교임에도 불구하고 굳이 '선교사'로 파견한 것을 중요시하였다. 또 전라도 지방에 널리 퍼져 활동하던 남장로회 선교사들이 왜 제주도에는 자신들이 직접 선

---

5) 박정환, 「제주도 개신교 자생적 신앙공동체의 생성과 성장에 관한 연구 : 1904~1930」, 장로회신학대학교 박사학위논문, 2013.
6) 고민희, 「제주도 초기 교회 형성과정 연구 : 이도종의 생애와 목회활동을 중심으로」, 연세대학교 석사학위논문, 2012.
7) 이재호, 「제주 초기 개신교 역사 연구」, 제주대학교 석사학위논문, 2022.
8) 서정민, 「기독교 선교가 제주 지역 사회에 미친 영향」, 『신학논단』 Vol.28, 2000.

교 거점을 마련하지 않고, 이기풍 목사를 선교사라는 직책을 부여해서 파견했을까 하는 데 대한 논의가 아직 부족하다는 점이 지적되었다. 물론 여러 선교사들의 단기 방문, 의료 선교 등의 활동이 있었다. 그래서 연구자들이 대부분 제주도 초기 선교를 말할 때 남장로회 선교사들의 영향력, 활동 내용에 관해서 언급한다. 하지만 매우 단편적인 수준에서 그치고 있고, 본격적으로 선교사들의 활동이 어느 정도였는지에 관한 논문은 아직 없다. 이는 앞으로의 과제다.

Ⅳ. 제주 4·3과 개신교의 관계

제주 4·3은 한국 현대사에서 가장 컸던 국가권력에 의한 민간인 학살 사건이다. 이 사건으로 제주도 전역의 마을이 불에 타고, 3만 명 이상의 민간인 희생자를 냈지만, 곧 이어 일어난 6·25전쟁과 겹치면서 반공을 국시로 내건 대한민국 정부에 의해서 어둠 속에 묻혀 있었다. 1987년 한국사회의 민주화 움직임이 본격화된 이후에야 제주 4·3 진상규명 움직임이 본격화되었다. 1999년 말에「제주 4·3사건 진상규명 및 희생자 명예회복에 관한 특별법」이 국회에서 통과되고 2000년에는 「제주 4·3위원회」가 만들어지고, 2003년에 진상조사보고서가 채택되었다. 그리고 작년에는 희생자 유족들에게 보상금을 지급하기로 결정되어 시행 중이다.

4·3은 당시 제주도에 거주하던 주민이라면 누구나 경험했던, 그리고 관계가 깊은 사건이었다. 그동안 간행된 제주도 개신교 선교를 서술한 책에서는 대부분 개신교는 피해자로 기록되었다. 특히 제주도 출신 목사 1호로 알려진 이도종 목사가 무장대에게 끌려가 피살된 사건은 4·3과 개신교의 관련을 설명할 때면 가장 먼저 등장한다.[9] 그리고 장로를 비롯한 신자들과 교회 건물을 피습 당한 일도 기록되고 있다.

하지만 당시 일반 제주도 주민들의 입장에서 본다면 목사는 '양놈의 사상을 전파하는 예수쟁이'요, '미 제국주의의 스파이'였다.10) 그리고 제주 4·3을 설명할 때 언제나 등장하는 "서북청년단은 개신교 청년들이 다수 참여하고 있던 단체였다. 그렇기에 제주에서 복음화가 이루어지지 않는 이유는 4·3사건 때문이라고 말할 정도로 부정적인 영향을 끼치고 있다. 물론 이 사건에 대해서는 다양한 해석이 있을 것이나, 중요한 것은 이러한 사건 당시 민간인 학살과 같은 반인륜적인 피해가 발생하였고, 가해자 중 핵심 세력에 개신교인들이 포함된 우익단체가 관련되어 있다는 사실이다. 또한 교회는 그 이후로도 "반공이라는 이데올로기 때문에 적극적으로 대처하지 못했"음을 상기해야 한다"11)는 설명을 주목할 필요가 있다.

그랬기 때문에 제주도에서도 제주 4·3 진상규명과 명예회복 작업이 진행되는 동안에 개신교는 입을 다물고 있었다. 물론 조남수 목사가 경찰에게 빨갱이로 몰려 집단 총살당할 뻔한 주민들을 자수시키면서 훌륭한 일을 많이 했다고 증언하면서 자신의 존재를 알리는 책자12)를 발간하여 개신교의 역할을 옹호하는 역할을 담당했다. 하지만 그것 이외에는 기장의 일부 교회만 참회 성명을 냈을 뿐, 거의 모든 교회가 애써 외면하면서 지냈다. 그런 고민을 가장 잘 드러낸 것이 김상기13)의 연구다. 그의 연구는 기독교 윤리의 입장에서 볼 때, 제주 4·3에서 나타난 국가권력에 의한 대량학살, 즉 제노사이드 양상을 어떻게 설명할 것인가를 논리적으로 정리하고 있다. 하지만 역사적 실증적 연구는 아니며, 구체적인 특정 입장을 강조하지 않고

---

9) 김요나, 『거친 바다의 풍랑을 딛고(제주1호 목사1호 순교자 이도종 목사 전기)』, 쿰란출판사, 2010.
10) 고민희, 「제주 기독교의 선교 양태에 관한 비교 연구 — 제주 천주교와 개신교 선교역사를 중심으로」, 『한국기독교신학논총』 제112집, 2019, 82쪽.
11) 고민희, 위의 글, 105쪽.
12) 조남수, 『四·三眞相』, 관광제주, 1989.
13) 김상기, 「폭력 매커니즘과 기독교 담론윤리 구상」, 연세대학교 박사학위논문, 2007.

추상적 논의에 머물고 있다.

양봉철[14]과 김평선[15]의 연구는 4·3 학살의 주체 중 하나인 서북청년단이 구체적으로 한경직 목사가 지도하는 영락교회 청년회 조직에서 시작되었으며, 조직원 중에는 기독교인으로 알려진 사람들이 많이 있었음을 제시하면서, 개신교가 피해자가 아니라 가해자였음을 주장하였다. 한편 한국전쟁기 민간인 학살을 연구한 바 있는 최태육[16]은 해방 이후 한국전쟁 시기까지의 민간인 집단 학살을 주도한 인물로 대통령 이승만과 경찰 책임자 조병옥을 꼽는다. 그리고 그들에 의해 서북청년단이 제주에 파견되었고, 그들이 나중에 경찰과 군인으로 흡수되어 학살을 계속하는 주체가 되도록 했다고 보았다. 윤정란[17] 역시 다른 자료들을 동원해서 최태육과 거의 비슷한 결론에 이른다.

김인주[18]의 글은 논문은 아니지만, 제주 4·3 70주년을 맞이하여 침묵을 유지하던 제주 개신교회가 처음으로 교파를 초월하여 합동으로 예배를 드리고 제주 4·3을 정면으로 바라보게 되었음을 소개하는 것이었다.

한편 고민희[19]는 박사학위논문에서 한국 기독교 4·3 담론이 어떻게 형성되었는지, 그리고 이를 비판적으로 평가할 때, 앞으로 한국기독교는 4·3 당시의 일을 어떻게 반성하고 새로운 방향을 모색해야 할지를 논의하고 있다. 그는 그동안 나왔던 여러 담론을 비교 분석하는 작업을 통해서 보여준다. 이를 통해 개신교가 어떤 위치에 있고 무엇이 문제인지는 분명해 졌지

---

14) 양봉철, 「제주4·3과 서북기독교」, 『4.3과 역사』 제10호, 2010.
15) 김평선, 「서북청년단의 폭력 동기 분석」, 『4·3과 역사』 제10호, 2010.
16) 최태육, 「남북분단과 6·25전쟁 시기(1945~1953) 민간인 집단희생과 한국기독교의 관계 연구」, 목원대학교 박사학위논문, 2015.
17) 윤정란, 『한국전쟁과 기독교』, 도서출판 한울, 2015.
18) 김인주, 「제주4·3사건, 70년이나 머뭇거린 만남과 화해」, 『基督敎 思想』 714호, 2018.
19) 고민희, 「한국 기독교 4·3 담론의 형성과 재형성에 관한 연구 : 타자를 통한 주체의 회심을 향하여」, 연세대학교 박사학위논문, 2021.

만, 여전히 앞으로의 방향을 말하기는 어려워 보인다.

안신[20]은 기독교 4·3 담론을 보수 기독교의 논의로부터 끌어내 설명하고 있다. 그는 보수 기독교 진영의 4·3에 대한 보수 시각을 대변하는 영화를 제시하면서, 그리고 제주 기독교가 마련한 기독교 순례 길을 통해서 보수 세력의 기독교 반공주의가 여전히 살아 있음을 지적한다. 하지만 전체적인 논의를 일차 자료나 연구 성과가 아닌 신문기사에 의존하는 한계가 있다.

제주출신 김신약[21]의 논문은 그동안 외부인의 시선으로 논의되던 제주 4·3과 개신교의 관계를 넘어섰다. 그는 특히 자신의 아버지가 오랫동안 시무하던 제주시 봉개교회가 4·3 당시 진압 2연대 대대장과 부관의 이름을 딴 '함명교회'로 출발했음을 고백하면서, 4·3 당시 제주도의 개신교는 대량학살과 폭력의 주체인 군대와 입장을 같이하는 존재였음을 밝혔다. 그러면서 동시에 폭력이 난무하던 4·3 공간에서 수많은 생명을 살린 것으로 알려진 조남수 목사의 행적을 재검토할 것을 주장하였다. 왜냐하면 자수했던 많은 사람들이 예비검속 때 끌려가 죽임을 당했기 때문이다. 그동안 제주도 개신교계에서는 4·3을 이야기하면 이도종 목사와 함께 조남수 목사의 활약을 내세워 왔다. 이러한 기존 흐름에 대해 자성과 내부비판을 요구하는 것이다. 이러한 지적을 제주 개신교회가 받아들일지, 또 앞으로 어떤 방향으로 논의가 진행될지 궁금하다.

---

20) 안신, 「제주4·3 사건과 종교 그리고 평화」, 『평화와 종교』 제14호, 2022.
21) 김신약, 「한국 개신교의 제주4.3사건 인식 연구」, 장로회신학대학교 석사학위논문, 2020.

V. 한국 개신교의 제주선교전략과 현황

앞에서 제주 선교의 역사와 4.3과 제주 개신교를 둘러싼 논의에 관해서 살펴보았다. 이 장에서는 개신교회의 제주도 선교 전략과 현황을 살핀 다양한 연구를 검토한다. 제주도 개신교 연구의 특징의 하나는 개신교 신학 계통의 연구물 이외에도 역사학, 사회학, 민속학 등 다양한 분야의 연구자들이 참여하고 있다는 점이다.

전체적으로는 역시 개신교의 제주지역 선교 전략을 다룬 논문이 가장 많은 편이다.

서성환[22]과 고창진[23]의 단행본은 물론 한관용,[24] 한태희,[25] 유승남,[26] 정은렬,[27] 강태연,[28] 김견수,[29][30] 심재국,[31] 임학균,[32] 박철희의 석사, 박사학위논문,[33] 그리고 서정민,[34] 김영동,[35] 한국일,[36] 유요한[37]의 논문이

---

22) 서성환, 『제주선교100년, 어제와 오늘과 내일』, 서울 예영커뮤니케이션, 2008.
23) 고창진, 『(사회문화 관점에서 본) 제주 기독교와 선교 : 상생과 공존을 위한 제주 개신교 선교 방안』, 사자와어린양, 2023.
24) 한관용, 「제주지역에 있어서의 기독교 선교환경과 선교전략 : 제주삼양교회 선교 전략을 중심으로」, 아세아연합신학대학교 대학원 박사학위논문, 1987.
25) 한태희, 「제주도 복음 선교에 관한 연구」, 침례신학대학 석사학위논문, 1987.
26) 유승남, 「제주선교의 고찰과 21세기 선교전략」, 호남신학대학교 석사학위논문, 1998.
27) 정은렬, 「통전적 선교신학에서 바라본 제주 선교」, 장로회신학대학교 석사학위논문, 1998.
28) 강태연, 「세계 섬 선교 전진기지로서의 제주 선교를 향한 기도전략」, 총신대학교 석사학위논문, 2015.
29) 김견수, 「21세기 제주도 선교전략 및 전망에 관한 연구 : 21세기 제주도 선교전략」, 호서대학교 석사학위논문 2010.
30) 김견수, 「제주도 개척교회 선교방향성 연구 : 제주도 100년 선교역사를 중심으로」, 호서대학교 대학원 박사학위논문, 2017.
31) 심재국, 「제주 선교의 고찰과 선교의 주체로서의 제주 교회의 역할」, 장로회신학대학교 석사학위논문, 2016.
32) 임학균, 「제주지역의 종교현황과 효율적인 선교 전략 방법론 : 그리스도의 교회를 중심으로」, 그리스도대학교 박사학위논문, 2011.
33) 박철희, 「제주복음화의 과거, 현재, 미래 : 역사, 문화, 사회적 특수성을 고려한 토착화

보여주는 개신교의 제주도 선교 전략에 관한 포괄적인 논의까지 모두 합치면 엄청난 양에 달한다. 하지만 막상 내용을 읽다 보면 비슷비슷한 내용으로 채워진, 나열식 서술로 일관한, 그래서 막상 제주도 선교 전략 연구에 별 도움이 되지 못하는 질이 떨어지는 논문들도 다수 볼 수 있었다.

선교전략을 다루는 세부 주제는 몇 가지로 좁힐 수 있다. 선교의 걸림돌로 제주도의 전통문화, 특히 민간신앙(무속)과 조상제사, 궨당문화가 지적된다. 그리고 여러 연구가 사회적으로는 제주도 가톨릭이 조상제사를 허용하고 적극적으로 양돈과 목장을 중심으로 한 농촌사업을 벌이고, 이봉석[38]이 연구한 대로 해군기지 건설 반대운동에 적극적으로 참여하는 활동 등을 통해서 제주도민들과의 거리를 좁혀나간 반면, 개신교는 일반 제주도민과 여전히 거리를 좁히지 못하는 실정을 다양한 각도에서 지적하고 있다. 하지만 이들 연구의 가장 큰 문제는 단행본, 학위논문, 일반논문 할 것 없이 대부분 깊이 있는 분석보다는 여러 가지 문제를 두루뭉술하게 다루고 선교전략이라고 이름을 붙이면서도 실질적인 대안을 거의 제시하지 못하고 있다는 점이다.

그런 가운데 이재은[39]의 조상제사에 관한 논문은 문제를 바라보는 시각과 분석 내용이 탁월하여 주목하게 된다. 이 논문에서는 제주도 동부지역

선교전략의 모색」, 나사렛대학교 박사학위논문, 2023.
34) 서정민, 「기독교 선교가 제주 지역 사회에 미친 영향」, 『신학논단』 Vol.28, 2000.
35) 김영동, 「제주도 '당문화'에 대한 창조적 긴장의 문화 신학적 선교」, 『장신논단』 Vol.30, 2007.
36) 한국일, 「제주 궨당 문화와 제주 선교 : 에큐메니칼 선교 관점에서」, 『장신논단』 제30집, 2007.
37) 유요한, 「제주 토착종교와 외래종교의 충돌과 질서 형성과정에 대한 연구」, 『종교와 문화』 제22호, 2012.
38) 이봉석, 「다시 보는 강정 해군기지 건설과 기독교 평화주의」, 『기독교사회윤리』 제25호, 2013.
39) 이재은, 「제주도의 조상제사와 기독교」, 한남대학교 석사학위논문, 2011.

목회자 및 교인들을 중심으로 모두 22명을 심층 면접하여 내용을 분석했다. 그가 진단한 현재의 개신교의 제주도 선교 상황은 다음과 같다.

> 기독교가 사회에 영향력을 끼칠 수 있을 만큼 성장한 육지부와 달리 제주도의 복음화율은 미미하다. 일방적 선교방식은 제주사회에 받아들어지지 않았을 뿐 아니라 오히려 반감만 주었다. 제주도 전통문화에 대한 이해의 부재는 갈등을 더욱 심화시켰다. 제주도의 '토착문화'를 허물고 기독교적 세계를 이식하고자 한 노력들은 제주사회의 강력한 반발에 부딪쳤다. 현재 제주사회와 기독교는 서로에 대한 '냉담기'를 지나고 있는 듯 보인다. 교회는 '섬 안의 섬'으로 머물러 있다.
> 기독교계의 자성은 여기에서 출발한다. 기독교가 제주사회에 녹아들지 못한 이유가 단순히 교리적 차원에서가 아니라 서로에 대한 몰이해와 단절에 있다고 본다. 제주사회에 대한 기독교계의 태도와 접근방법, 그리고 전통문화에 대한 편견 등을 그 원인으로 지목한다. 이러한 자세로는 제주기독교가 언제까지나 제주사회에서 '이방인'에 머물 뿐이라는 각성이다.[40]

이재은은 이렇게 개신교 신자들과의 면담 결과를 정리하고, 전통문화를 이해하는 기독교의 태도가 달라져야 한다는 점을 강조하였다. 그는 특히 "지금의 한국교회가 초기 외국인 선교사들이 체계화했던 틀 안에 머물러 있고 그들의 가치관을 그대로 답습하고 있다고 지적한다. 주로 보수적이고 획일적 성향을 지녔던 선교사들은 타문화에 대해 '여유를 갖고' 바라보지 못했다. 그리고 그들의 시각은 한국기독교에 큰 영향을 미쳤다. 제보자는 조상제사를 포함한 전통문화에 대한 재해석이 이루어지지 않는다면 한국기독교의 미래가 그리 밝지 않을 것이라 예견한다. 선교사들이 가르친 범주를 넘어서는 새로운 기독교관이 정립되어야 한다는 것이다."[41]

---

40) 이재은, 위의 논문, 93쪽.
41) 이재은, 위의 논문, 113쪽.

해방 이후 제주도 종교 지형의 변화를 읽을 때 4·3사건과 함께 주목하는 것이 6·25전쟁이다. 왜냐하면 그 이전까지는 장로교 일색이었던 제주도에 여러 교단 소속 피난민들이 밀려 들어왔고, 그들이 제주도 전역에 퍼져 교회를 건설했기 때문이다. 당시 생겨난 피난민 중심 교회로는 제주영락교회(1987)가 대표적이다. 그 후 감리교를 비롯한 여러 교단 소속 교회들이 우후죽순 격으로 늘어났다.

김아람[42]은 6·25전쟁으로 북에서 월남하여 부산을 거쳐 제주까지 오게 된 피난민들을 위한 난민정착사업을 연구하였다. 이 논문은 그의 박사학위 논문의 일부인데, 논문을 통해서 당시 많은 개신교 목사와 신자들이 피난민으로 제주에 들어와 정착하였고, 그로 인해 제주의 개신교세가 확장되었음과 감리교, 성결교가 입도한 것을 기술하였다. 그리고 '법호촌'이라는 정착촌을 주도한 장로가 국가가 지급한 원호물자들을 중간 착복한 인물임을 밝혔다. 기독교 확산 과정에서 자주 볼 수 있었던 슬픈 이면을 지적한 것이다. 고복희[43]의 한국전쟁기 제주교회에 대한 논의는 기존 연구 성과를 정리한 데서 그치고 있다.

조성윤[44]은 종교통계를 분석하여 제주도 개신교 성장 과정을 검토하였다. 제주도의 개신교 신자는 1963년 만해도 5,877명으로 인구의 1.9%에 지나지 않았던 것이 2004년도에는 51,620명으로 10배 가까이 늘어났으며, 비중도 제주도 전체 인구의 9.3%를 차지하게 되었고, 제주도민 중에 약 10% 가까운 인구가 개신교인이라고 설명하였다. 그리고 제주시의 교회당 평균 교인 평균 교인수는 1973년에 216명이던 것이 1979년에 454명으로 두 배

---

42) 김아람, 「38선 넘고 바다 건너 한라산까지, 월남민의 제주도 정착 과정과 삶」, 『역사문제연구』 Vol.20 No.1, 2016.
43) 고복희, 해방공간과 한국전쟁이 제주교회에 미친 영향과 의미, 영남신학대학교 석사학위논문, 2022.
44) 조성윤, 「제주시의 종교」, 『제주시 오십년사』 하권, 제주시, 2005.

이상 증가했지만, 개척교회가 급속히 늘어난 1980년대를 거치면서 1989년에 257명으로 뚝 떨어지고, 1990년대를 거치면서 2004년에는 156명까지 줄어들었다고 분석했다. 이것은 교인수가 크게 증가하지 않았음을 감안할 때, 개척 교회가 빠른 속도로 늘어남으로써 기존에 다니던 교회로부터 새로 생긴 다른 교회로 수평 이동하는 현상이 대량 발생했음을 밝힌 것이다.

한국사회 개신교 신자는 2000년대가 되면 정체 내지, 감소 경향으로 돌아선다. 하지만 제주도에서는 오히려 개신교 신자가 늘어나는 독특한 현상이 발견되었다. 윤명희와 김선필[45]의 연구에 의하면, 서울을 비롯한 대도시 청년층의 제주도 유입, 즉 이주민의 증가는 제주도 각 교회의 신자 수 증가를 가져왔다. 윤명희와 김선필은 이주민이 특히 많이 들어온 한 교회의 사례를 분석해보았다. 타 지방에서 세례를 받고 이주해온 이주민 신자들이 많아지면서 교회 신자 구성이 달라지게 되었는데, 이주민 그룹의 적극적인 제안으로 목사와 장로들이 교회 건축을 강행하면서 기존 교인과의 갈등이 심해지고 교회가 겉모습은 크고 화려해졌지만, 교인들 간에는 상호 대립과 분열이 나타난 현상을 포착하였다. 두 사람의 사례 연구는 제주도 개신교회의 현주소를 보여주고 있다.

VI. 맺는말

제주지역 개신교에 관한 연구 성과를 검토할 때 하나의 딜레마가 있다. 그것은 적어도 단행본, 석사·박사학위논문, 또는 일반 논문으로 나올 정도의 연구는 거의 대부분 장로교단 소속 신학교 교수, 대학원생들 손에 의해 이루어졌고, 주제도 장로교단에 관한 연구에 한정되어 있다는 점이다. 장

---

45) 윤명희 외, 「사회변동에 따른 제주지역 개신교회의 변화와 딜레마 ―「바다교회」(가명) 사례를 중심으로」, 『탐라문화』 제56호, 2017.

로교 이외의 교단, 즉 감리교, 성결교 등 다른 교단의 제주교회 현실에 관한 연구는 매우 적다. 그래도 제주도에서 목회를 하고 있는 그리스도 교단, 성결교 등의 교단 소속 목사들이 제주대학 대학원에 적을 두고 연구를 하는 경우에는 조금씩 논문이 생산되었다. 그렇더라도 전체의 흐름을 논의할 때는 장로교단의 교회를 중심으로 논의하는 것을 피할 수 없었다. 앞으로는 감리교, 성결교 등 다른 교단들의 활동도 함께 살펴볼 필요가 있을 것이다. 또 제주도에서는 교파를 초월한 교단 연합 모임이 만들어져 활동하고 있다. 이런 교파 간 협력 관계에 관해서도 관심을 갖고 살펴볼 필요가 있다고 생각한다.

또 하나의 딜레마는 고수림[46] 연구에서 보듯이 제주 재림교회처럼 이단으로 분류되는 교단들에 관한 연구에 관한 것이다. 조성윤[47]의 조사를 보면, 한경면의 용수교회는 교인들 사이에 임마누엘 기도원파(나중에 예루살렘 교회)가 분열을 일으키면서 두 교회로 분립된 적이 있다. 이단으로 분류되는 계열의 분립된 교회, 그리고 통일교, 신천지 등 많은 개신교 계통의 교회들이 제주도 안에 공존하고 있는데, 이들에 관한 연구는 거의 이루어지고 있지 않다는 점이다. 한국 개신교에서 떨어져 나간 이단으로 분류된 교회의 신자들이라고 해서 자신들을 이단이라고 부르거나 개신교가 아니라고 하지 않는다. 그런 점을 감안하면 적어도 연구자라면 이들을 포괄하는 전체를 조감하는 넓을 시야를 가지고 연구를 하게 되기를 기대한다.

그리고 한국사회의 전통문화에 대한 선교사들의 인식과 태도를 전면적으로 재검토할 필요를 이재은[48]이 조상제사에 관한 논문에서 지적했는데, 제주도 개신교 현장의 목회자들은 그의 지적을 받아들이기를 바란다. 제주도 선교의 전략을 논의한 많은 성과들이 제주도의 전통문화 특히 무속과

---

46) 고수림, 「제주 재림교회 초기 선교사의 일 연구」, 삼육대학교 석사학위논문, 2000.
47) 조성윤, 「종교」, 『한경면 역사문화지』, 제주도 한국문화원연합회, 2007.
48) 이재은, 앞의 논문, 2011.

조상제사, 그리고 공동체문화를 지적하고 언급하는 데 비해 깊이 있는 조사 분석 작업이 거의 이루어지지 않고 있다. 제주도 목회자들이 가끔 만나서 제주도 무속과 조상 제사 때문에 선교가 안 된다고 고충을 토로하는 일을 반복하던 관행은 이제 그만하면 좋겠다. 제주도 개신교인들은 과연 제주도의 무속과 조상 제사가 제주도 주민들 생활 속에 어떻게 뿌리내리고 있으며, 이를 넘어서려면 어떤 자세가 필요한지를 깊이 있게 논의하고 실천 과제를 마련해야 할 것이다.

제주 4·3과 개신교회의 관계를 논의하고 풀어나가는 작업은 최근 상당히 진행된 것이 사실이다. 하지만 정작 많은 제주도의 개신교회를 담당하는 목회자와 교회 신자들이 변화하는 시대의 흐름을 잘 받아들이지 못하고, 과거에 머물러 있다. 최근 조성한 제주 기독교 순례길이 이기풍 선교사와 이도종 목사, 그리고 조남수 목사의 활동을 기억하는 공간에 집중된 것도 같은 맥락이다.[49]

그래서 해결 방안이 보이지 않는데, 김신약이 문제를 제기했듯이, 4·3 당시 개신교가 피해를 입었다는 점만을 부각시키는 것을 그만두고, 지금이라도 어떤 문제가 있었는지를 밝히고 반성하는 논의가 시작되어야 할 것이다. 그리고 이것은 넓게 보면 이승만, 조병옥을 중심으로 하는 대한민국 출범 세력이 기독교 신앙을 토대로 한 반공정권이라는 점과 깊이 이어져 있는 점도 연구를 해야 할 과제라고 본다.

---

49) 안신, 「제주4·3 사건과 종교 그리고 평화」, 『평화와 종교』 제14호, 한국평화종교학회, 2022, 138쪽.

참고문헌

1. 국내문헌

강문호 외, 『제주선교70년사』, 대한예수교장로회총회 교육부, 1978.
강민수, 『호남지역 장로교회사: 1938~1954년의 전남노회 사역을 중심으로』, 한국학술정보, 2009.
강민지, 「일제강점기 전주지역 학교의 항일운동에 대한 중·고등학생들의 인식연구」, 전주대학교 석사학위논문, 2018.
강성호, 「미국남장로회의 호남선교: 연구동향을 중심으로」, 『한국기독교와역사』 제49호, 한국기독교역사학회, 2018.
강성호, 「존 페어맨 프레스톤 선교사와 순천선교부」, 『남도문화연구』 제43호, 2021.
강신룡, 「한국인 기독교인들의 구미아이(組合) 교회 협력과 가입에 관한 일고찰」, 『한국기독교역사연구소소식』 제22호, 1996.
강위조, 서정민 역, 『한국기독교사와 정치』, 한국기독교연구소, 2005.
강태연, 「세계 섬 선교 전진기지로서의 제주 선교를 향한 기도전략」, 총신대학교 석사학위논문, 2015.
개복교회 역사편찬위원회, 『군산개복교회 110년사』, 쿰란출판사, 2004.
권상덕, 「레이놀즈와 깔뱅의 성서관 비교 연구」, 『기독교문화연구』 15권, 2010.
고민희, 「제주도 초기 교회 형성과정 연구 : 이도종의 생애와 목회활동을 중심으로」, 연세대학교 석사학위논문, 2012.
고민희, 「제주 기독교의 선교 양태에 관한 비교 연구 — 제주 천주교와 개신교 선교 역사를 중심으로」, 『한국기독교신학논총』 제112집, 2019.
고민희, 「한국 기독교 4·3 담론의 형성과 재형성에 관한 연구 : 타자를 통한 주체의 회심을 향하여」, 연세대학교 박사학위논문, 2021.

고복희, 「해방공간과 한국전쟁이 제주교회에 미친 영향과 의미」, 영남신학대학교 석사학위논문, 2022.

고수림, 「제주 재림교회 초기 선교사의 일 연구」, 삼육대학교 석사학위논문, 2000.

고창진, 『사회문화 관점에서 본 제주 기독교와 선교 : 상생과 공존을 위한 제주 개신교 선교 방안』, 사자와어린양, 2023.

광주YMCA역사편찬위원회, 『광주YMCA 90년사(1920~2010)』, 광주YMCA, 2010.

광주제일교회90년사편찬위원회, 『광주제일교회 90년사: 1904~1994』, 광주제일교회, 1994.

광주제일교회100년사편찬위원회, 『광주제일교회 100년사: 1904~2004』, 광주제일교회, 2005.

구성모, 「초기 한국교회의 선교사 파송에 관한 연구」, 『神學과 宣敎』 제45집, 2014.

국립순천대학교 인문학술원 종교역사문화센터 편, 『전남동부 기독교 선교와 한국사회』, 도서출판 선인, 2019.

군산제일100년사 간행위원회, 심재영, 김형완 편집, 『군산제일100년사』, 군산제일고등학교 총동문회, 2012.

기덕근, 「병원선교가 복음증거에 미친 영향: 광주선교부를 중심으로」, 호남신학대학교 석사학위논문, 2001.

기독교문화재발굴보전본부 편, 『한국기독교 근대문화유산도록』, 한국기독교총연합회, 2010.

기전칠십년사편찬위원회, 『기전70년사』, 전주기전여자중고등학교, 1974.

기전팔십년사편찬위원회, 『기전80년사』, 전주기전여자중고등학교, 1982.

김기용, 「서서평의 사회선교로 본 상황화 선교와 한국교회」, 『선교와신학』 제50집, 2020.

김견수, 「21세기 제주도 선교전략 및 전망에 관한 연구 : 21세기 제주도 선교전략」, 호서대학교 석사학위논문, 2010.

김견수, 「제주도 개척교회 선교방향성 연구 : 제주도 100년 선교역사를 중심으로」, 호서대학교 박사학위논문, 2017.

김견수·황병준, 「선교환경 실증조사를 통한 선교사역 모델 연구 : 제주도 선교를 중심으로」, 『신학과 실천』 제57집, 2017.

김남순 외, 『서의필 목사의 한국선교』, 동연, 2023.

김도일, 「교육선교에 관한 연구 -제주교육선교의 가능성을 모색하며」, 『기독교교육논총』 제34집, 2013.

김대성, 「이눌서(W. D. Reynolds, 李訥瑞)의 선교활동에 관한 연구」, 장로회신학대학교 석사학위논문, 1999.

김대용, 「순환적 IDBD mission praxis 모델 적용을 통한 선교 사역 분석 및 의의: 마티 잉골드(Mattie B. Ingold) 선교사를 중심으로」, 『신학과 사회』 제38집 1호, 2024.

김명숙, 「재조선 선교사 Miss Nellie B. Rankin의 전주 정착과 조선살이」, 『韓國思想과 文化』 90권 90호, 2017.

김병희, 「구한말~일제강점기 전주와 수원의 경관 변화: 식민지 경관 및 도로와의 관계를 중심으로」, 『역사와 교육』 21권 21호, 2015.

김빛나, 「미국남장로교선교회 광주지역 선교 연구: 의료, 교육, 교회개척 사역을 중심으로」, 장로교신학대학교 석사학위논문, 2011.

김상기, 「폭력 매커니즘과 기독교 담론윤리 구상」, 연세대학교 박사학위논문, 2007.

김소정, 「미국남장로교 한국선교부의 아동선교(1892-1945)」, 한남대학교 석사학위논문, 2014.

김수진, 『호남선교 100년과 그 사역자들』, 고려글방, 1992.

김수진, 『목포양동제일교회 100년사』, 쿰란, 1997.

김수진, 『목포지방기독교 100년사, 목포노회 창립 50년사』, 쿰란, 1997.

김수진, 『목포성서신학원 60년사』, 쿰란, 2007.

김수진, 『광주 전남지방의 기독교 역사』, 한국장로교출판사, 2013.

김수진·한인수, 『한국기독교회사: 호남편』, 범론사, 1980.

김승태, 『한말·일제강점기 선교사 연구』, 한국기독교역사연구소, 2006.

김승태, 『한국기독교역사연구소 30년, 1982~2012』, 한국기독교역사연구소, 2012.

김승태·박혜진, 『내한선교사 총람, 1884-1984』, 한국기독교역사연구소, 1996.

김신약, 「한국 개신교의 제주4.3사건 인식 연구」, 장로회신학대학교 석사학위논문, 2020.

김신약, 「제주4·3과 개신교 : 봉개지구 재건과 함명교회 설립을 중심으로」, 『4.3과 역사』 Vol.20, 제주4.3연구소. 2020.

김아람, 「38선 넘고 바다 건너 한라산까지, 월남민의 제주도 정착 과정과 삶」, 『역사

문제연구』 Vol.20 No.1, 역사문제연구소, 2016.

김양호, 『목포기독교 120년사, 목포기독교 이야기』, 세움북스, 2016.

김양호, 『물 근원을 고쳐라, 유진 벨 선교사』, 사람이크는책, 2023.

김양호 편저, 『맹현리, 이 섬에 생명을 저 섬에 소망을』, 사람이 크는 책, 2024.

김영동, 「제주도 '궨당문화'에 대한 창조적 긴장의 문화 신학적 선교」, 『장신논단』 Vol.30, 2007.

김영팔, 「전라도 지방의 초기 선교사역에 관하여: Eugene Bell 선교사를 중심으로」, 장로회신학대학교 석사학위논문, 1999.

김요나, 『거친 바다의 풍랑을 딛고(제주1호 목사1호 순교자 이도종 목사 전기)』, 쿰란출판사, 2010.

김용복, 「호남기독교의 역사적 사회적 성격」, 『미국남장로교한국선교100주년기념대회보고서』, 대한예수교장로회총회, 한국장로교출판사, 1993.

김용복, 『한국기독교사상사의 전개』, 한일장신대학교출판부, 2024.

김용복 외, 「미국남장로회의 호남선교: 연구동향을 중심으로」, 『기독교사상』 통권 제284호, 1982.

김용복 외, 「생명운동, 시민운동의 새로운 지평 모색」, 『예언자 신학자 김용복의 생명 사상과 삶』, 동연, 2023.

김용철, 「한국전통사회와 전남지역 기독교 선교」, 『전남동부 기독교선교와 한국사회』, 도서출판 선인, 2019.

김원웅, 「지역 섬김을 통한 교회 활성화 방안 연구 : 제주 성지교회의 디아코니아 사역을 중심으로」, 장로회신학대학교 석사학위논문, 2019.

김윤상, 「김제 금산교회의 한옥건축 특성과 경역에 관한 연구」, 『한국융합학회논문지』 9권 10호, 2018.

김은수, 「익산남전교회 만세운동과 순교자들의 정신」, 『선교신학』 62권, 2021.

김은수, 「군산 3.5만세운동과 기독교 영명학교」, 『선교신학』 71권, 2023.

김은주, 「서서평(Elisabeth J. Shepping)의 교육사역 이해와 기독교교육에 대한 함의」, 『신학과사회』 29권, 2015.

김인수, 「레널즈(W. D. Reynolds)가 한국장로교 선교 상황의 발전과 변화에 미친 영향 연구」, 호남신학대학교 박사학위논문, 2009.

김인수, 『레널즈연구』, 한국신학대학협의회, 2012.

김인수 외, 『제주성안교회 100년』, 도서출판 맘에 드림, 2010.
김인주 외, 『삼양교회 100년사(1915~2015)』, 태안인쇄사, 2020.
김인주, 「제주4·3사건, 70년이나 머뭇거린 만남과 화해」, 『基督敎 思想』 714호, 2018.
김재영, 「1920년대 호남지방 형평사의 창립과 조직」, 『역사학연구』 26권, 2006.
김재영, 「1920년대 호남지방 형평사의 활동」, 『역사학연구』 29권, 2007.
김정서, 「기독교」, 『濟州道誌 第6卷』, 제주도, 2006.
김정훈, 「광주·전남권역 기독교문화유산 현황 및 답사를 위한 연구」, 『한국기독교와 역사』 23호, 2005.
김조년, 「서의필 선생의 삶과 생각」, 『미국 남장로교 선교사 열전』, 동연, 2016.
김종철, 「유진벨 선교사의 목포·광주 선교활동연구」, 전주대학교 박사학위논문, 2008.
김준태, 「미국남장로교가 설립한 초기 한국기독교여학교의 교육연구(1903-1919): 정명여학교와 수피아여학교를 중심으로」, 장로회신학대학교 석사학위논문, 2017.
김지운, 「유진벨 선교사의 호남선교 연구」, 총신대학교 석사학위논문, 2017.
김창중, 「이눌서(W. D. Reynolds)의 성경관」, 『개혁논총』 60권, 2022.
김창현, 「이기풍 목사의 선교와 신학:제주선교를 중심으로」, 한남대학교 석사학위논문, 2015.
김천식, 「전주예수병원 설립자 마티 잉골드의 의료선교활동에 대한 연구」, 전주대학교 대학원 석사학위논문, 2008.
김천식, 「마티 잉골드의 宣敎活動에 관한 硏究」, 전주대학교 박사학위논문, 2012.
김철수, 「목포양동교회 100년사」, 샛별, 1997.
김평선, 「서북청년단의 폭력 동기 분석」, 『4·3과 역사』 제10호, 2010.
김종수 외, 『새만금도시 군산의 역사와 삶』, 도서출판 선인, 2012.
김형남, 「제주도 기독교 건축의 특성 연구 : 1950~1970년대 천주교 공소 및 개신교 예배당을 중심으로」, 명지대학교 박사학위논문, 2023.
김형남·신석하, 「제주도 개신교 교회건축의 입면 특성 연구-1950~1970년대를 중심으로-」, 『대한건축학회연합논문집』 제21권 제1호, 2019.
김형석, 「제주교회사의 유적을 찾아」, 『한국기독교와 역사』 제3호, 1994.
김형언, 「남녀유별의 관점에서 본 'ㄱ'자형 교회의 공간구성 특성에 관한 연구: 금산교회와 두동교회의 사례를 중심으로」, 『대한건축학회연합논문집』, 2019.
김호욱, 「광주지역 최초 개신교 교회 설립에 관한 연구」, 『광신논단』 25권, 2015.

김호욱, 「이기풍의 제주도 선교사 파송 과정 연구(제주도 선교사 부임 행적을 중심으로)」, 『光神論壇』 27권, 광신대학교 출판부, 2017.
김호욱, 「광주지역 최초 근대화 교육기관 설립 연구: 도둠교회 설립 역사와 주간학교 운영을 중심으로」, 『역사신학논총』 36권, 2020.
김 헌, 『한국기독교 문화유산 답사기』, 지식공감, 2022.
김혜정, 「선교사 서서평의 한국교회 여전도회 사역에 관한 고찰」, 『선교와신학』 60권, 2023.
김희순, 「호남지방 종교지리 연구 동향과 과제-미 남장로회의 선교기록물을 중심으로」, 『남도문화연구』 30권, 2016.
김흥수, 「기독교연합봉사회: 1950년대의 기독교 연합사업 연구」, 『한국기독교와 역사』 제33호, 한국기독교역사학회, 2010.
남아현, 「목포개항 후 양동교회의 설립과 운영」, 『전남문화』 통권33호, 2020.
넬리 랭킨, 송상훈 역, 『기전여학교 교장 랭킨 선교사 편지』, 보고사, 2022.
노성태, 「광주 3·1운동의 재구성: 판결문을 중심으로」, 『향토문화』 38권, 2019.
내한선교사사전편찬위원회 편, 『내한선교사사전』, 한국기독교역사연구소, 2022
대한예수교장로회, 한국교회100주년준비위원회 편, 『한국교회100주년 기념사업 종합보고서』, 대한예수교장로회총회, 보이스사, 1985.
대한예수교장로회 미국남장로교 한국선교100주년기념대회 준비위원회, 『미국남장로교 한국선교100주년기념대회 보고서』, 한국장로교출판사, 1993.
대한예수교장로회제주노회, 『제주기독교100년사』, 대한예수교장로회제주노회, 2016.
대한예수교장로회제주노회, 『濟州老會史』, 대한예수교장로회제주노회, 2000.
류대영, 「한말 미국의 대한 정책과 선교사업」, 『한국기독교와 역사』 9권, 1998.
류대영, 『초기 미국 선교사 연구, 1884~1910: 선교사들의 중산층적 성격을 중심으로』, 한국기독교역사연구소, 2001.
류대영, 『개화기 조선과 미국 선교사: 제국주의 침략, 개화자강, 그리고 미국 선교사』, 한국기독교역사연구소, 2004.
류대영, 「윌리엄 레이놀즈의 남장로교 배경과 성경번역 사업」, 『한국기독교와 역사』 33권, 2010.
류대영, 「미국 남장로교 선교사 테이트(Lewis Boyd Tate) 가족의 한국 선교」, 『한국기독교와 역사』 37권, 2012.

류대영, 「해방 이전 한국개신교 여성에 관한 연구-현황과 과제」, 『한국기독교와 역사』 47호, 2017.

류대영, 『한국기독교역사의 재검토』, 한국기독교역사연구소, 2019.

마르다 헌트리, 차종순 역, 『새로운 시작을 위하여:한국 초기 교회 역사』, 쿰란출판사, 2009.

목포노회편, 『남장로교선교회 목포선교부 보고서 2집: 1895~1911』, 1994.

목포노회편, 『목포노회록 1-2집』, 1995.

미국장로교 한국선교회(임춘식) 편. 『미국장로교 내한선교사 총람 (1884-2020)』. 미국장로교 한국선교회, 2020.

민경운, 「제주와 산동을 중심으로 살펴본 한국 교회의 초기 선교사 파송」, 장로회신학대학교 박사학위논문, 2015.

민경운, 『제주와 산동 선교 이야기』, 도서출판 케노시스, 2020.

박나은, 「전북지역 기독교학교의 근대교육」, 전주대학교 석사학위논문, 2016.

박성배, 「한국교회 초기 선교사들의 성교정책 연구」, 연세대학교 석사학위논문, 1998.

박용규, 「제주 선교 100년 그 역사와 의미」, 『신학지남』 제75권 제2호, 신학지남사, 2008.

박용규, 『제주기독교회사』, 생명의말씀사, 2008.

박용화, 「청소년 영성발달을 위한 기독교학교 종교교육의 실태조사 연구」, 성공회대학교 박사학위논문, 2009.

박원식, 「광주·전남 선교의 아버지 유진벨 선교사: 유진벨 선교사의 신학적 배경과 선교활동을 중심으로」, 광신대학교 석사학위논문, 2012.

박윤애, 「린튼(Linton) 가(家)의 사역을 통해 본 북한 선교 고찰」, 아세아연합신학대학교 석사학위논문, 2007.

박은배, 『기독교유적 답사기(2)』, 국민일보, 2002.

박은배, 『하나님의 거처: 한국기독교 국내유적 답사기(2)』, 새로운사람들, 2009.

박장래, 「이기풍 선교사의 제주선교 초기 활동에 관한 연구」, 호남신학대학교 석사학위논문, 1997.

박정환, 「제주도 개신교 자생적 신앙공동체의 생성과 성장에 관한 연구 : 1904~1930」, 장로회신학대학교 박사학위논문, 2013.

박정환, 「초기 제주도 개신교 형성사 : 이기풍 선교사 이전 현지인 신앙공동체를 중심으로」, 『한국기독교와 역사』 제39호, 2013.

박종삼, 『남전교회 100년사』, 남전교회100년사 편찬위원회, 2003.
박진석, 「김제 금산교회 아름다운 한옥 예배당」, 『더 프리칭』 5권, 2023.
박찬승, 「1920년대 정읍군의 민족운동과 사회운동」, 『한국근현대사연구』 90권, 2019.
박찬식, 「크리스트교(천주교·개신교)와 제주여성」, 『제주여성사(I)』, 제주발전연구원, 2009.
박창부, 『서귀포교회 80년사』, 쿰란출판사, 2010.
박철희, 「제주복음화의 과거, 현재, 미래 : 역사, 문화, 사회적 특수성을 고려한 토착화선교전략의 모색」, 나사렛대학교 박사학위논문, 2023.
방연상·송정연, 「기독교가 군산지역에 미친 사회적 영향: 남장로교 선교사 편지를 중심으로」, 『인문과학』 제111집, 2017.
배은희, 『조선성자 방애인 소전』, 전주유치원, 1934.
배은희, 『나는 왜 싸웠나』, 서울, 1955.
백춘성, 『간호사 서서평 일대기』, 한국간호협회, 1980.
백춘성, 『천국에서 만납시다: 한국여성개화에 바친 간호원 선교사 徐舒平 一代記』, 대한간호협회 출판부, 1996.
백춘성, 『(조선의 작은 예수) 서서평: 천천하게 평온하게』, 두란노서원, 2017.
변창욱, 「한국장로교회 선교사 파송 100년」, 『선교와 신학』 제19집, 장로회신학대교 세계선교연구원, 2007.
불, 윌리엄, 「충남지방 장로교의 전래와 수용」, 『한국기독교와 역사』 제17호, 한국기독교역사연구소, 2002.
불, 윌리엄, 『대전·충남지역 교회사 연구』, 한국기독교역사연구소, 2004.
불, 윌리엄 선교사 부부, 송상훈 역, 『윌리엄 불 선교사 부부 편지I: 1906-1938』, 보고사, 2023.
불, 윌리엄 선교사 부부. 송상훈 역, 『윌리엄 불 선교사 부부 편지II: 1939-1941』, 보고사, 2023.
브라운 톰슨, 노영상 역, 「미국남장로교회의 전남권 초기 선교」, 『신학이해』 10집, 1992.
브라운, 조지 톰슨, 천사무엘 외 옮김, 『미국 남장로교 한국 선교 역사(1892-1962)』. 동연, 2010.
서만철 엮음, 『전라남도 기독교선교역사와 유산』, 전라남도 한국선교유적연구회, 2018.

서서평연구회, 『간호선교사 서서평(쉐핑, Elisabeth J. Shepping, R.N.)의 한국사회에 미친 영향』 서서평연구논문10집, 학예사, 2023.

서성환, 『제주선교100년, 어제와 오늘과 내일』, 예영커뮤니케이션, 2008.

서의필, 「서문: 19세기 후반과 20세기 전반의 한국역사와 인돈의 선교사역」, 『인돈평전: 윌리엄 린턴의 삶과 선교사역』, 지식산업사, 2003.

서정민, 「기독교 선교가 제주 지역 사회에 미친 영향」, 『신학논단』 Vol.28, 2000.

성주현, 「1910년대 식민지 조선의 일본조합교회 동향」, 『한국독립운동사연구』 24권, 2005.

성주현, 「전주지역 3·1운동의 전개과정과 그후 동향」, 『숭실사학』 40권, 2018.

소요한, 「한국교회사에 나타난 초기 이단사상 연구」," 『한국기독교신학논총』 94권, 2014.

소향숙, 「의료간호선교사 서서평의 한국 간호교육에 미친 영향」, 『서서평 선교사의 섬김과 삶』, 케노시스, 2014.

송영애, 「선교사 기록에 나타난 전주의 풍속: 마티 잉골드의 자료를 중심으로」, 『전북학연구』 4권, 2021.

송인동, 「서서평(E.J.Shepping) 선교사의 언어와 사역」, 『신학이해』 40권, 2011.

송인동, 「광주 초기 의료선교사의 소통: J. W. Nolan의 사례」, 『신학이해』 44권, 2012.

송현강, 「지역교회사 서술방법」, 『한국기독교와 역사』 21호, 2004.

송현강, 「대전지역의 기독교 전래와 영향」, 『대전문화』 37권, 대전광역시, 2006.

송현강, 「대전지역 개신교의 형성과 그 성격(1945-1960)」, 『호서사학』 49권, 2008.

송현강, 「미국남장로교 한국선교부의 목포스테이션 설치와 운영, 1898-1940」, 『종교연구』 53집, 2008.

송현강, 「미남장로회의 한국 선교와 한남대학의 설립」, 『고고와 민속』 11권, 2008.

송현강, 「충청·전라지역 기독교문화유산의 현황과 과제」, 『한국기독교와 역사』 29호, 2008.

송현강, 「레이놀즈의 목회 사역」, 『한국기독교와 역사』 33호, 2010.

송현강, 「대전스테이션 연구」, 『고고와 민속』 14권, 한남대학교중앙박물관, 2011.

송현강, 「미국 남장로교의 전북지역 의료선교(1896-1940)」, 『한국기독교와 역사』 35호, 2011.

송현강, 「대전의 선교사들」, 『고고와 민속』 15, 한남대학교중앙박물관, 2012.

송현강, 「윌리엄 클라크의 호남 선교와 문서 사역,"『한국기독교와 역사』 39호, 2013.
송현강, 「남장로교 선교사 클레멘트 오웬의 전남선교」, 『남도문화연구』 29권, 2015.
송현강, 『미국남장로교의 한국선교』, 한국기독교역사연구소, 2018.
송현강, 「서서평과 남장로교 한국선교부 그리고 스테이션」, 『(동백으로 살다) 서서평 선교사: 서서평 선교사 연구서(5)』, 서서평연구회, 2018.
송현강, 「19세기 내한 남장로교 여성 선교사 연구」, 『남도문화연구』 42권, 2021.
송현강, 「남장로교 선교사 폴 크레인(Paul Shields Crane)의 선교 활동」, 『기독교문화연구』 24호, 2021.
송현강, 『윌리엄 레이놀즈의 한국 선교: 다섯 달 하고도 보름 되었소』, 서한국교회총연합, 2022.
송현강, 『남부 신사 윌리엄 전킨의 한국 선교』, 한국교회총연합, 2023.
송현강, 「월남 이상재와 경재 김인전」, 『기독교문화연구』 26호, 2023.
송현강 외, 『믿음의 흔적을 찾아-한국의 기독교 유적』, 한국기독교역사연구소, 2011.
송현숙, 「호남지방 기독교 선교기지 형성과 확산에 관한 연구」, 『한국기독교와역사』 19권, 2003.
송현숙, 「韓國 改新敎의 展開過程(1893-1940년)에 관한 地理的 考察: 湖南地方을 事例로」, 『문화 역사 지리』, 16권 제1호, 2004.
송현숙, 「해방 이전 호남지방의 장로교 확산과정」, 『한국기독교와 역사』, 23호, 2005.
송현숙, 「호남지방 미국남장로교의 확산, 1892-1942」, 고려대학교 박사학위논문, 2011.
송현숙, 「섬진강 유역과 남동해안지역의 남장로교 확산경로」, 『대한지리학회 학술대회논문집』, 2012.
송현숙, 「미국남장로회의 한국선교회 소속 선교사 묘지의 지리정보 구축」, 『문화역사지리』 34권 1호, 2022.
송현숙 외, 「호남지방 종교지리 연구동향과 과제: 미남장로회 선교기록물을 중심으로」, 『남도문화연구』 제30권, 2016.
수피아90년사편찬위원회, 『수피아90년사: 1908~1998』, 광주수피아여자중·고등학교, 1998.
수피아100년사간행위원회, 『수피아100년사: 1908~2008』, 광주수피아여자중·고등학교, 2008.
신재의 외, 『한국기독교와 초기 의료선교』, 한국기독교역사문화연구소, 2007.

신종철, 「'ACTS 신학공관(共觀)'에서 본 전북지역 3·1운동 연구: 전북지역 남장로교 선교 스테이션을 중심으로」, 『ACTS 신학저널』 40권, 2019.

신철웅, 「선교지향적 목회를 통한 건강한 교회성장 방안연구: 과천은파교회, 전주서문교회, 은혜제일교회를 중심으로」, 총신대학교 석사학위논문, 2010.

신혜수, 『제주법환교회 100년사(1917~2017)』, 도서출판 맘에 드림, 2017.

신흥고등학교 역사편찬실 집필진(양건섭 외), 『신흥학교 120년사 연구』, 전주신흥고등학교 역사편찬실, 2024.

심재국, 「제주 선교의 고찰과 선교의 주체로서의 제주 교회의 역할」, 장로회신학대학교 석사학위논문, 2016.

심정하 외, 「간호선교사 변마지의 생애와 선교사역의 특징」, 『선교신학』 70호, 2023.

안국진, 「제주도 종교지형에 대한 분석-2007 종교학과 학술답사 지역을 중심으로」, 『종교학 연구』 제26집, 서울대학교 종교학연구회, 2007.

안수강, 「김필수(金弼秀) 목사의 성찬관 분석: 그의 "球上無比의 紀念"(1922)을 중심으로」, 『갱신과 부흥』 24호, 2019.

안수강, 「일제 문화정치 초기 기독교 지도자들의 그리스도인들을 향한 호소문 분석: 『宗敎界諸名士講演集』(1922)을 중심으로」, 『신학과 실천』 78호, 2022.

안수강, 「일제 문화정치 초엽 『宗敎界諸名士講演集』(1922)에 나타난 그리스도인의 성화관(聖化觀) 분석」, 『기독교사회윤리』 52호, 2022.

안수강, 「『宗敎界諸名士講演集』(1922)에 나타난 '하나님의 형상'에 관한 논지 분석」, 『생명과 말씀』 35권 1호, 2023.

안신, 「제주4·3 사건과 종교 그리고 평화」, 『평화와 종교』 제14호, 2022.

안영로, 『메마른 땅에 단비가 되어』, 쿰란출판사, 1994.

안영로, 『전라도가 고향이지요: 미국남장로교선교사들의 눈물과 땀의 발자취』, 쿰란출판사, 1998.

안영로, 『유화례: 한국선교와 전라도선교의 어머니』, 쿰란출판사, 2013.

안종철, 『미국선교사와 한미관계, 1931-1948, 교육철수, 전시협력 그리고 미군정』, 한국기독교역사연구소, 2010.

애너밸 니스벳 저, 한인수 역, 『호남선교 초기역사』, 경건, 1998.

양국주, 『엘리제 쉐핑 이야기: 바보야, 성공이 아니라 섬김이야!』, 서빙더피플, 2012.

양국주, 『남자좀 삶아주시오: 유화례의 사랑과 인생』, 서빙더피플, 2015.

양국주, 『그대 행복한가요: 행복을 잃고 살아가는 바보들에게 주는 서서평의 편집』, 서빙더피플, 2016.
양국주, 『알렉산더 존 애치슨 알렉산더』, 서빙더피플, 2023.
양봉철, 「제주4·3과 서북기독교」, 『4.3과 역사』 10호, 2010.
양창삼, 『조선을 섬긴 행복』, 서빙더피플, 2012.
양현혜, 「일본 기독교의 조선 전도」, 『한국기독교와 역사』 제5호, 1996.
연규홍, 『제주성내교회100년사』, 유토피아, 2008.
예수병원 편역, 『(예수병원 설립자) 마티 잉골드 일기』, 전주: 예수병원, 2018.
오방기념사업회 엮음, 『오방 최흥종 연구: 생애·신앙·참여』, 태학사, 2022.
오승재 외, 『인돈평전』, 한남대출판부, 2003.
옥성득, 「한국장로교의 초기 선교정책(1884~1903)」, 『한국기독교와 역사』, 1998.
옥성득, 「로스와 한국개신교: 1882년 출간된 로스본 한글 복음서를 중심으로」, 『한국기독교와 역사』, 57호, 2022.
우승완, 「전남지역 선교기지 구축과 건축활동: 윌슨과 스와인하트를 중심으로」, 『전남 동부지역 기독교 인물과 선교활동』, 도서출판 선인, 2021.
우승완·남호현, 「미국남장로회 토지매입과 선교부 건설」, 『전남 동부 기독교 문화유산과 지역사회』, 도서출판 선인, 2024.
우승완·천득염, 「미국남장로교 목포, 순천지역 선교기지(Mission Station) 조성에 관한 고찰」, 『호남문화연구』 63집, 2018.
원도연, 「19세기 미션스테이션의 근대성과 기념의 문제: 전주스테이션의 사례를 중심으로」, 『지방사와 지방문화』 15권 2호, 2012.
윌리엄 전킨, 메리 전킨, 『윌리엄 전킨과 메리 전킨 부부 선교사 편지』, 보고사, 2023.
유승남, 「제주선교의 고찰과 21세기 선교전략」, 호남신학대학교 석사학위논문, 1998.
유영렬·윤정란, 『19세기말 서양선교사와 한국사회-The Korean Repository를 중심으로』, 경인문화사, 2004.
유요한, 「제주 토착종교와 외래종교의 충돌과 질서 형성과정에 대한 연구」, 『종교와 문화』 제22호, 2012.
윤매옥, 「일제강점기 서서평 간호선교사의 삶과 간호」, 『The Journal of the Convergence on Culture Technology』 vol.2, 2016.
윤매옥, 「한국인을 위한 간호선교사 엘리자베스 쉐핑(Elisabeth J. Shepping, R. N.)

의 교육과 전인적 간호」, 『지역사회간호학회지』 vol.27, 2016.
윤매옥, 「한국간호의 선구자 엘리자베스 쉐핑(Elizabeth J. Shepping, R. N.)의 간호선교」, 『The Journal of the Convergence on Culture Technology』 vol.3, 2017.
윤명희 외, 「사회변동에 따른 제주지역 개신교회의 변화와 딜레마 ―「바다교회」(가명) 사례를 중심으로」, 『탐라문화』 제56호, 2017.
윤상원, 「전라북도 3.1운동의 전개와 '3.1운동 세대'의 탄생」, 『전북사학』 제57호, 2019.
윤은석, 「기독교연합봉사회의 수족절단자 재활사업 연구: 사회봉사와 신앙의 관점에서」, 『신학저널』 제47호, 2021.
윤정란, 『한국기독교여성운동의 역사』, 국학자료원, 2003.
윤정란, 『한국전쟁과 기독교』, 도서출판 한울, 2015.
윤홍, 「제주 기독교 순례길 조성과 문화상품 개발에 관한 연구」, 『글로벌문화콘텐츠』 제13호, 글로벌 문화콘텐츠학회, 2013.
이가연, 「호남지역 기독교 여학교의 3·1운동: 수피아여학교, 기전여학교, 정명여학교를 중심으로」, 『석당논총』 제74호, 2019.
이가영, 「우도의 종교」, 『우도잡기』, 제주대학교 평화연구소, 2019.
이규식, 「전라북도의 서양의학 도입과정」, 『역사학』 제17권 제1호, 2008.
이기서, 『교육의 길 신앙의 길: 김필례 그 사랑과 실천』, 북산책, 2012.
이남섭, 「서서평과 김용복-한일장신대학교의 설립 정신과 한국교회사에서의 사회신학사적 의미」, 『서서평선교사의 사회선교와 영성』, 서서평 연구논문 6집, 2019.
이남식, 「전킨(W. M. Junkin)의 全北地方 宣敎」, 전주대학교 석사학위논문, 2003.
이남식, 「남장로교 선교사 윌리엄 M. 전킨의 한국 선교 활동 연구」, 전주대학교 박사학위논문, 2012.
이덕주, 『한국토착교회형성사 연구: 한국적 기독교의 뿌리를 찾아서』, 한국기독교역사연구소, 2000.
이덕주, 『광주선교와 남도영성 이야기』, 도서출판 진흥, 2008.
이덕주, 『예수 사랑을 실천한 목포·순천 이야기』, 도서출판 진흥, 2008.
이만열, 「기독교선교 초기의 의료사업」, 『동방학지』 48, 1985.
이만열, 「한말 구미제국의 대한 선교정책에 관한 연구」, 『동방학지』 69, 1994.
이만열, 『한국기독교의료사』, 아카넷, 2003.

이민휘, 「전주지역 종교문화유산 활용방안 연구: 천주교와 개신교를 중심으로」, 전남대학교 석사학위논문, 2020.

이병규, 「전주 신흥학교의 광주학생운동 참여와 신사참배 거부」, 『전북사학』 제62호, 2021.

이봉석, 「다시 보는 강정 해군기지 건설과 기독교 평화주의」, 『기독교사회윤리』 제25호, 2013.

이사례, 『순교보』, 서울, 대한예수교장로회총회 총회순교자기념선교회, 1991.

이사례, 『이기풍 목사의 삶과 신앙』, 기독교문사, 1999.

이상웅, 「이눌서 선교사(William D. Reynolds, 1867-1951)의 생애와 신론 연구」, 『개혁논총』 제64권, 2023.

이상웅, 『(한국 장로교회 최초의 조직신학 교수) 윌리엄 레이놀즈의 생애와 조직신학』, 세움북스, 2023.

이상웅, 「평양 장로회신학교의 설립과 조직신학 교육 과정」, 『신학지남』 제91권 1집, 2024.

이상은, 「종교개혁 정신 그리고 미래를 향한 교회의 과제」, 대한예수교장로회 종교개혁500주년기념사업위원회 편, 『한국교회, 개혁 없이 미래 없다』, 한국장로교출판사, 2018.

이성전, 『미국선교사와 한국근대교육, 미션스쿨의 설립과 일제하의 갈등』, 한국기독교역사연구소, 2007.

이송죽 외, 『김필례: 그를 읽고 기억하다』, 열화당, 2019.

이순례, 『한일신학대학 70년사』, 전주한일신학대학, 1994.

이아브라함병옥, 「선교문화방법론으로 본 이기풍의 선교 평가」, 서울기독대학교 박사학위논문, 2009.

이영식, 「광복 이후 광주 선교스테이션의 의료활동과 대 사회적 역할」, 『한국교회사학회지』 제54호, 2019.

이영식, 「유진 벨과 남장로 선교사들의 초기 광주지역 방문전도와 잉계교회」, 『ACTS신학저널』 통권50호, 아세아연합신학대학교 신학연구소, 2021.

이은선, 「대한독립촉성국민회와 기독교」, 『한국교회사학회지』 제46호, 2017.

이은선, 「독립촉성중앙협의회 지방 조직과 선전총본부의 활동」, 『한국개혁신학』 제57권, 2018.

이은선, 「배은희 목사의 해방 이후 정치활동 연구」, 『한국교회사학회지』 통권50호, 2018.

이은선, 「해방 후 전주 스테이션과 장로교회들이 전주 발전에 미친 영향」, 『한국교회사학회지』 통권52호, 2019.

이재근, 「고립에서 협력으로: 미국남장로교의 해외선교 정책변화, 1837~1940」, 『교회사학』 13, 2014.

이재근, 「남장로교의 전주 신흥학교·기전여학교 설립과 발전(1901-1937)」, 『한국기독교와 역사』 제42호, 2015.

이재근, 「추강(秋岡) 김필수(金弼秀)의 생애와 유산: 목회자, 기독 사회운동가, 문필가」, 『한국기독교와 역사』 제51호, 2019.

이재근, 「목포지역 3.1운동과 개신교: 목포양동교회, 정명학교, 영흥학교의 만세시위 참여를 중심으로」, 『한국기독교와 역사』 제50호, 2019.

이재근, 「호남 기독교의 "7인의 개척자들"(1): 미국 남장로회 윌리엄 레널즈 가문의 한국 선교」, 『광신논단』 30권, 2020.

이재근, 「교회로 간 한국전쟁, 전북 김제지역 개신교」, 『한국기독교와 역사』 54호, 2021.

이재근, 「호남 기독교의 "7인의 개척자들"(2): 미국 남장로회 윌리엄 전킨 부부의 한국 선교」, 『광신논단』 31권, 2021.

이재근, 「호남 기독교의 "7인의 개척자들"(3): 루이스 테이트 가족의 호남 선교」, 『광신논단』 32권 2022.

이재근, 『전라도 기독교의 아버지 유진 벨(Eugene Bell): 벨-린튼 선교사 가문의 유산』, 한국교회총연합, 2022.

이재근, 「호남기독교의 "7인의 개척자들"(4): 리니 데이비스, 윌리엄 해리슨, 마거릿 애드먼즈의 호남선교」, 『광신논단』, 2023.

이재근, 「호남 첫 목사 최중진 다면적 생애와 활동」, 『한국기독교와 역사』, 60호, 2024.

이재운, 「내한 [장로교] 선교사의 사역과 신학」, 『한국교회 생명선교신학과 통전선교 전략』, 도서출판 케노시스, 2013.

이재운·정석동, 「군산선교부에 대한 연구」, 『역사와 실학』 55집, 2014.

이재은, 「제주도의 조상제사와 기독교」, 한남대학교 석사학위논문, 2011.

이재호, 「제주 초기 개신교 역사 연구」, 제주대학교 석사학위논문, 2022.

이정선, 「엄언라의 호남 선교 활동과 한국·여성 인식(1907~1930)」, 『역사학연구』 vol.92, 2003.

이정욱, 「서양인 선교사가 기록한 전주: 1936년 기록영상을 중심으로」, 『공존의 인간학』 제10집, 2023.

이진구, 「미국남장로교 광주스테이션의 교육선교: 숭일·수피아학교를 중심으로」, 『고고와민속』 제12집, 2009.

이진구, 「미국 남장로회 선교사 루터 맥커첸(Luther Oliver McCutchen)의 한국 선교」, 『한국기독교와 역사』 37호, 2012.

이진구, 「미국 남장로회 전주 선교지부와 3·1운동」, 『한국기독교와 역사』 50호, 2019.

이진구, 『한국 근현대사와 종교자유』, 도서출판 모시는 사람들, 2019.

이현경, 「전주 기독교 근대 역사 기념관 문화 체험 교육 프로그램 활용 방안」, 공주대학교 석사학위논문, 2024.

이현우, 『방애인의 삶과 영성』. 한국기독교역사연구소, 2023.

이현진, 「전주 3.1운동 기록을 통해 본 사료교차검증의 필요성: 기전여학교 참여자를 중심으로」, 『디지털문화아카이브지』 vol.4 no.1, 2021.

이현희, 『경재 김인전 목사의 나라사랑』, 동방도서, 2004.

이형우, 『모슬포교회 100년사(1909~2009)』, 고려인쇄공사, 2009.

이혜숙, 「여성주의 관점에서 본 서서평의 전기적 생애사 연구」, 『신학과사회』 제30권, 2016.

이효원, 「내한 남장로교 선교사 기록물 활용방안: 도큐멘테이션 전략의 적용」, 한국기록관리학교육원, 2013.

인돈학술원 편, 『미국남장로회 내한선교사 편람: 1892~1987』, 한남대학교 출판부, 2008.

임종헌, 「원희룡 제주특별자치도지사의 대한민국 공동체를 위한 정치와 교회의 역할에 대한 논평」, 『개혁주의 이론과 실천』 제19권 제1호, 개혁주의이론실천학회, 2021.

임학균, 「한국소형교회의 재정구조 분석」, 제주대학교 대학원 사회학과 석사학위논문, 2000.

임학균, 「제주지역의 종교현황과 효율적인 선교 전략 방법론:그리스도의 교회를 중심으로」, 그리스도대학교 박사학위논문, 2011.

임희국, 「에큐메니즘에 입각한 영남지역 교회사연구」, 『신학과 목회』 제32호, 1998.

임희국 편, 『한국에 비쳐진 복음의 빛: 루터, 그리고 서서평』, 기독교문사, 2017.
임희모, 『동시대 생명선교론』. 한일장신대 출판부, 2006.
임희모, 『이야기와 신학이 있는 생명선교: 현장·예배·일치』, 한일장신대 출판부, 2006.
임희모, 『생명봉사적 통전선교』, 케노시스, 2011.
임희모, 「전문인 선교사 서서평의 통전적 선교 전략과 영성」, 『신학논단』 제74집, 2013.
임희모, 『한국교회 생명선교신학과 통전선교전략』, 케노시스, 2013.
임희모, 「서서평 선교사의 성육신적 선교」, 『선교와신학』 36, 2015.
임희모, 「선교적 그리스도인으로서 서서평 선교사의 선교 사역」, 『선교신학』 38, 2015.
임희모, 『서서평, 예수를 살다』, 케노시스, 2015.
임희모, 『예수 그리스도의 제자도 선교』. 케노시스, 2017.
임희모, 「마요셉빈(Mrs. Josephine Hounshell McCutchen) 선교사의 사역」, 『장신논단』 vol.50 no.3, 2019.
임희모, 「토착화 선교사 서서평 (Elisabeth J. Shepping)의 사역」, 『선교와 신학』 48집, 2019.
임희모, 「미국 남장로교 선교사 야곱 페터슨(Jacob Bruce Patterson)의 군산예수병원 의료사역 연구(1910-1925)」, 『장신논단』 vol.52 no3, 2020.
임희모, 『서서평 선교사의 통전적 영혼구원 선교』, 동연, 2020.
임희모, 「미국 남장로교 의료선교사 오긍선 연구: 1907-1937년의 활동을 중심으로」, 『한국기독교 신학논총』 118집, 2020.
임희모, 「미국 남장로교 한국선교회의 산업 활동 선교 연구(1907-1937)」, 『한국교회 역사복원 논총』 Vol.2, 2021.
임희모. 「미국 남장로교 한국선교회의 순천선교부 개설 배경 연구: 1892-1912년 중심」, 『장신논단』 vol.53 no.1, 2021.
임희모, 「미국 남장로교 한국선교회의 의료선교사 제임스 로저스(James McLean Rogers. M.D.)의 자선적 의료선교 활동 연구」, 『장신논단』 vol.54 no.1, 2022.
임희모, 『미국 남장로교 한국선교회의 여성·의료 선교사(1892-1940)』, 동연, 2022.
임희모, 「미국남장로교 한국선교회의 간호선교사 활동 연구: 1905~1940」, 『선교와신학』 61, 장로회신학대학교 세계선교연구원, 2023.
임희모, 「미국남장로교 한국선교회의 성경학원 정책(1946-1961)」, 『선교신학』 72집, 2023.

임희모 외, 『서서평 선교사의 통전적 선교의 다양성』, 서서평연구회, 2015.
임희모 외, 『다양한 얼굴을 지닌 서서평 선교사』, 서서평연구회, 2016.
임희모 외, 『행함 있는 믿음으로 본 서서평 선교사 여성주의 관점에서 본 서서평 선교사』, 서서평연구회, 2017.
장경호, 「신간회 전주지회의 조직과 활동」, 『전북학연구』 제8집, 2023.
장성진, 「1000:1의 선교사 서서평과 그녀의 전도부인들(1920~1934)」, 『선교신학』 제70호, 2023.
장신익, 「초기 한국교회의 선교정책에 대한 고찰」, 서울신학대학교 석사학위 논문, 1992.
장신택, 「미국남장로교 한국선교회의 목포지역선교에 관한 한 연구: 선교자와 목회자를 중심으로」, 호남신학대학교 목회학박사원, 1998.
전라북로회 기념식 준비위원회, 「데비스 녀사의 기념문」, 『전라도선교 25주년 기념』, 1917.
전병윤, 「마로덕 선교사의 무주지역 활동에 대한 연구」, 한남대학교 석사학위논문, 2005.
전병호, 『호남최초의 교회설립자 이야기 전킨 선교사』, 군산시기독교연합회 전킨기념사업회, 2018.
전북노회 회의록 편집위원회(위원장: 임태경), 『전북노회 회의록』 제1권(제1회-36회). 대한예수교장로회 전북노회, 2000.
전주서문교회 100년사 편찬위원회, 『전주서문교회 100년사, 1893-1993』, 전주서문교회, 1999.
전주서문교회백주년기념사진첩편집위원회, 『(사진으로 본)전주서문교회 100년』, 전주서문교회, 1994.
정경태, 「전라남도 광주의 개신교 전래: Eugene Bell 선교사의 활동을 중심으로」, 전주대학교 석사학위논문, 1998.
정명여자중고등학교 100년사 편찬위원회, 『정명100년사(1903~2003)』, 목포이흥인쇄, 2003.
Crane, Sophie Montgomery. A Legacy Remembered, 정병준 옮김, 『기억해야 할 유산: 미국남장로회 한국 의료선교 역사』, CTS, 2011.
정병준, 『기억해야 할 유산: 미국남장로회 한국의료선교 역사』, 대한기독교서회, 2014.
정석동, 「20세기 초 전북노회의 설립과 교세확장」, 『전북사학』 제51호, 2017.

정은렬, 「통전적 선교신학에서 바라본 제주 선교」, 장로회신학대학교 석사학위논문, 1998.
제주기독교100년사편찬위원회, 『제주기독교 100년사(1908~2008)』, 제주노회, 2009.
제주영락교회, 『서른 다섯돌 濟州永樂敎會』, 1987.
조남수, 『四·三眞相』, 관광제주사, 1989.
조선예수교장로회 전라남북도노회편, 「전라도선교 40년주년 약력」, 1932 (『호남교회춘추』, 2000).
조성운, 「1920년대 정읍지역의 민족운동」, 『숭실사학』 제40호, 2018.
조성윤, 「제주시의 종교」, 『제주시 오십년사』 하권, 제주시, 2005.
조성윤, 「종교」, 『한경면 역사문화지』, 제주도 한국문화원연합회, 2007.
조성윤, 「기독교」, 『제주여성사(Ⅱ)』, 제주발전연구원, 2011.
조성윤, 「추자도 주민의 종교생활」, 조성윤 외, 『추자도 바당』, 블루앤노트, 2011.
조성윤 외, 「조천읍의 종교」, 『조천읍 역사문화지』, 제주도 한국문화원연합회, 2011.
조용호, 「미 남장로교 선교사 윌리엄 D. 레이놀즈의 생애와 신학연구」, 연세대학교 박사학위논문, 2007.
조용호, 「미남장로교 선교사 윌리엄 레이놀즈의 한국선교 배경연구」, 『전주비전대학 산업기술연구소논문집』 46집, 2008.
조용훈, 「마로덕 선교사의 생애와 사역」, 『미국남장로교 선교사 열전』, 2016.
조 웅, 「한말 목포지역 미국 선교사들의 활동」, 『배종무총장퇴임기념사학논총』, 금성은쇄출판사, 1994.
조재승, 「전주신흥학교의 항일민족운동에 관한 연구」, 전주대학교 석사학위논문, 2003.
조현범, 『문명과 야만-타자의 시선으로 본 19세기 조선』, 책세상, 2002.
조혜경, 「서서평 선교사의 간호사역의 특성」, 『선교신학』 제51호, 2018.
주명준, 「미국남장로교선교부의 전라도 선교: 초창기 선교사들의 활동을 중심으로」, 『전주대학교 논문집』 제21집, 1993.
주명준, 『전북의 기독교 전래』, 전주대학교 출판부, 1998.
주명준, 「천주교와 개신교의 전라도 선교비교」, 『전주사학』 6집, 1998.
주명준, 「유진벨 선교사의 목포선교」, 『전북사학』 제21호, 1999.
주명준, 「프레스톤의 목포선교활동(1)」, 『호남교회춘추』, 2002.
주서현교회90년사편찬위원회, 『광주서문교회 90년사: 1908~1998』, 광주서현교회, 1998.

주승민, 「미국남장로교회의 한국선교에 관한 소고」, 『신학과 선교』 55집, 2019.
주재용, 『한국그리스도신학사』, 대한기독교서회, 1998.
주한 남장로교 선교부, 「미국남장로교 한국선교회의 선교방침」, 『호남교회춘추』, 2022.
진지훈, 「미국남장로교선교회와 전주서문교회」, 『성경과 고고학』 91, 2017.
차성환, 「근대적인 전문 사회사업의 선구자 서서평」, 『담론201』 17, 2014.
차재명 편, 『조선예수교장로회사기(상)』, 한국기독교사연구소, 2018.
차종순, 「레이놀즈 목사의 전라도 여행」, 『신학이해』 4집, 1986.
차종순, 「배유지 목사」, 『신학이해』 11집, 1993.
차종순, 「오기원: 광주의 첫 순교자」, 『신학이해』 12집, 1994.
차종순, 『양림교회 90년사: 1904~1994』, 광주양림교회, 1994.
차종순, 「개신교 선교와 한국여성의 사회적 지위 향상」, 『신학이해』 14집, 1996.
차종순, 「이기풍 목사의 생애와 사역」, 『神學理解』 제15집, 호남신학대학교 출판국, 1997.
차종순, 「미국남장로교회의 호남지방 선교활동」, 『기독교사상연구』 5, 1998.
차종순, 「호남교회사에 있어서 복음적 사회운동에 대한 한 연구」, 계명대학교 박사학위논문, 1998.
차종순, 『호남교회사연구』, 호남교회사연구소, 1998.
차종순, 「광주남학교(숭일학교)의 초기역사에 관한 연구」, 『신학이해』 18집, 1999.
차종순, 「광주지역 최초의 교회에 관한 연구」, 『신학이해』 20집, 2000.
차종순, 『양림동에 묻힌 22명의 미국인: 한국에서 순교한 선교사들의 이야기』, 호남신학대학교 45주년 사료편찬위원회, 2000.
차종순, 「광주의 초기 의료선교사역에 관한 연구」, 『신학이해』 21집, 2001.
차종순, 『송정제일교회 100년사』, 광주송정제일교회, 2001.
차종순, 『양림교회 100년사(1)·(2)·(3)』, 양림교회역사편찬위원회, 2003.
차종순, 「린턴-4대에 걸친 한국사랑」, 『한국사 시민강좌』 제34집, 2004.
차종순, 「미국남장로교 한국선교사 연구 1」, 『신학이해』 35집, 2008.
차종순, 「호남기독교 영성의 원류를 찾아서(Ⅲ): 세핑(Elizabeth J. Shepping)의 삶과 헌신」, 『신학이해』 37집, 2009.
차종순, 「순천지방 최초목사 임직자: 정태인 목사의 삶과 목회」, 『전남 동부지역 기독교 인물과 선교활동』, 도서출판 선인, 2021.

천사무엘, 「레이놀즈의 신학: 칼뱅주의와 성서관을 중심으로」, 『한국기독교와 역사』 제33호, 2010.

천사무엘 외 옮김, 『미국남장로교 한국선교역사(1892~1962)』, 동연, 2010.

최금희, 「전라도 지방 최초의 여성 의료선교사 마티 잉골드 연구-기여와 한계: 문화적 배경과 장로회 선교부의 해외선교정책을 중심으로」, 『선교신학』 제17호, 2008.

최성환, 「1970년대 서남동 목사의 사회상 인식과 민주화 운동」, 『호남학』 72호, 2022.

최순신, 『여전도회80년사』, 제주노회 여전도회연합회, 2008,

최영근, 「미국 남장로교 여선교사 엘리자베스 쉐핑의 통전적 선교 연구」, 『한국기독교신학논총』 vol.82, 2012.

최영근, 「미국남장로교 선교사 유진 벨의 선교와 신학」, 『장신논단』 vol.46 no.2, 2014.

최영근, 「미국 남장로교 선교사 인돈(William A. Linton)의 교육선교」, 『한국교회사학지』 제40집, 2015.

최영근, 「미국남장로교 선교사 배우지(유진벨)의 선교와 삶」, 『고고와 민속』 18집, 2015.

최영근, 「미국남장로교 선교사 페어맨 프레스톤의 전남지역선교에 관한 연구」, 『장신논단』 48권 1호, 2016.

최영근, 「엘리자베스 쉐핑(Elizabeth J. Shepping)과 목회적 영성에 관한 고찰」, 『한국기독교신학논총』 vol.110, 2018.

최영근, 「일제강점기 미국 남장로회 교육선교에 관한 연구: 군산과 전주스테이션의 인돈(William A. Linton)을 중심으로, 1912-1940」, 『대학과 선교』 50집, 2021.

최영근, 『인돈의 생애와 기독교 정신: 미국 남장로회 선교사 윌리엄 A. 린튼(William A. Linton) 전기』, 한국교회총연합, 2022.

최영근, 「일제강점기 미국남장로회 교육선교: 미션스쿨의 식민교육제도에 대한 순응과 저항의 변증법」, 『대학과선교』 58집, 2023.

최영근, 『한국에 뿌리내린 유화례의 선교와 삶(Florence Elizabeth Root): 미국 남장로회 여성선교사 유화례 전기』, 한국교회총연합, 2023.

최재근 옮김, 『미국북장로교 한국 선교회사, Vol.I(1884~1934)』, 연세대학교출판부, 2009.

최태육, 「남북분단과 6·25전쟁 시기(1945~1953) 민간인 집단희생과 한국기독교의 관계연구」, 목원대학교 박사학위논문, 2015.

하금식, 「마티 잉골드의 『예수교초학문답』에 관한 역사적 신학적 고찰」, 개신대학원대학교 박사학위논문, 2014.

하익환, 「테이트(Lew Boyd Tate) 선교사의 호남사역 특징에 대한 연구」, 전주대학교 석사학위논문, 2015.

한관용, 「제주지역에 있어서의 기독교 선교환경과 선교전략 : 제주삼양교회 선교 전략을 중심으로」, 아세아연합신학대학교 박사학위논문, 1987.

한국기독교사회문제연구원 편, 『한국교회100년 종합조사연구 보고서』, 한국기독교사회문제연구원, 1982.

한국기독교역사연구소 편(이만열), 『자료총서 제19집: The Korean Situation 1,2』, 한국기독교역사연구소, 1995.

한국기독교역사연구소 편, 『믿음의 흔적을 찾아』, 한국기독교역사연구소, 2011.

한국기독교역사연구소 편, 『삼일운동과 기독교 관련 자료집(4): 문화유산 편』, 기독교 대한감리회, 2017.

한국일, 「제주 궨당 문화와 제주 선교:에큐메니칼 선교 관점에서」, 『장신논단』 제30집, 2007.

한규무, 「광주 전남기독교인들의 3.1운동참여와 동향」, 『한국기독교와 역사』, 제3호, 1998.

한규무, 「기독교연합봉사회의 농민학원 설립과 운영」, 『한국기독교와 역사』 제33호, 2010.

한규무, 미국남장로교 한국선교부의 전남지역 의료선교, 1898~1940」, 『남도문화연구』 제20호 2011.

한규무, 「종교계 중심의 전라도 만세시위: 선행연구 검토와 향후과제 제시를 중심으로」, 『한국사연구회총서④: 3·1운동의 역사적 의의와 지역적 전개』, 경인문화사, 2019.

한규무, 「윤형숙 열사 관련자료 검토 및 생애와 활동 재조명」, 『한국기독교와역사』 제52호, 2020.

한규무, 「광주수피아여학교 백청단의 결성과 활동(1930~1933)」, 『호남학』 제73호, 2023.

한남대학교 교목실 엮음, 『미국 남장로교 선교사 열전: 한남대학교 개교 60주년 기념』, 동연, 2016.
한남대학교 인돈학술원 편, 『미국남장로교 내한선교사 편람』, 한남대학교출판부, 2007.
한남대학교 인돈학술원 편, 『미국남장로교 교육선교 연구』, 동연, 2022.
한인수, 「최흥서」, 『호남교회춘추』, 1995.
한인수, 『호남교회 형성인물(I)』, 도서출판 경건, 2000.
한인수, 『濟州宣敎百年史』, 경건, 2009.
한인수, 『주(駐)호남 미국남장로교 선교사들의 생애와 활동』, 경건, 2023.
한일장신대학교, 『독일연방의회 의원단 초청간담회 자료집』, 2015.
한일장신대학교 편, 『고인애 선교사의 삶과 사역』, 한국장로교출판사, 2019.
한일장신대학교-21세기기독교사회문화아카데미, 『3.1운동백주년 기념학술대회 자료집-3.1운동 100주년과 호남지역 기독교의 역할』, 2019.
한태희, 「제주도 복음 선교에 관한 연구」, 침례신학대학교 석사학위논문, 1987.
해관오긍선선생기념사업회, 『한국 근대의학의 선구자 해관 오긍선』. 역사공간, 2020.
해관오긍선선생기념사업회 편, 『해관 오긍선』, 연세대학교 출판부, 1977.
허정옥, 『내 아버지의 이름으로』, 쿰란출판사, 2008.
홍성봉, 『제주선교의 첫 열매, 첫 장로 홍순흥의 신앙과 삶』, 도서출판 늘, 2008.
황규학, 『나의 신앙유산답사기: 전남편』, 에셀나무, 2021.

2. 해외자료

"A Letter from Dr. Oh, Korea." *The Missionary* (March 1908).
Annual Report, "Gibraltar of Korea, Mokpo", 1896. 3. 20.
Annual Report of Mokpo-Kwangju station, 1904.
Brown, George Thompson. *Mission to Korea*. Atlanta: Board of World Missions, 1962.
Bull, Mrs. W. F. "Our First Native Physician." *The Missionary* (Feb. 1908).
Bull, William F. "Letter from a Korean Teacher." *The Missionary* (Dec. 1902).
Bull, William Ford. "Some Incidents in the Independent Movement in Korea. 1919."

Chester, Samuel H. *Lights and Shadows of Mission Work in the Far East.* Richmond(VA): The Presbyterian Committee of Publications, 1899.

Clark, Allen D. *Protestant Missionaries in Korea, 1893-1983.* Seoul: The Christian Literature Society of Korea, 1896.

Drew, A. D. "An Interesting Mission Field." *The Missionary* (July 1894).

Johnson, Thomas C. *A History of the Southern Presbyterian Church, with Appendix.* New York: The Christian Literature Co., 1894.

Junkin. Edward 저, 라성남 옮김, 『나의 아버지 전킨 선교사』, 누림과 나눔, 2019.

Junkin. Mrs. Mary [Leyburn], Letter: My dear loved ones. Seoul: *Korea*, Nov. 25.

Kestler, Ethel Esther. "A Korean Home." *The Missionary* (March 1907).

Kestler, Ethel Esther. "Kunsan, Korea." *The Missionary* (Oct. 1907).

Kestler, Ethel Esther. "Hospital at Kunsan, Korea." *The Missionary* (Oct. 1907).

Korea Repository (Nov. 1896).

Lee, Jaekeun. *American Southern Presbyterianism and the Formation of Presbyterianism in Honam, Korea, 1892-1940: Traditions, Missionary Encounters, and Transformations* (Edinburgh: Doctor of Philosophy Dissertation, The University of Edinburgh, 2013).

Linton, William A. "Atlantian Tells How Koreans Are Seeking Liberty." *Article. Newspaper in Atlanta: May 1919.* in: Letter Collection of Mr. & Mrs. William A. Linton.

Minutes of the General Assembly [of the Presbyterian Church in the Confederate States of America]. 1861.

Minutes of the General Assembly of [the PCUS]. 1877.

Nisbet, Mrs. Anabel Major. *Day in and Day out in Korea.* Richmond(VA): Presbyterian Committee of Publication, 1919.

"Our Missions and Missionaries." *The Missionary* (March 1903).

Reynolds, W. D. *Chulla Do Trip* Mar 27, '94 (Along Shore from Seoul to Fusan).

Rhodes, Harry A. (Editor). *History of the Korea Mission, PCUSA.* Vol.1(1884-1934). 대한예수교장로회총회교육부, 1984.

Smith, Egbert W. *Essential Facts about Our Mission Work in Korea.* Nashville(TN):

Educational Department, Executive Committee of Foreign Missions, 1923.

Street, T. Watson. *The Story of Southern Presbyterians*. Richmond(Va.): John Knox Press, 1901.

Sophie Montgomery Crane, *A Legacy Remembered*, 1998(정병준 옮김, 『기억해야 할 유산: 미국남장로회 한국의료선교 역사』, 대한기독교서회, 2011).

The Korean Repository, F.H.Morsel, "Ginampo and Mokpo", September, 1897.

The Presbyterian Committee of Publication. *The Distinctive Principles of the Presbyterian Church in the United States*. Richmond(Va): Committee of Publication, 1870.

The Southern Presbyterian Mission in Korea. Constitution, Rules and By-Laws of the SPMK, 1897. Shanghai: American Presbyterian Publication Mission Press, 1898.

Walls, Andrew F. *The Missionary Movement in Christian History: Studies in the Transmission of Faith*. Maryknoll: Orbis Books, 1996.

Virginia N. Somerville, "Annual Reports of Presbyterian Church US in Korea", 1993.

W.B. Reynolds, *Chullado Trip*, 1894.

찾아보기

【ㄱ】

고등교육 13, 244, 247
광양 35
광주YMCA 43
광주서현교회 43
광주송정제일교회 43
광주양림교회 43
광주제일교회 43, 60,
구암교회(궁말교회) 203, 205, 209, 224
국립순천대 인문학술원 종교역사문화센터 35
국립순천대학교 인문학술원 160, 187, 235
국제적 배경 124
군산남학교 224
군산병원 203, 208, 213, 215, 216, 217, 218
군산선교부 12, 13, 23, 32, 34, 191, 192, 194, 197, 198, 199, 200, 201, 202, 204, 205, 206, 209, 210, 211, 212, 214, 215, 216, 217, 219, 220, 224, 227, 230, 232, 233, 235, 237, 259

켄당문화 275
그레이엄(E. L. Graham) 47
금산교회 185
기독교농민학원 252
기독교연합봉사회 13, 247, 248, 249, 251, 252, 261
기전여학교 28, 138, 162, 164, 165, 169, 172, 176, 177, 178, 179, 180, 182, 183
김인전 173, 174
김필례 47
김필수 173, 174, 175, 176, 204

【ㄴ】

남감리회 162, 246, 254, 255
놀란(J. W. Nolan) 25, 46, 64, 145

【ㄷ】

대동예배당 242
대전면 241
대전선교부 13, 14, 42, 199, 232, 246,

247, 248, 249, 254, 260, 261
대전성결교회 242
대전신학대학 247, 248
대전외국인학교 247, 248, 249, 261
대학위원회 246
드루 200, 201, 202, 207, 208, 212, 215, 220, 232

【ㄹ】

로저스 주택 31, 39
루이스 테이트(Lewis B. Tate) 162, 171, 257
루트(F. E. Root) 47
리니 데이비스 162, 163, 165, 168, 169, 170, 207
린튼(William A. Linton)/인돈 24, 164, 169, 199, 229, 248

【ㅁ】

매산관 31, 38, 39
매산학교 28, 31, 39
매티 잉골드 163, 164, 170
매티 테이트 162, 165, 171, 174
멜볼딘 여학교 28, 208, 217, 222, 223, 225, 226, 232
목포선교부 117, 120, 122, 124, 128, 131, 145, 147, 149, 151, 154
미국 남장로교 34, 117, 131, 191, 193, 195
민간신앙(무속) 267, 275
민간인 학살 237, 270, 271, 272

【ㅂ】

박연세 124, 126, 133, 149, 198, 227
반공정권 280
배은희 173, 175, 176, 184
백청단 50
북감리회 13, 160, 162, 186, 246, 248, 254, 255, 257, 261
북장로회 13, 159, 160, 162, 166, 186, 187, 189, 246, 247, 249, 251, 252, 254, 255, 261
북평양 남순천 34

【ㅅ】

3.1운동 124, 125, 127, 130, 138, 143, 182, 227, 228, 233
서남동 127, 134, 149, 155
서북청년단 271, 272
서서평(쉐핑) 24, 123, 131, 143, 145, 154, 155, 197, 211, 213, 216, 217, 218, 232, 245
서의필 131, 138, 145, 153, 154, 250
성서신학원 31, 39
셰핑(E. J. Shepping) 46
수피아여학교 44, 47, 49, 50, 55, 63,

67, 68, 69, 70, 114, 116, 133
순천 결핵병원 31, 38
순천 중앙교회 35
순천선교부 11, 20, 23, 30, 31, 34, 35, 36, 37, 38, 41, 71, 191, 231, 236
순천선교부 외국인 어린이학교 39
순천읍교회 31, 32
숭일학교 28, 44, 62
시기별 11, 12, 117, 118, 129, 266
신흥학교 28, 162, 164, 169, 177, 178, 179, 180, 182, 183, 208

【ㅇ】

알렉산더 209, 214, 215, 232
알렉산더 병원 30, 31, 32, 38, 39
알렉산더(A.J.A. Alexander) 212
여수 애양원 31, 38
여수 율천교회 35
연합기독교대학 245, 247
예수병원 162, 163, 164, 170, 171, 172, 177, 178, 179, 181, 215, 246
오긍선 127, 136, 143, 209, 211, 212, 213, 214, 215, 221, 224, 232, 245
윌리엄 레이놀즈 24, 162
윌리엄 불(William F. Bull) 20, 227, 228, 259
윌리엄 전킨(William M. Junkin) 20, 162, 165, 199, 259
윌리엄 해리슨 25, 163, 168

유진 벨(E. Bell) 24, 166, 170
윤형숙 47
이기풍 127, 175, 266, 267, 268, 269, 270, 280
이주민 243, 278

【ㅈ】

자생적 신앙공동체 269
장로회선교회공의회 166, 191
전남동부 9, 14, 22, 27, 33, 34, 35, 36, 161
전주서문교회 162, 164, 165, 173, 176, 178, 179, 182, 184, 246
전주선교지부 161, 162, 163, 164, 165, 168, 169, 170, 173, 174, 176, 177, 178, 179, 182, 183, 184, 185, 186, 187, 188, 190
제주 10, 11, 13, 14, 155, 263, 264, 266, 267, 268, 269, 272, 273, 274, 277, 278, 280
제주 4·3 14, 264, 266, 267, 270, 271, 272, 273, 274, 280
조상제사 14, 267, 275, 276, 279, 280
조지 와츠 선교기념관 31, 38
주제별 11, 117, 130, 143
중간층 257, 258, 259, 260
지리산 왕시루봉 선교사촌 31, 38
지역사적 관점 12, 153

【ㅊ】   회덕군   241

최중진   127, 148, 173, 176, 177, 204,
   209
최흥종   22, 47
7인의 개척선교사   162, 165, 168, 230

【ㅋ】

코잇 선교사 가옥   38

【ㅍ】

팻시 볼링   171
페터슨   232
평양신학교   123, 181, 245, 247
프레스톤 주택   31, 39

【ㅎ】

한남대학교   24, 45, 154, 170, 199, 245,
   246, 247, 248, 250
한남대학교 인돈학술원   24, 45, 141,
   143, 160
한예정학교   181, 182
한일장신대학교   141, 155, 160, 181,
   182
해리슨 부인   213, 217, 221, 223
해외선교실행위원회   190, 191
향촌사회   242, 257, 258, 259, 260

■ 필자소개

강성호

순천대 지리산권문화연구원장, 박물관장, 대학원장, 호남사학회 이사장, 한국서양사학회장, 한국연구재단학술지발전위원장을 역임했고 현재 순천대 인문학술원장과 한국인문사회연구소협의회 회장으로 활동하고 있다. 주요 저서로는 『근대세계체제론의 역사적 이해』(1996), 『유럽중심주의 세계사를 넘어 세계사들로』, 『발전의 지정학과 궤적: 한국, 일본, 타이완, 독일, 푸에르토리코(2010), 『탈서구중심주의는 가능한가』(2016), 『지리산과 이상향』(2015), 『전남동부지역 기독교 선교와 한국사회』(2019), 『제도와 문화현상』(2020), 『전남동부 기독교기관과 지역사회』(2021), 『전남동부 기독교 인물과 지역사회』(2021), 『메가 체인지 시대 메가학문정책』(2023), 『시민과 함께 읽는 여순사건』(2023) 등이 있다.

한규무

광주대학교 호텔관광경영학부 교수. 한국근대사 및 기독교사 전공. 서강대학교에서 박사학위를 받았다. 서강대·수원대·한성대 강사, 한국기독교역사연구소 상임연구원, 한국기독교역사학회장 등을 지냈다. 현재 한국기독교역사연구소장으로 활동하고 있다. 지은 책으로 『일제하 한국기독교 농촌운동』(한국기독교역사연구소, 1998), 『기독교민족운동의 영원한 지도자 이승훈』(역사공간, 2008), 『광주학생운동』(독립기념관, 2009) 등이 있다.

이남섭

연세대학교 신학과와 연합신학대학원을 졸업하고 멕시코 이베로아메리카대학원(UIA)에서 사회학석사, 멕시코국립자치대학교(UNAM)에서 라틴아메리카 지역학 사회과학 박사학위를 받았다. 한국라틴아메리카학회 부회장, 21세기기독교사회문화아카데미 학회장 등을 지냈다. 현재 한일장신대학교 교양학과 명예교수이다. 주요 저서로는 『라틴아메리카의 역사와 사상(공저)』(1999), 『제3세계 신학에 나타난 생명 사상의 비교

연구(공저)』(2002), 『라틴아메리카의 역사와 문화(공저)』(2003), 『신자유주의 시대 라틴아메리카 시민사회의 대응과 문화변동(공저)』(2005), 『라틴아메리카 대안사회운동과 참여민주주의(공저)』(2010), 『라틴아메리카 시민사회 비교연구 서론(2013)』, 『한국시민사회 지형도 시민행동지수 읽기(공저)』(2016), 『21세기 사회변동과 한국교회의 혁신(공저)』(2019), 『시민행동지수로 본 한국시민사회역량(공저)』(2020), 『종교와 불평등(공저)』(2022), *Iglesia Protestante y Poltíca en Corea del Sur, 1972-1979*(유신정권 시기 한국개신교와 정치), Hanil University Press(2022) 등이 있다.

이재근

광신대학교 신학과 교회사 교수, 한국기독교역사학회 회장으로 활동한다. 아신대학교, 합동신학대학원대학교, 미국 보스턴대학교, 영국 에든버러대학교에서 신학과 기독교 역사를 공부했다. 교회사 전반을 연구하지만, 특히 세계기독교와 한국기독교의 상호 관계, 미국 남장로회의 한국 및 동아시아 선교역사 및 호남지역 기독교 역사에 연구를 집중한다. 『세계 복음주의 지형도』(복있는사람, 2015), 『종교개혁과 정치』(SFC, 2016), 『20세기, 세계, 기독교』(복있는사람, 2022), 『전라도 기독교의 아버지 유진 벨』(한국교회총연합, 2022) 등을 썼다.

임희모

서울대학교(B.A), 장로회신학대학교 대학원(M.Div; M.Th.), 미국 루이빌신학대학원(M.A.R.), 독일 에어랑엔대학교(Dr.Theol.: 선교학), 한일장신대학교 선교학 주임교수, 한일장신대학교 명예교수, 한국선교신학회 회장, 예장(통합)선교연구위원장. 단독저서 *Unity Lost-Unity To Be Regained in Korean Presbyterianism*, 『한반도 평화와 통일 선교』, 『아프리카 독립교회와 토착화 선교』, 『서서평, 예수를 살다』, 『서서평 선교사의 통전적 영혼구원 선교』, 『미국 남장로교 한국선교회의 여성·의료선교사(1892-1940)』 등 13권을 출판했다. 2014년부터 서서평(Miss Elisabeth J. Shepping, R.N.)연구회의 회장으로 매년 학술대회를 열고 『서서평연구논문1-10집』(2014-2023)을 생산하였고, 자발적 가난의 삶을 산 기독인을 선정하여 서서평 상(Shepping Award)을 현재 5회에 이르도록 시상하고 있다.

송현강

한남대 인돈학술원 연구위원. 한남대(문학사, 문학석사)와 전주대(문학박사)에서 한국 근대사와 교회사를 전공했다. 한남대 탈메이지교양대학 교수이며, 저서로『대전 충남 지역 교회사 연구』(2004, 한국기독교역사연구소),『미국남장로교의 한국 선교』(2018, 한국기독교역사연구소) 등이 있다.

조성윤

제주대학교 사회학과 명예교수이다. 연세대학교 사회학과에서 공부하였으며, 전공은 사회사와 종교사회학이다. 그동안 제주대학교 탐라문화연구소장과 평화연구소장으로 일했으며, 한국사회사학회 회장을 역임했다. 제주도를 중심으로 역사, 종교, 사회 관련 주제를 연구하고 있다.『제주지역 민간신앙의 구조와 변용』(2003),『일제말기 제주도 의 일본군 연구』(2008),『빼앗긴 시대, 빼앗긴 시절:제주도 민중들의 이야기』(2007) 등의 공저가 있고,『창가학회와 재일한국인』(2013),『1964년 어느 종교 이야기』(2019), 『남양군도』(2015),『남양군도의 조선인』(2019) 등의 저서가 있다.